사무엘상 강해설교 3

위기에서도 은혜를 베푸시는 하나님

배굉호 지음

도서출판 영문

Grace of God in Crisis and Persecution

By
Rev. Goeng-ho Bae(Th. D)

2011
Young Moon Publishing Co.,
Seoul, Korea

머리말

할렐루야!

  사무엘상 세 번째 강해 설교집을 발간하게 해 주신 하나님께 영광과 감사를 드립니다.

  이 책이 발간하게 된 것은 사무엘상 1,2권을 출간한 후 아무래도 나머지 부분을 마무리해야겠다는 생각을 가지고 있던 중 여러 목회자들의 부탁이 이어져 용기를 준 것이 계기가 되었습니다.

  성경의 인물 중 다윗만큼이나 파란만장한 삶을 살았거나, 삶을 그처럼 상세하게 기록한 인물도 없습니다. 특히 제3권에서는 사울의 박해로 쫓겨 다니던 다윗이 블레셋 왕 아기스에게 잠시 몸을 피하여 도움을 받던 때가 있었습니다. 그때 이스라엘에게 늘 당해만 온 아기스 왕이 사울의 군사가 그 전력이 크게 약화된 것을 알고 드디어 복수할 기회가 온 것으로 판단하고 총공세를 가하여 전쟁에서 승리하고자 출전을 명령했을 때 다윗도 함께 출전해야만 되는 아주 어려운 상황이 되었습니다. 그러나 하나님은 다윗이 위기에 처했을 이때도 변함없이 은혜를 베풀어 주셨습니다. 만약 이스라엘과의 전쟁에서 다윗이 자기 동족을 공격하여 백성들을 죽이게 된다면, 장차 이스라엘의 왕이 될 사람이 조국의 군사를 죽이고 적군의 편에서 전쟁을 했다하여 정치적으로 매장되는 엄청난 정치적 손실을 볼 것이 뻔했습니다. 그렇다고 신세를 지고 있는 왕이 전쟁을 하라고 하는데 거부할 수도 없는 진퇴양난이었습니다. 다윗 자신의 힘으로는 도저히 이 어려움을 극복할 능력이 없었습니다. 오직 하나님께서 은혜를 베풀어 주셔야만 했습니다. 하나님은 이런 모든 위기에서도 간섭하시며 역사하시며 그의 백성을 보호하십니다. 만약 다윗이 이스라엘을 공격하여 이스라엘로부터 배척을 받아 왕이 되지 못한다면 다윗을 통하여 하나님의 나라를 확장하려는 하나님의 계획이 좌절되고 말 것입니다. 다윗을 기름 부어 이스라엘의 왕으로 삼으려고 하신 하나님은 위기에 빠진 다윗을 그대로 둘 수가 없으셨습니다. 그래서 위기에서도 그에게 은혜를 베푸심으로 하나님의 뜻을 이루셨습니다. 이 어려움을 통해서 다윗은 연단을 받아 오히려 그의 신앙이 성장할 수 있는 계기가 되었습니다.

우리가 이 세상을 살아갈 때 여러 가지 경우에서 어려움을 당하게 됩니다. 그때마다 우리 힘으로는 해결할 수 없는 경우가 많아 하나님의 도우심을 받아야만 합니다. 하나님은 어려움에 빠진 주의 백성인 우리를 구원해 주십니다. 하나님은 블레셋 방백들을 동원하시어 다윗을 위기에서 벗어나게 하셨듯이 그의 백성인 우리가 위기에 빠졌을 때에도 은혜를 베풀어 주십니다.

'위기에서도 은혜를 베푸시는 하나님' 은 우리의 삶속에서도 날마다 역사하십니다. 이 설교집을 통해서 다윗과 함께 하시며, 위기 속에서도 은혜를 베푸시는 하나님의 역사를 날마다 순간마다 체험하며 감사와 영광을 돌리는 삶을 살아가시길 바랍니다. 우리는 하나님은 오늘도 내일도 변함없이 그의 백성들에게 은혜를 베풀어주신다는 것을 확신하며 살아가야 합니다.

  이 책을 출판하기 위해 수고하신 출판위원들과 공혜숙 전도사님께 감사드리며 수익금 전액을 건축 중인 교회당 건축 헌금으로 바치게 해 주신 교회의 주인이 되시는 주님께 감사를 영광을 돌립니다.

주후 2011년 12월

교회당 건축 소리를 들으며 남천교회 도서관에서

배 굉 호 드림

Contents

머리말 • 3

1. 싸움을 돋우는 자 – 골리앗(사무엘상 17:1-11) ··· 9
2. 용기 있는 신앙인 – 다윗(사무엘상 17:12-30) ··· 19
3. 믿음에 찬 고백(사무엘상 17:31-40) ··· 32
4. 다윗의 무장(사무엘상 17:31-40) ··· 43
5. 다윗의 승리(사무엘상 17:41-49) ··· 52
6. 이스라엘의 승리의 의미(사무엘상 17:52-58) ·· 64
7. 다윗과 요나단의 우정 – 참된 우정(사무엘상 18:1-5) ····································· 73
8. 사울의 시기(사무엘상 18:6-16) ··· 82
9. 사울의 거짓말(사무엘상 18:17-30) ··· 74
10. 진실한 사람 다윗(사무엘상 18:17-30) ·· 105
11. 중재자 요나단(사무엘상 19:1-7) ·· 115
12. 피할 길을 주시는 하나님(사무엘상 19:11-18) ·· 124
13. 사울의 추격과 예언(사무엘상 19:18-24) ·· 133
14. 진정한 우정(사무엘상 20:1-11) ·· 145
15. 요나단의 위로(사무엘상 20:12-42) ··· 157

16. 다윗의 유랑생활 1(사무엘상 21:1-15) ··· 172

17. 다윗의 유랑생활 2(사무엘상 21:1-15) ··· 184

18. 두개의 가능성(사무엘상 22:1-23) ··· 194

19. 악인의 계교를 실패케 하시는 하나님(사무엘상 23:1-29) ··············· 208

20. 다윗의 군주관(사무엘상 24:1-7) ·· 220

21. 다윗의 결백과 사울의 후회(사무엘상 24:8-22) ···························· 231

22. 어리석은 나발(사무엘상 25:1-17) ·· 242

23. 지혜로운 여인 아비가일(사무엘상 25:18-31) ······························· 256

24. 다윗의 용서와 나발의 죽음(사무엘상 25:32-44) ·························· 268

25. 다윗의 관용 1(사무엘상 26:1-12) ·· 278

26. 다윗의 관용 2(사무엘상 26:13-25) ·· 290

27. 블레셋 땅에서의 다윗(사무엘상 27:1-12) ··································· 301

28. 신접한 여인을 찾은 사울(사무엘상 28:1-25) ······························· 312

29. 위기에서도 은혜를 베푸시는 하나님(사무엘상 29:1-11) ··············· 326

30. 포로가 된 가족을 구원한 다윗(사무엘상 30:1-31) ······················· 336

31. 사울의 최후(사무엘상 31:1-13) ··· 347

¹블레셋 사람들이 그들의 군대를 모으고 싸우고자 하여 유다에 속한 소고에 모여 소고와 아세가 사이의 에베스담밈에 진 치매 ²사울과 이스라엘 사람들이 모여서 엘라 골짜기에 진 치고 블레셋 사람들을 대하여 전열을 벌였으니 ³블레셋 사람들은 이쪽 산에 섰고 이스라엘은 저쪽 산에 섰고 그 사이에는 골짜기가 있었더라 ⁴블레셋 사람들의 진영에서 싸움을 돋우는 자가 왔는데 그의 이름은 골리앗이요 가드 사람이라 그의 키는 여섯 규빗 한 뼘이요 ⁵머리에는 놋 투구를 썼고 몸에는 비늘 갑옷을 입었으니 그 갑옷의 무게가 놋 오천 세겔이며 ⁶그의 다리에는 놋 각반을 쳤고 어깨 사이에는 놋 단창을 메었으니 ⁷그 창자루는 베틀채 같고 창날은 철 육백 세겔이며 방패 든 자가 앞서 행하더라 ⁸그가 서서 이스라엘 군대를 향하여 외쳐 이르되 너희가 어찌하여 나와서 전열을 벌였느냐 나는 블레셋 사람이 아니며 너희는 사울의 신복이 아니냐 너희는 한 사람을 택하여 내게로 내려 보내라 ⁹그가 나와 싸워서 나를 죽이면 우리가 너희의 종이 되겠고 만일 내가 이겨 그를 죽이면 너희가 우리의 종이 되어 우리를 섬길 것이니라 ¹⁰그 블레셋 사람이 또 이르되 내가 오늘 이스라엘의 군대를 모욕하였으니 사람을 보내어 나와 더불어 싸우게 하라 한지라 ¹¹사울과 온 이스라엘이 블레셋 사람의 이 말을 듣고 놀라 크게 두려워하니라

(사무엘상 17:1-11)

01

싸움을 돋우는 자 – 골리앗

　이스라엘의 역사는 서서히 사무엘에서 사울, 그리고 다윗으로 흘러가고 있습니다. 이 장에서 다윗은 골리앗을 만나 전쟁에서 승리함으로써 이스라엘의 영웅으로 등장하게 됩니다. 블레셋 군대가 이스라엘

에 전쟁을 걸어왔을 때 블레셋 진영에 싸움을 돋우는 자가 나타났습니다. "싸움을 돋우는 자"란 말은 '둘 사이에 있는 사람' 이란 뜻입니다. 다시 말하면 두 군대의 대표인 선봉장으로 두 진영 중간에 나와서 단신으로 싸워 단번에 전쟁의 승패를 판가름하는 사람을 말합니다. NIV성경에는 챔피언이라고 번역되었습니다. 전 군을 대표하는 선봉장입니다. 선봉장과 상대방의 선봉장이 전투하는 것은 헬라 민족들 사이에서는 일반적인 일이었습니다. 블레셋은 헬라권에서 이민을 온 민족이었기 때문에 선봉장을 내세워 전투 형태를 갖추었는데 그 선봉장의 이름은 골리앗입니다.

이 골리앗이 나타나게 됨으로써 다윗이 등장하게 됩니다. 용장 골리앗이 나타나 다윗과 일전을 벌인 것은 하나님께서 이미 버리신 사울을 대신하여 다윗을 왕으로 세우시려는 하나님의 계획의 일부를 성취시키는 사건입니다. 하나님은 다윗을 임금으로 세우시기로 결심하셨지만 갑자기 세우시지는 않았습니다. 한 단계씩 인도하시고 한 걸음씩 훈련시켜 연단을 받게 하셨습니다. 아직 이스라엘은 다윗을 모릅니다. 이제 다윗이 골리앗과 싸워 승리하게 됨으로써 백성들 사이에서 민족의 영웅으로 부상하게 되어 그를 기대하는 백성들이 많아지게 되었습니다.

오늘 본문에서 블레셋이 이스라엘에 쳐들어와 전쟁이 일어났습니다. 양쪽 군대는 정면 대결을 하게 되었고 그들은 골짜기를 사이에 두고 진을 쳤습니다.

1. 도전의 시기

"블레셋 사람들이 그들의 군대를 모으고 싸우고자 하여 유다에 속한 소고에 모여 소고와 아세가 사이의 에베스담밈에 진 치매"(17:1)

블레셋이 쳐들어오게 된 동기는 사울 왕이 악신으로 고생한다는 소식을 듣고 그의 통치력이 약화되었을 것으로 믿고 믹마스 전투에서의 패전(14:31)을 설욕하기 위해서였습니다. 그런데 전쟁은 답보상태였습니다. 그 이유는 서로 골짜기를 사이에 두고 진을 쳤기 때문입니다.

"사울과 이스라엘 사람들이 모여서 엘라 골짜기에 진 치고 블레셋 사람들을 대하여 전열을 벌였으니 블레셋 사람들은 이쪽 산에 섰고 이스라엘은 저쪽 산에 섰고 그 사이에는 골짜기가 있었더라"(17:2-3) 이 골짜기는 여름철을 제외하고는 항상 물이 넘쳤습니다. 그런데 지금 진을 친 것을 보면 물이 마른 여름철임을 알 수 있습니다. 그래서 낮에는 양편 언덕에 대열하여 전투태세를 취하다가 밤에는 자신들의 장막으로 돌아가기를 반복했습니다. 양 군은 좁고 급격한 경사를 이루고 있는 지형적인 영향 때문에 서로 마주보면서도 전면전을 벌이지 못했습니다.

우리는 여기서 블레셋이 언제 이스라엘에 도전해 왔느냐에 초점을 맞춰야 합니다. 그 때는 지도자 사울 왕이 악신으로 방황함으로 인하여 이미 하나님으로부터 버림을 받아 지도자로서 정치력이 약화되었을 때입니다. 이스라엘의 위대한 종교 지도자요 영적인 아버지가 이미 은퇴하고 고향으로 물러가고 없을 때였습니다. 지도자의 통치력이 공백시기일 때 공격을 해온 것입니다. 왕인 사울은 악신에 걸려 제대로 정치를 하지 못하고, 제사장이요 사사요 선지자인 사무엘은 낙향하여 정치와 종교의 지도자가 모두 공백이던 아주 어려운 시기에 블레셋이 공격을 해왔습니다.

마귀의 수법이 이와 비슷합니다. 사탄은 우리가 공백기에 들어섰을 때, 즉 틈이 날 때 공격을 해옵니다. 우리가 하나님으로부터 멀어질 때 도전해 옵니다. 사탄은 이처럼 우리의 틈새를 노립니다.

이스라엘의 지도자 모세가 십계명을 받으러 시내산으로 올라갔을 때, 지도자가 자리를 비운 그 공백 기간에 어떤 일이 일어났습니까? 산 아래에서는 금송아지를 만들고 제단 주위를 돌아다니며 춤을 추는 등 우상을 숭배하는 일이 벌어졌습니다. 이처럼 지도자가 없을 때에 마귀가 역사합니다.

다윗의 아들 압살롬은 자기가 지은 잘못을 자숙하고 있어야 했습니다. 그런데 아버지 다윗이 자기에게 관심을 갖지 않는다며 원한을 품고 음모를 꾸미며 반란을 일으켰습니다. 이 일로 나라가 큰 손해를 입게 되었습니다. 이스라엘에 큰 피해를 준 사건입니다. 마귀가 그 틈을 노렸습니다. 그러므로 우리는 이런 공백기를 잘 대비해야 합니다.

우리나라는 좋지 못한 세계 기록이 많습니다. 위암 및 간암을 비롯한 암 사망률 세계 1위, 교통사고 사망률 세계 1위, 특별히 40대 사망률이 세계 1위입니다. 그 원인은 여타 민족에 비해서 무거운 책임감에 따른 과로와 많은 스트레스로 인하여 안정을 찾을 만한 시기에 병이 찾아오기 때문입니다. 또한 40대는 정신적 공백기입니다. 남자는 고생 끝에 기반을 잡아 안정을 찾게 되자 정신적인 공백이 찾아와 엉뚱한 짓을 하게 됩니다. 여자도 생활이 안정되고 자녀들은 어느 정도 성장하게 되어 시간의 여유가 생기게 되면 그때부터 공백감으로 인하여 엉뚱한 데 관심을 가지게 됩니다. 마귀는 이처럼 틈과 공백기를 노립니다. 물질적·정신적인 틈과 공백기를 노립니다. 우리에게는 신앙의 공백기가 없는지 스스로 점검해 봐야 합니다.

어떤 사람은 어려울 때에 하나님께 기도하여 축복을 받으면 그 후에는 하나님보다 세상을 더 가까이 하려고 합니다. 신입사원 시절에는 열심히 신앙생활을 잘 하다가 승진을 해 생활이 안정이 되면 하나님을 멀리하는 사람도 있습니다. 군인들 중에도 졸병 때에는 신앙생활을 잘 하다가 계급이 올라 갈수록 교회를 점점 멀리 하고 세상을 따라 가다가 방황하는 경우가 있습니다. 마귀는 바로 이런 틈을 노립니다.

이스라엘이 혼란한 틈을 타서 블레셋이 침략을 했듯이 마귀는 우리의 신앙의 혼란기와 공백기를 노립니다. 그러므로 우리는 마귀에게 틈을 주면 안 됩니다.

사도 베드로는 말했습니다. "만물의 마지막이 가까이 왔으니 그러므로 너희는 정신을 차리고 근신하여 기도하라"(벧전 4:7), "근신하라 깨어라 너희 대적 마귀가 우는 사자 같이 두루 다니며 삼킬 자를 찾나니 너희는 믿음을 굳건하게 하여 그를 대적하라 이는 세상에 있는 너희 형제들도 동일한 고난을 당하는 줄을 앎이라"(벧전 5:8-9)

우리는 결코 마귀에게 신앙의 공백기와 틈을 보이지 말고 혼란기를 없애야 합니다. 오직 하나님께 대한 사랑으로 우리의 심령이 뜨거워져 기도와 말씀으로 사탄의 공격을 물리쳐야 합니다.

2. 싸움을 돋우는 자의 무기

1) 신장

"블레셋 사람들의 진영에서 싸움을 돋우는 자가 왔는데 그의 이름은 골리앗이요 가드 사람이라 그의 키는 여섯 규빗 한 뼘이요"(17:4)

골리앗은 키가 6규빗 한 뼘이나 되는 거대한 몸집을 가졌습니다. 한 규빗은 팔꿈치에서 손가락 마디 끝으로 본다면 약 45cm이고, 한 뼘은 약 13cm입니다. 그렇다면 골리앗의 키는 약 283cm가 됩니다. 보통 사람과는 비교가 안 됩니다. 그는 키로 사람을 압도했습니다. 키가 큰 사람을 보면 대체로 위압감을 느끼게 됩니다. 키가 큰 레슬링 선수나 유도 선수를 보면 겁이 날 수밖에 없습니다.

17장 11절에서 이스라엘은 어떻게 반응하고 있습니까? 사울 왕을 비롯한 온 이스라엘이 놀라며 크게 두려워했습니다. 사탄은 거대한 힘을 가지고 있습니다. 그 세력으로 성도들을 위협하여 자신의 노예로 삼고자 합니다.

2) 많은 무기

"머리에는 놋 투구를 썼고 몸에는 비늘 갑옷을 입었으니 그 갑옷의 무게가 놋 오천 세겔이며 그의 다리에는 놋 각반을 쳤고 어깨 사이에는 놋 단창을 메었으니 그 창자루는 베틀채 같고 창날은 철 육백 세겔이며 방패 든 자가 앞서 행하더라"(17:5-7)

놋 투구는 무겁고 견고합니다. 몸에는 비늘 갑옷을 입었습니다. 갑옷은 천에 비늘 모양의 놋이나 철판 조각을 다닥다닥 붙여서 만든 옷으로 고대시대에는 전투할 때 왕이나 장군들이 착용했습니다. 갑옷의 중수는 놋 5천 세겔로 약 57.5kg입니다. 이 무거운 옷을 입고 차고 다녔으니 어마어마한 장사라 할 수 있습니다. 다리에는 놋 각반을 쳤습니다. 각반은 다리 부분을 보호하는 장비입니다. 어깨 사이에는 단창을 메었습니다. 단창은 어깨 뒷부분에 차는 창으로 약 6.8kg나 됩니다. 그 창자루는 베틀채 같고 창날은 철 600세겔이었습니다. "창자루는 베틀채 같고"라는 말은 멀리 던지기 위해 창자루에 고리가 달린 가죽 끈을 감아 놓은 창의 모양을 표현한 말입니다. 창날은 600세겔로 약 7kg입니다. 이 가공할 만한 수장으로 서 있는 골리앗을 누가 당할 수 있겠습니까? 모두 이 골리앗의 위용 앞에 부들부들 떨며 꼼짝하지 못했습니다. 사탄도 많은 무기와 권세와 힘과 지혜와 모략을 가지고 있습니다.

　사탄은 욥을 시험할 때에도 먼저 물질의 손해를 입히고, 자녀들을 희생시키고, 그리고 가정을 파괴시켰습니다. 또 사탄은 달콤한 말로 유혹합니다. 돈과 명예와 사랑과 인기로 공격해 옵니다. 그러나 우리는 두려워 할 필요가 없습니다. 골리앗이 아무리 엄청난 무장을 하고서 위용을 과시해도 하나님 앞에서는 아무것도 아닙니다. 아무리 힘이 세고 단단히 무장을 해도 그 속에는 하나님이 함께 하시지 않기 때문입니다. 하나님의 영이 계시지 않습니다. 그러나 전혀 무장하지 않은 어린 소년 다윗에게 하나님이 함께 하시자 거대한 골리앗도 단번에 물리칠 수 있었습니다. 문제는 사탄이 아무리 날뛰어도 하나님이 함께 하시는 성도 앞에서는 꼼짝할 수 없다는 사실입니다. 칼, 창, 투구, 갑옷, 방패도 하나님 앞에서는 무력합니다.

우리의 방패는 여호와 하나님이십니다. 여호와 하나님은 해요 방패이시며 우리의 피난처가 되십니다. 그러므로 우리는 여호와 하나님에 대한 참된 믿음으로 무장하고 전적으로 그분을 의지하여 어떠한 사탄의 도전에도 승리할 수 있습니다.

3) 싸움을 돋우는 자의 희롱과 조롱

"그가 서서 이스라엘 군대를 향하여 외쳐 이르되 너희가 어찌하여 나와서 전열을 벌였느냐 나는 블레셋 사람이 아니며 너희는 사울의 신복이 아니냐 너희는 한 사람을 택하여 내게로 내려 보내라 그가 나와 싸워서 나를 죽이면 우리가 너희의 종이 되겠고 만일 내가 이겨 그를 죽이면 너희가 우리의 종이 되어 우리를 섬길 것이니라 그 블레셋 사람이 또 이르되 내가 오늘 이스라엘의 군대를 모욕하였으니 사람을 보내어 나와 더불어 싸우게 하라 한지라"(17:8-10)

골리앗은 이스라엘을 향하여 자존심을 상하게 하는 모욕적인 발언을 했습니다. 조롱과 경멸을 보냈습니다. 자신과 일대 일로 싸울 대표를 보내라고 호통을 쳤습니다. 이것은 이스라엘을 격노케 해서 전쟁에 나오도록 하려는 작전이었습니다.

이것이 마귀의 수법입니다. 마귀는 그리스도인의 마음을 격노케 해서 흥분하게 만듭니다. 혈기를 내게 합니다. 화를 내게 해서 실수하게 하고 결국 범죄하게 만듭니다. 자존심을 건드리고 모함을 하게 하고 시기심을 발동시킵니다. 분노를 폭발하게 하고 화를 내게 해서 실패하게 만듭니다. 그러므로 우리는 혈기를 조심해야 합니다.

옛날에 곰을 잡을 때 곰이 화가 나도록 유도해서 잡는 방법이 있었습니다. 먼저 돌멩이를 달아 곰의 앞을 가로 막게 합니다. 그러면 곰이 돌멩이를 한 번 받아보면 반동으로 돌멩이가 곰을 치게 됩니다. 그러면 곰은 화가 나서 더 세게 받게 됩니다. 나중에는 그보다 더 세게 받아 곰은 그 반동으로 돌아오는 돌멩이에 맞아 그대로 죽게 됩니다.

모세가 므리바에서 백성들의 불신앙에 참다못해 화를 내었습니다. 모세는 그 한 번의 실수 때문에 결국 가나안 땅에 들어가지 못했습니다. 참으로 원통하고 애석한 일입니다.

우리는 혈기를 눌러야 합니다. 마귀는 우리가 화를 내도록 노린 후에 접근합니다. 화를 내는 것은 마귀의 작전이므로 꾹 참아야 합니다. 정말 화가 났을 때의 얼굴을 보면 마귀와 비슷하게 보일 것입니다. 성경은 교훈합니다. "노하기를 속히 하는 자는 어리석은 일을 행하고 악한 계교를 꾀하는 자는 미움을 받느니라"(잠 14:17), "분을 내어도 죄를 짓지 말며 해가 지도록 분을 품지 말고 마귀에게 틈을 주지 말라" (엡 4:26-27)

분을 내고 화를 내면 마귀가 틈을 타게 됩니다. 우리 모두 성령으로 충만하여 분을 내지 말고, 범사에 절제하며 자신을 다스리며 감사하며 주를 의지해야 합니다.

3. 구원은 어디에 있습니까

이제 블레셋의 공격으로부터 구원을 받아야 합니다. 구원은 하나님께 있습니다. 골리앗 앞에서는 모두가 무력합니다.

"사울과 온 이스라엘이 블레셋 사람의 이 말을 듣고 놀라 크게 두려워하니라"(17:11)

온 이스라엘이 두려워 떨고 있습니다. 사람에게는 소망이 없습니다. 이스라엘 자신들의 힘으로는 이 엄청난 대적을 이길 수가 없습니다. 그러면 구원은 어디에서 옵니까? 구원은 오직 하나님께만 있습니다. 오직 하나님만 의지하고 소망 삼아야 합니다. 하나님은 이미 골리앗을 물리칠 준비를 다 마치셨습니다. 하나님은 골리앗을 이기기 위해 예비해 두셨습니다. 이스라엘이 전혀 생각하지 못한 곳에 하나님의 구원이 예비되어 있었습니다. 성경은 말씀합니다. "사람이 감당할 시험 밖에는 너희가 당한 것이 없나니 오직 하나님은 미쁘사 너희가 감당하지 못할 시험 당함을 허락하지 아니하시고 시험 당할 즈음에 또한 피할 길을 내사 너희로 능히 감당하게 하시느니라"(고전 10:13)

우리는 항상 마귀의 도전과 유혹을 받습니다. 그러나 공격당할 틈을 주어서는 안 됩니다. 신앙의 틈새를 보여서는 안 됩니다. 그렇다고 두려워할 필요도 없습니다. 우리의 무장은 칼과 창이 아닌 만군의 여호와 하나님이시기 때문입니다. 그러므로 항상 기도와 말씀으로 무장하여 어떠한 마귀의 시험에도 능히 승리해야 합니다. 아멘.

¹²다윗은 유다 베들레헴 에브랏 사람 이새라 하는 사람의 아들이었는데 이새는 사울 당시 사람 중에 나이가 많아 늙은 사람으로서 여덟 아들이 있는 중 ¹³그 장성한 세 아들은 사울을 따라 싸움에 나갔으니 싸움에 나간 세 아들의 이름은 장자 엘리압이요 그 다음은 아비나답이요 셋째는 삼마며 ¹⁴다윗은 막내라 장성한 세 사람은 사울을 따랐고 ¹⁵다윗은 사울에게로 왕래하며 베들레헴에서 그의 아버지의 양을 칠 때에 ¹⁶그 블레셋 사람이 사십 일을 조석으로 나와서 몸을 나타내었더라 ¹⁷이새가 그의 아들 다윗에게 이르되 지금 네 형들을 위하여 이 볶은 곡식 한 에바와 이 떡 열 덩이를 가지고 진영으로 속히 가서 네 형들에게 주고 ¹⁸이 치즈 열 덩이를 가져다가 그들의 천부장에게 주고 네 형들의 안부를 살피고 증표를 가져 오라 ¹⁹그 때에 사울과 그들과 이스라엘 모든 사람들은 엘라 골짜기에서 블레셋 사람들과 싸우는 중이더라 ²⁰다윗이 아침에 일찍이 일어나서 양을 양 지키는 자에게 맡기고 이새가 명령한 대로 가지고 가서 진영에 이른즉 마침 군대가 전장에 나와서 싸우려고 고함치며 ²¹이스라엘과 블레셋 사람들이 전열을 벌이고 양 군이 서로 대치하였더라 ²²다윗이 자기의 짐을 짐 지키는 자의 손에 맡기고 군대로 달려가서 형들에게 문안하고 ²³그들과 함께 말할 때에 마침 블레셋 사람의 싸움 돋우는 가드 사람 골리앗이라 하는 자가 그 전열에서 나와서 전과 같은 말을 하매 다윗이 들으니라 ²⁴이스라엘 모든 사람이 그 사람을 보고 심히 두려워하여 그 앞에서 도망하며 ²⁵이스라엘 사람들이 이르되 너희가 이 올라온 사람을 보았느냐 참으로 이스라엘을 모욕하러 왔도다 그를 죽이는 사람은 왕이 많은 재물로 부하게 하고 그의 딸을 그에게 주고 그 아버지의 집을 이스라엘 중에서 세금을 면제하게 하시리라 ²⁶다윗이 곁에 서 있는 사람들에게 말하여 이르되 이 블레셋 사람을 죽여 이스라엘의 치욕을 제거하는 사람에게는 어떠한 대우를 하겠느냐 이 할례 받지 않은 블레셋 사람이 누구이기에 살아 계시는 하나님의 군대를 모욕하겠느냐 ²⁷백성이 전과 같이 말하여 이르되 그를 죽이는 사람에게는 이러이러하게 하시리라 하니라 ²⁸큰형 엘리압이 다윗이 사람들에게 하는 말을 들은지라 그가 다윗에게 노를 발하여 이르되 네가 어찌하여 이리로 내려왔느냐 들에 있는 양들을 누구에게 맡겼느냐 나는 네 교만과 네 마음의 완악함을 아노니 네가 전쟁을 구경하러 왔도다 ²⁹다윗이 이르되 내가 무엇을 하였나이까 어찌 이유가 없으리이까 하고 ³⁰돌아서서 다른 사람을 향하여 전과 같이 말하매 백성이 전과 같이 대답하니라

(사무엘상 17:12-30)

02
용기 있는 신앙인 – 다윗

블레셋과 이스라엘이 40일 동안 서로 대치하는 가운데 조석으로 싸움을 돋우는 골리앗이 나타나서 소동을 벌였습니다. "그 블레셋 사람이 사십 일을 조석으로 나와서 몸을 나타내었더라"(17:16)

이것은 이스라엘에는 아직 골리앗을 대적할 만한 사람이 나타나지 않았음을 보여줍니다. 이스라엘은 갈수록 위태로워지고 있었습니다. 이제 다윗이 나타날 때가 가까워졌습니다. 모든 이스라엘이 떨며 두려워하고 있을 때 드디어 믿음의 사람 다윗이 등장하여 골리앗과 싸우게 됩니다. 다윗이 전쟁터에 오게 된 것은 하나님의 인도하심과 섭리로 된 것입니다. 아무도 나서지 않는 골리앗과의 싸움에서 이스라엘을 대표하여 여호와 하나님의 이름으로 당당히 나가는 그는 분명히 용기 있는 신앙인이었습니다.

1. 아버지에게 순종하는 다윗

1) 아버지 이새가 다윗에게 일을 맡겼습니다

"이새가 그의 아들 다윗에게 이르되 지금 네 형들을 위하여 이 볶은 곡식 한 에바와 이 떡 열 덩이를 가지고 진영으로 속히 가서 네 형들에게 주고 이 치즈 열 덩이를 가져다가 그들의 천부장에게 주고 네 형들의 안부를 살피고 증표를 가져 오라"(17:17-18)

아비 이새는 이스라엘이 40일 이상 블레셋과 대치하게 되자 군대에 식량이 고갈되었을 것을 염려하여 각 가정에서 조금씩 양식을 모아 보내는 일종의 병참 지원을 하였습니다.

"다윗은 유다 베들레헴 에브랏 사람 이새라 하는 사람의 아들이었는데 이새는 사울 당시 사람 중에 나이가 많아 늙은 사람으로서 여덟 아들이 있는 중 그 장성한 세 아들은 사울을 따라 싸움에 나갔으니 싸움에 나간 세 아들의 이름은 장자 엘리압이요 그 다음은 아비나답이요 셋째는 삼마며 다윗은 막내라 장성한 세 사람은 사울을 따랐고"(17:12-14) 이새의 아들 중 3명이 전투에 참여하였습니다. 볶은 곡식과 떡과 치즈 등은 서민들이 먹는 음식입니다. 아버지의 부탁은 형들의 안부를 살핀 후 그 증표를 가지고 오라는 것이었습니다. 그 증표는 생존에 관한 어떤 증표를 말합니다. 형들의 안부를 제대로 살폈는지, 예물을 잘 전달했는지 등 형들의 확인이 담긴 증표를 말하는 것입니다. 우리는 여기서 다윗이 아버지의 명령에 순종하여 전쟁이 한창인 전쟁터로 갔다는 사실에 관심을 가져야 합니다.

"그 때에 사울과 그들과 이스라엘 모든 사람들은 엘라 골짜기에서 블레셋 사람들과 싸우는 중이더라"(17:19) 지금은 전쟁이 한창인데 다윗은 아침에 일찍이 일어나서 갔습니다(17:20). 다윗은 장차 자기가 어떻게 될 것인가를 알았습니다. 사무엘을 통하여 기름 부음을 받고 장차 이스라엘의 왕이 될 것을 이미 알고 있었으나 겸손히 때를 기다렸습니다. 그리고 아버지의 말에 순종하여 형제들을 위하여 봉사하였습니다. 그는 우애가 있는 착한 사람이었습니다. 요셉과 같이 아버지의 명령에 순종하여 형들의 안부를 묻기 위해서 멀리 떠났습니다.

2) 양을 맡기고 아버지의 심부름을 갔습니다

"다윗이 아침에 일찍이 일어나서 양을 양 지키는 자에게 맡기고 이새가 명령한 대로 가지고 가서 진영에 이른즉 마침 군대가 전장에 나와서 싸우려고 고함치며"(17:20)

다윗의 순종과 부지런함이 돋보이는 장면입니다.

① 다윗은 일찍 일어났습니다. 이것은 그의 부지런함과 책임감을 보여줍니다.

② 양을 지키는 자에게 맡겼습니다. 그는 자기의 양을 잘 관리했습니다. 다시 말하면 다윗은 자기의 맡은 일에 소홀히 하지 않았다는 말입니다.

어떤 사람은 심부름을 시키거나 일을 맡기면 한참동안 소식이 없는 경우가 있습니다. 신실성이 없는 사람에게는 일을 맡길 수 없습니다. 가정에서도 자기가 맡은 일은 스스로 책임감을 가지고 해야 합니다. 교회에서도 자기가 해야 할 일은 스스로 할 수 있어야 합니다. 전도회장은 회장으로서의 일을, 총무는 총무의 일을, 서기는 서기의 일을, 회계는 회계의 일을 잘 해야 합니다. 각 부서의 장은 맡은 부서의 일을 잘 하고, 회원은 회원으로서의 일을 잘 해야 합니다. 이것들은 작은 일입니다. 전도회의 일은 그리 큰 일이 아닙니다. 가정이나 직장, 그리고 사업에 비하면 교회의 일은 극히 작은 것들입니다. 그러므로 자기의 맡은 일에 관심을 가지고 열심만 내면 누구나 잘 할 수 있습니다. 자기의 맡은 일은 잘 못하면서 다른 사람의 일에는 간섭하고 비판하는 것은 어리석은 짓입니다. 다윗은 자기의 양떼를 책임지고 관심을 가지고 지킬 줄 아는 사람이었습니다.

③진영으로 찾아갔습니다. 다윗이 도착했을 때는 진영에서 전쟁터로 나와 서로 싸우려고 할 무렵이었습니다. "이스라엘과 블레셋 사람들이 전열을 벌이고 양군이 서로 대치하였더라"(17:21) 그리고 다윗은 먼저 자신의 임무를 완수했습니다. "다윗이 자기의 짐을 짐 지키는 자의 손에 맡기고 군대로 달려가서 형들에게 문안하고"(17:22) 형들에게 주려고 가지고 온 음식 보따리를 짐 지키는 자에게 맡겼습니다. 짐 지키는 자는 병참장교로 번역할 수 있습니다. 그리고 형들에게 문안을 했습니다. 다윗은 자기의 할 일을 다 했습니다. 그리고 그는 전쟁 장면을 목격하게 되었습니다. 우리는 여기에서 하나님께서 다윗을 한 걸음씩 인도하시는 것을 볼 수 있습니다. 하나님은 어느 날 갑자기 그를 왕으로 세우시지 않고 한 단계씩, 한 걸음씩 연단시켜 가면서 인도하시는 것을 볼 수 있습니다.

커다란 돌을 깎아서 건축할 때 석수장이가 그 돌을 한 번에 깨뜨릴 수는 없습니다. 한 번 치면 끄떡도 하지 않습니다. 열 번, 백 번, 계속 치다가 어느 순간에 한 번 치면 순식간에 깨뜨려집니다. 그 커다란 돌이 결코 한 번에 깨어지는 것이 아닙니다. 계속 두들겨 오던 것이 쌓여 때가 되면 한 번에 깨뜨려지는 것입니다.

다윗은 하나씩, 한 걸음씩 왕이 되기 위한 준비를 하고 있습니다. 우리 예수님도 인류의 구속 사역을 이루시기 위하여 한 걸음씩 준비하셨습니다. 예수님은 30년이란 준비 기간을 가지신 후 3년간 집중적으로 사역하셨습니다. 이것은 필수 과정이었습니다. 다윗도 아버지의 말씀에 순종하면서 준비했습니다.

우리도 하나님께서 맡기신 작은 일에 충성하고 신실하게 순종해야 합니다. 그래서 하나님께 인정을 받아 하나님께서 필요로 하실 때에는 언제라도 쓰임 받아야 하겠습니다.

2. 다윗의 의분

다윗이 전쟁터에 도착했을 때 골리앗이 나타나 전과 같이 모욕적인 말을 했습니다. "그들과 함께 말할 때에 마침 블레셋 사람의 싸움 돋우는 가드 사람 골리앗이라 하는 자가 그 전열에서 나와서 전과 같은 말을 하매 다윗이 들으니라"(17:23), "그가 서서 이스라엘 군대를 향하여 외쳐 이르되 너희가 어찌하여 나와서 전열을 벌였느냐 나는 블레셋 사람이 아니며 너희는 사울의 신복이 아니냐 너희는 한 사람을 택하여 내게로 내려 보내라 그가 나와 싸워서 나를 죽이면 우리가 너희의 종이 되겠고 만일 내가 이겨 그를 죽이면 너희가 우리의 종이 되어 우리를 섬길 것이니라 그 블레셋 사람이 또 이르되 내가 오늘 이스라엘의 군대를 모욕하였으니 사람을 보내어 나와 더불어 싸우게 하라 한지라"(17:8-10)

이처럼 모욕적이며 치욕적인 발언에도 이스라엘의 반응은 여전히 똑같았습니다. "이스라엘 모든 사람이 그 사람을 보고 심히 두려워하여 그 앞에서 도망하며"(17:24) 이스라엘의 모든 사람들은 골리앗이 더 이상 따라올 수 없는 안전지대로 피했습니다. 이스라엘은 이 골리앗 한 사람으로 인하여 사기가 땅에 떨어지고 두려움과 공포에 사로잡혀 있었습니다.

이때 다윗은 골리앗을 죽인 자에 대해 포상금이 있다는 이야기도 들었습니다. "이스라엘 사람들이 이르되 너희가 이 올라온 사람을 보았느냐 참으로 이스라엘을 모욕하러 왔도다 그를 죽이는 사람은 왕이 많은 재물로 부하게 하고 그의 딸을 그에게 주고 그 아버지의 집을 이스라엘 중에서 세금을 면제하게 하시리라"(17:25)

상금은 세 가지였습니다. '많은 재물로 부하게 하고(물질적인 포상), 왕의 딸을 그에게 주고(왕의 사위로 삼고), 그 아버지의 집을 자유하게 하여(계급을 중간계급이나 귀족계급으로 올려 줌) 세금과 부역을 면제해 주리라' 는 내용이었습니다. 상당한 포상을 걸었지만 아무도 자신의 생명을 담보로 하여 선뜻 나서지 못했습니다.

그런데 이때 다윗이 나섰습니다. "다윗이 곁에 서 있는 사람들에게 말하여 이르되 이 블레셋 사람을 죽여 이스라엘의 치욕을 제거하는 사람에게는 어떠한 대우를 하겠느냐 이 할례 받지 않은 블레셋 사람이 누구이기에 살아 계시는 하나님의 군대를 모욕하겠느냐"(17:26) 다윗은 골리앗을 죽이는 이 일이 자신의 개인적인 공명심 때문이 아니라는 것을 보여줍니다. 골리앗으로 부터 당한 민족적 모독, 즉 여호와 하나님을 모독하는 신성모독으로 보았습니다. 다윗의 관심은 어떤 대우나 상금이 아니었습니다. 여기서 다윗은 골리앗을 죽이는 일이 당연하고 시급한 일임을 강조합니다. 다윗은 분개했습니다. 그의 분노는 의분이었습니다. 여호와 하나님을 모독하고 하나님을 섬기는 선민

이스라엘을 멸시한 것에 대한 의분이었습니다. 그래서 그는 "이 할례 받지 않은 블레셋 사람이 누구이기에 살아 계시는 하나님의 군대를 모욕하겠느냐"(17:26)며 분노했습니다. 다윗의 분노는 할례 받지 않은 이방인이 살아 계시는 하나님의 군대를 모욕하고 하나님의 백성인 선민과 하나님의 교회를 모욕했다는 데 있습니다.

우리는 이 장면에서 믿음이 있는 사람과 없는 사람의 차이를 발견할 수 있습니다. 이스라엘 군대는 골리앗을 보고 두려워 도망을 갔습니다(17:24). 믿음이 없는 사람의 특징은 악의 세력이 교회를 해치려고 하거나 어려운 일을 하려고 할 때 관심을 가지지 않고 도리어 피해 버립니다. 교회가 어려운 일을 당할 때 도망쳐 버립니다. 그러나 믿음의 사람 다윗은 분노했습니다. 그리고 그와 싸우기로 결심했습니다. "다윗이 곁에 서 있는 사람들에게 말하여 이르되 이 블레셋 사람을 죽여 이스라엘의 치욕을 제거하는 사람에게는 어떠한 대우를 하겠느냐 이 할례 받지 않은 블레셋 사람이 누구이기에 살아 계시는 하나님의 군대를 모욕하겠느냐"(17:26) 다윗은 살아 계시는 하나님을 의지했습니다. 하나님의 군대, 하나님의 백성, 하나님의 교회를 모독하는 자에 대하여 분노했습니다. 그는 자기의 힘과 능력으로 싸우려고 하지 않았습니다. 그는 살아 계시는 하나님을 의지하고 임마누엘의 하나님을 믿고 담대히 나갔습니다. 이것이 믿음의 사람과 믿음이 없는 사람의 차이입니다.

우리는 눈앞의 어려운 사건만 보고 두려워하거나 도망가면 안 됩니다. 사건의 배후에서 역사하시는 하나님, 우리와 늘 함께 하시는 하나님, 놀라운 승리를 예비하시고 인도하시는 살아 계신 하나님을 의지해야 합니다. 그리고 거룩한 의분을 가지고 믿음으로 나아가야 합니다.

3. 오해받는 다윗

의분을 가진 믿음의 사람 다윗에게 또 다른 장애물이 나타났습니다. 그것은 바로 형들의 오해였습니다. "큰형 엘리압이 다윗이 사람들에게 하는 말을 들은지라 그가 다윗에게 노를 발하여 이르되 네가 어찌하여 이리로 내려왔느냐 들에 있는 양들을 누구에게 맡겼느냐 나는 네 교만과 네 마음의 완악함을 아노니 네가 전쟁을 구경하러 왔도다"(17:28)

형 엘리압의 다윗을 향한 분노는 빗나간 분노였습니다. 다윗의 거룩한 분노와는 대조적이며 세속적인 분노입니다. 자신을 제치고 동생 다윗이 기름 부음을 받았다는 데서 오는 질투심과 시기심이 근본 원인이 될 수도 있습니다. 결국 오해를 하여 자신의 이기심과 교만함이 시기와 질투로 나타난 것입니다. 또한 자신을 비롯하여 모두가 두려움에 떨고 있는 전쟁터에서 동생 다윗이 용감하게 골리앗과 싸우기로 결심하는 것을 보자 동생에 대해 시기와 질투를 느끼게 된 것입니다. 그러니 자신의 눈으로 보면 다윗이 교만하고 완악한 사람으로 보일 수밖에 없습니다.

질투는 색안경과 같습니다. 색안경을 쓰면 사물 그대로를 보지 못하고 항상 색안경의 색깔대로만 보게 됩니다. 잘못 보고 잘못 판단하게 되는 것입니다. 다윗의 형 엘리압도 다윗이 왕이 될 것을 알고 있었지만 평소에는 잘 나타나지 않다가 이 전쟁터에서 동생 다윗이 용감하게 나서는 것을 보자 질투심이 폭발한 것입니다. 이것이 어리석은 자의 행동입니다. 자신은 지금 골리앗이 두려워서 숨었고 나라는 위기에 빠졌습니다. 누군가 이 일을 해야 합니다. 그런데 자신이 못하는 것을 동생 다윗이 용감하게 나서는 것을 보자 질투심과 시기심이 발동하게 된 것입니다. 이것은 다른 사람이 자신보다 나은 것을 보지 못하겠다는 심리입니다.

교회 안에도 이런 일이 있을 수 있습니다. 나보다 믿음이 더 좋은 사람이 나타나면 그것을 용납하지 못합니다. 나보다 교회 일을 더 잘하고 더 열심히 헌신적으로 하는 것을 보면 시기심과 질투심이 생기는 것입니다. 이것은 성령의 역사가 아닙니다.

엘리압은 동생이 자기보다 더 낫고 용감하게 나서면 격려하고 자랑하고 칭찬하고 후원해 주어야 합니다. "우리 동생이 이처럼 용감하다"며 자랑해야 합니다. "다윗 너는 과연 훌륭하다. 담대하게 잘 해라." 하며 격려해 주어야 합니다. 집안에 훌륭한 인물이 나오면 자랑하고 기뻐해야 합니다. 동생이 왕이 된다면 참으로 기쁘고 자랑할 만한 일입니다. 본인 뿐 아니라 집안의 축복이며 명예입니다. 동생이 골리앗을 물리치고 이긴다면 나라와 가문의 경사입니다. 그런데 그는 시기하며 질투했습니다. 참으로 못난 사람입니다. 우리는 결단코 하나님의 일에 시기나 질투나 하는 못난 사람이 되지 말고, 오히려 칭찬하고 격려하고 후원해야 합니다.

그런데 다윗의 태도는 어떠합니까? "다윗이 이르되 내가 무엇을 하였나이까 어찌 이유가 없으리이까 하고 돌아서서 다른 사람을 향하여 전과 같이 말하매 백성이 전과 같이 대답하니라"(17:29-30) "내가 무엇을 하였나이까"란 말은 그는 전혀 책망 받을 만한 일을 하지 않았다는 말입니다. "어찌 이유가 없으리이까"는 문자적으로 '그것은 한 마디의 말에 불과하지 않은가'로 해석할 수 있습니다. 즉 "나는 골리앗과 싸우겠다는 말을 한 것이지 결코 교만하고 완악한 말을 한 적이 없습니다. 골리앗이 이처럼 이스라엘을 욕하는데 내가 분개할 만한 이유가 없습니까"라는 말입니다.

다윗은 골리앗을 물리치는 것이 자신에게 주신 하나님의 임무라는 확신을 가지고 말합니다. "전과 같이 말하매"는 다윗이 골리앗에게 도전할 의사를 밝혔다는 말씀입니다. 다윗의 성품은 형과 대조가 됩니다. 다윗은 온유하고 인내하며 자제할 줄 아는 사람입니다. 형들이 공개적으로 인신공격을 해도 그는 침착하게 자기의 할 일을 준비하는 사람입니다. 다윗은 자기를 시기하고 공격하는 형들에게 아버지의 심부름으로 먹을 것을 가지고 와서 안부를 물었습니다. 그런데 형들은 그를 시기하고 질투하며 인신공격을 했습니다. 그러나 다윗은 형들과 싸우지 않았습니다. 형제들끼리 싸울 필요가 없었습니다. 다윗에게는 더 큰일, 하나님의 사명이 있었기 때문입니다. 큰일을 할 사람은 사소한 일에 얽매일 수 없습니다. 하나님의 일을 하는 사람은 비난과 질투와 시기에 개의치 않습니다. 오직 정당하게 믿음으로 행동하고 신실함으로 보여주면 됩니다. 이것은 자신이 죽어야만 가능합니다. 내가 죽고 내 속에 그리스도가 살아 계시면 아무리 옆에서 흔들고 괴롭혀도 당당하게 행동할 수 있습니다. 다윗의 관심은 시기·질투하며 자신의 명예와 인기를 얻는데 있지 않고 오직 하나님의 영광과 그의 이름에만 있었습니다. 그는 오직 하나님의 명예에만 집중했습니다. 하나님께서 주신 강력한 사명감에만 관심이 있었습니다. 그는 사명감에 사로잡힌 사람이었습니다.

중국 선교사로 가려고 결심한 허드슨 테일러에게 결혼을 약속한 여성이 있었습니다. 아름다운 목소리를 가진 음악 선생님이었습니다. 그런데 문제는 그 여성이 중국 선교사로 가는 것을 꺼리는 것이었습니다. 두 사람은 자주 만났고 그들의 사랑은 더욱 깊어만 갔습니다. 그 여성은 "꼭 중국에 가야만 하느냐? 국내에서 주님을 섬기면 좋겠다"고 요구했습니다. 테일러는 이 두 가지 문제로 고민하면서 그 여성의 마음이 움직여 함께 중국으로 갈 수 있도록 기도했습니다. 사탄은 그 여성을 통하여 선교에 불타는 테일러를 유혹하기 시작했습니다. 그 여성은 최후의 통첩을 보냈습니다. 그것은 "중국에 같이 갈 수 없다. 아버지도 반대한다. 만약 중국에 간다면 결혼할 수 없다"는 내용이었습니다. 테일러는 어느 것도 포기할 수 없었습니다. 그 여성과 결혼도 하고 중국으로 선교도 가야 했습니다. 그런데 사탄은 "그런 희생을 할 가치가 있느냐? 왜 중국까지 가려고 하느냐? 무엇 때문에 평생 힘들게 고생하려고 하느냐? 지금도 늦지 않았으니 중국행을 포기하고 그녀와 결혼하라"고 속삭였습니다. 그는 큰 고민에 빠져 기도하기 시작했고 주님은 그를 도와 주셨습니다. 그는 하나님의 사랑을 생각했습니다. 하나님께서 얼마나 자신을 사랑하시는지를 생각했습니다. 열심히 기도하는 가운데 하나님의 크신 은혜를 잊었던 것을 깨닫고 회개하며 용서의 기도를 했습니다. 드디어 테일러는 그녀를 포기하기로 결심했습니다. 결혼보다 더 큰 것은 하나님께서 주신 사명이요, 하나님의 일을 하는 것임을 깨달았습니다.

룻은 하나님의 백성이 되고자 친정이 있는 모국을 버리고 시어머니 나오미를 따라서 베들레헴으로 왔고 마침내 그리스도의 조상의 반열에 들어가는 영광을 얻은 용기 있는 신앙인이었습니다. 성경은 말씀합니다. "모든 것을 해로 여김은 내 주 그리스도 예수를 아는 지식이 가장 고상하기 때문이라 내가 그를 위하여 모든 것을 잃어버리고 배설물로 여김은 그리스도를 얻고 그 안에서 발견되려 함이니"(빌 3:8-9)

우리는 무엇에 집중해야 합니까? 다윗은 자신이 아닌 하나님의 명예에 집중했습니다. 하나님께서 주신 강력한 사명감에만 관심이 있었습니다. 그는 사명감에 사로잡혔기 때문에 하나님을 모독하는 골리앗과 싸우기로 결심하게 된 것입니다. 그의 목표는 오직 이스라엘의 구원, 즉 하나님의 교회와 하나님의 영광에 있었습니다.

우리도 다윗의 용기를 본받읍시다. 그리스도의 군사로 부름을 받은 우리는 하나님의 영광과 그리스도를 위한 의분을 가지고 사소한 일에 얽매이지 말아야 합니다. 그리고 오직 하나님의 일과 하나님의 명예와 하나님의 교회와 하나님이 주신 사명을 이루기 위하여 거룩한 믿음과 용기를 가지고 나아갑시다. 아멘.

³¹어떤 사람이 다윗이 한 말을 듣고 그것을 사울에게 전하였으므로 사울이 다윗을 부른지라 ³²다윗이 사울에게 말하되 그로 말미암아 사람이 낙담하지 말 것이라 주의 종이 가서 저 블레셋 사람과 싸우리이다 하니 ³³사울이 다윗에게 이르되 네가 가서 저 블레셋 사람과 싸울 수 없으리니 너는 소년이요 그는 어려서부터 용사임이니라 ³⁴다윗이 사울에게 말하되 주의 종이 아버지의 양을 지킬 때에 사자나 곰이 와서 양떼에서 새끼를 물어 가면 ³⁵내가 따라가서 그것을 치고 그 입에서 새끼를 건져내었고 그것이 일어나 나를 해하고자 하면 내가 그 수염을 잡고 그것을 쳐죽였나이다 ³⁶주의 종이 사자와 곰도 쳤은즉 살아 계시는 하나님의 군대를 모욕한 이 할례 받지 않은 블레셋 사람이리이까 그가 그 짐승의 하나와 같이 되리이다 ³⁷또 다윗이 이르되 여호와께서 나를 사자의 발톱과 곰의 발톱에서 건져내셨은즉 나를 이 블레셋 사람의 손에서도 건져내시리이다 사울이 다윗에게 이르되 가라 여호와께서 너와 함께 계시기를 원하노라 ³⁸이에 사울이 자기 군복을 다윗에게 입히고 놋 투구를 그의 머리에 씌우고 또 그에게 갑옷을 입히매 ³⁹다윗이 칼을 군복 위에 차고는 익숙하지 못하므로 시험적으로 걸어 보다가 사울에게 말하되 익숙하지 못하니 이것을 입고 가지 못하겠나이다 하고 곧 벗고 ⁴⁰손에 막대기를 가지고 시내에서 매끄러운 돌 다섯을 골라서 자기 목자의 제구 곧 주머니에 넣고 손에 물매를 가지고 블레셋 사람에게로 나아가니라

(사무엘상 17:31-40)

03

믿음에 찬 고백

하나님은 중요한 일을 해결하기 위해 믿음의 사람을 사용하십니다. 다시 말하면 믿음의 고백을 하는 사람을 사용하신다는 말입니다.

우리 하나님은 불가능한 일도 믿음의 사람을 통해서 가능하게 하십니다.
　지금 이스라엘은 도저히 승산이 없는 블레셋과의 전쟁에서 패배감에 사로잡혀 있습니다. 골리앗이란 블레셋의 용장을 이길 사람이 이스라엘 군대 안에는 없기 때문입니다. 이스라엘 군대는 사기가 저하되어 있고 백성들은 두려워 떨고 있습니다. 이때 소년 다윗이 등장했습니다. 예상 밖의 인물이었습니다. 그는 믿음의 사람이었기 때문에 블레셋과의 승리를 확신했습니다. 믿음의 확신을 가진 사람 다윗은 사울 왕 앞에서 믿음의 고백을 했습니다.

1. 사울을 위로했습니다

　"그로 말미암아 사람이 낙담하지 말 것이라 주의 종이 가서 저 블레셋 사람과 싸우리이다"(17:32)
　"사람이 낙담하지 말 것이라"를 '한 사람도 낙담하지 말 것' 이라고 번역해야 좋습니다. 다윗은 블레셋 사람과 싸우겠다며 두려움에 떨고 있는 사울을 위로했습니다. 지금 상황이 거꾸로 되어 가고 있습니다. 다윗은 양치기 소년으로 왕으로부터 보호를 받아야 할 사람입니다. 그런 그가 도리어 왕을 위로하고 있습니다. 사울 왕과 모든 군사들이 두려워하는 마당에 어린 소년 다윗이 왕에게 믿음의 고백을 합니다. 확신과 용기와 위로가 넘치는 고백입니다. 다윗은 불안에 떨고 있는 왕을 위로하고 있습니다. 그는 위로자입니다.

지금 이스라엘에는 전세를 뒤엎을 작전도 필요하지만 그보다 사람이 더 필요했습니다. 운동경기 때 선수교체는 전세를 뒤엎을 기회가 될 수도 있는 아주 중요한 작전 중의 하나입니다. 축구경기 때 교체선수가 들어가서 공을 넣어 상황을 역전시키게 되면 전세가 뒤바뀝니다. 교체선수가 경기를 역전시킬 수 있습니다. 지금 이 전쟁에서 이스라엘은 완전히 기가 꺾여 침체되어 있습니다. 누군가 나타나지 않으면 안 됩니다. 이때 소년 다윗이 등장하여 담대하게 왕 앞에 나가 확신에 찬 말을 했습니다. 우리는 여기에서 눈 여겨 볼 것이 있습니다.

1) 하나님은 연약한 자를 들어서 강한 자 등을 부끄럽게 하셨습니다

하나님은 미련한 자를 들어서 지혜 있는 자를 부끄럽게 하시고, 어린 아이를 들어서 어른들을 부끄럽게 하십니다. "형제들아 너희를 부르심을 보라 육체를 따라 지혜로운 자가 많지 아니하며 능한 자가 많지 아니하며 문벌 좋은 자가 많지 아니하도다 그러나 하나님께서 세상의 미련한 것들을 택하사 지혜 있는 자들을 부끄럽게 하려 하시고 세상의 약한 것들을 택하사 강한 것들을 부끄럽게 하려 하시며 하나님께서 세상의 천한 것들과 멸시 받는 것들과 없는 것들을 택하사 있는 것들을 폐하려 하시나니"(고전 1:26-28)

여기서 우리는 하나님의 섭리를 알 수 있습니다. 하나님은 이스라엘에 승리를 주시기 위해 일하십니다. 하나님이 다윗을 들어 사용하시는 것은 결국 이스라엘을 구원하시기 위해서입니다. 그만큼 이스라엘을 사랑하셨다는 말입니다

2) 하나님은 연약한 소년을 사용하여 강하게 보이는 자들을 부끄럽게 하셨습니다.

하나님은 어린 소년 다윗을 내세움으로써 결국 권력을 가진 이스라엘 왕 사울을 부끄럽게 하셨습니다. 전쟁터의 내노라 하는 용사들과 거대한 용장 골리앗을 부끄럽게 하셨습니다. 다윗은 어린 소년이지만 하나님의 능력의 손에 붙들릴 때 강한 자를 이길 수 있었습니다.

3) 하나님은 믿음이 있는 자를 사용하여 믿음이 없는 자들을 부끄럽게 하셨습니다.

하나님은 믿음이 있는 다윗을 사용하시어 믿음이 없는 사울을 부끄럽게 하셨습니다.

사울 왕과 이스라엘 군대는 모두 믿음이 없는 자들이었으나 다윗은 하나님을 온전히 믿는 믿음의 사람이었습니다. 우리 하나님은 믿음이 있는 자를 사용하시어 믿음이 없는 자들을 부끄럽게 하십니다. 요셉과 그 형제들을 봅시다. 요셉의 형들은 믿음이 없는 자들입니다. 어린 동생을 시기하며 미워하여 죽이려고 하다가 결국 애굽에 종으로 팔아 버렸습니다. 그러나 요셉은 믿음의 사람이었습니다. 하나님은 믿음의 사람 요셉을 사용하시어 믿음이 없는 그의 형들을 부끄럽게 하셨습니다.

한나는 자녀가 없었습니다. 그러자 믿음이 없는 여인 브닌나는 한나를 괴롭히며 마음을 상하게 했습니다. 그때 믿음의 여인 한나는 하나님 앞에 엎드려 울부짖으며 기도했습니다. 하나님은 믿음의 여인 한나의 기도를 들으시고 사무엘을 주셨습니다. 믿음의 사람 한나를 통하여 믿음이 없는 브닌나를 부끄럽게 하신 것입니다. 우리 하나님은 이스라엘을 구원하시기 위해서 믿음의 사람을 사용하셨습니다.

하나님은 믿음의 사람 기드온을 사용하시어 미디안 군대를 물리치셨고, 믿음의 사람 모세를 사용하시어 애굽의 바로와 그의 군대를 물리치셨습니다. 믿음의 사람 사무엘을 사용하시어 블레셋 군대를 물리치셨습니다. 하나님의 교회에도 믿음이 있는 자를 통하여 역사하십니다.

사람의 눈에는 연약하고 보잘 것 없어 보이는 양치기 소년에 불과하지만 다윗은 믿음의 사람이었습니다. 하나님은 믿음의 사람 다윗을 사용하시어 이스라엘을 위기에서 구원하셨습니다.

옛날 구라파의 어느 왕이 크고 화려한 교회당을 지어 자기 이름을 빛내려고 했습니다. "이 교회는 아무개 왕이 세웠노라"는 글귀를 교회당 건물 벽에 새기려고 했습니다. 그래서 그는 교회당을 지을 때 직접 설계했습니다. 뿐만 아니라 건축비 전액을 혼자 부담했습니다. 드디어 웅장하고 멋진 교회당을 지어 교회 정문 앞 대리석에 왕의 이름을 크게 새겨 넣었습니다. 준공식을 성대하게 치른 그날 밤에 왕은 교회당 안에서 잠이 들었습니다. 그런데 꿈에 한 천사가 나타나 대리석에 새겨둔 자기의 이름을 파내고 알 수 없는 다른 이름을 새겨 넣었습니다. 왕은 아침에 일어나 화를 내었습니다. 그런데 그날 밤에도 똑같은 꿈을 꾸게 되어 왕의 기분이 매우 나빴습니다. 삼일 간 똑같은 꿈을 꾸게 되자 "이것은 분명히 징조가 있는 꿈이니 이 이름을 가진 사람을 찾으라"고 명령했습니다. 해질 무렵에 나이 많은 한 과부를 데리고 왔습니다. 왕은 그 과부에게 불호령을 내렸습니다. "내가 교회를 세울 때 너는 무엇을 했느냐?" 그때 그 여인은 부들부들 떨면서 대답했습니다. "은혜로우신 임금님, 제가 무엇이 있어서 바치겠습니까? 저는 아무엇도 없습니다. 다만 돌과 나무를 실어 나르는 말에게 짚 한 단을 썰어서 먹인 일밖에 없습니다." 그제야 꿈의 내용을 이해하게 된 왕은 자신이 너무도 부끄럽게 느껴졌습니다. 왕은 그때 비로소 하나님이 원하시는 것은 자신의 명예가 아니라 믿음으로 하는 순수한 봉사라는 것을 깨닫게 되었습니다. 왕은 자신의 명예를 위해서만 일을 했으나 과부는 믿음으로 순수한 봉사를 한 것입니다. 하나님은 사람들의 인정이나 자기의 이름을 드러내는 것보다 믿음으로 순수하게 봉사하며 섬기는 것을 더 높이 평가하셨던 것입니다. 왕은 그녀에게 풍부한 양식을 선물로 주었습니다.

우리 하나님은 연약하게 보여도 믿음이 있는 자를 사용하여 구원역사를 이루어 가십니다. 믿음의 사람 소년 다윗을 사용하여 이스라엘을 구원하심으로 믿음이 없는 자들을 부끄럽게 하셨습니다. 우리도 다윗과 같이 믿음 있는 자들이 되어 하나님께 쓰임을 받아 믿음 없는 자들을 부끄럽게 하는 믿음의 봉사자들이 되어야 합니다.

2. 회의적인 사울의 신앙

"네가 가서 저 블레셋 사람과 싸울 수 없으리니 너는 소년이요 그는 어려서부터 용사임이니라"(17:33)

이 말씀은 다윗이 골리앗과 싸우는 것이 불가능하다는 말입니다. 부정적이고 패배에 찬 말입니다. "너는 소년이요"라는 구절을 보십시오. 이유는 다윗이 유약한 소년이기 때문이라고 했습니다. 다시 말하면 다윗의 나이가 어리고 실제 전투 경험이 없기 때문이라고 합니다. "그는 어려서부터 용사임이니" 반면 골리앗은 다윗의 나이 때부터 이미 전투 경험을 쌓아온 백전노장이란 말입니다. '용사' 란 말은 '전쟁의 남자' 라는 뜻입니다.

사울은 왕으로서 확신이나 자신감이 없었습니다. 왕은 나라를 통치하고 국가와 백성을 보호해야 할 의무가 있습니다. 모든 일에 앞장을 서야 하며 하나님의 약속을 믿고 나아가야 합니다. 그리고 믿음의 행동이 뒤따라야 합니다. 그런데 사울에게는 지금 이런 것이 없습니다. 오히려 두려워 떨고 있습니다. 하나님을 신뢰하지 못하기 때문에 계속 불신앙적 행위만 하고 있습니다. 아말렉 전쟁에서는 하나님의 명령을 거부했습니다. 제사장인 사무엘이 지내야 할 제사를 자신이 지내는 죄를 범하여 결국 하나님으로부터 버림을 받아 악신에 걸려 고생을 했습니다.

사울은 믿음의 조상들을 뒤따르지 못했습니다. 나라가 어려웠을 때마다 취했던 앞서간 믿음의 영웅들, 즉 사사들의 믿음의 활동과 승리를 익히 알고 있었지만 정작 자신은 불신앙의 사람이었습니다. 그는 알면서도 실천에 옮기지 못한 믿음이 없는 사람입니다. 하나님은 이런 불신앙의 사람은 사용하지 않으십니다.

3. 확신에 찬 다윗의 고백

그러나 다윗은 믿음과 확신에 찬 고백을 했습니다. "주의 종이 아버지의 양을 지킬 때에 사자나 곰이 와서 양떼에서 새끼를 물어 가면 내가 따라가서 그것을 치고 그 입에서 새끼를 건져내었고 그것이 일어나 나를 해하고자 하면 내가 그 수염을 잡고 그것을 쳐죽였나이다 주의 종이 사자와 곰도 쳤은즉 살아 계시는 하나님의 군대를 모욕한 이 할례 받지 않은 블레셋 사람이리이까 그가 그 짐승의 하나와 같이 되리이다 또 다윗이 이르되 여호와께서 나를 사자의 발톱과 곰의 발톱에서 건져내셨은즉 나를 이 블레셋 사람의 손에서도 건져내시리이다"(17:34-37)

다윗은 체험적인 신앙을 고백하고 있습니다. 그는 직접 보고 느끼고 깨달아 확신을 얻는 산 믿음을 가졌습니다.

1) 하나님의 도우심을 확신했습니다

"주의 종이 아버지의 양을 지킬 때에 사자나 곰이 와서 양 떼에서 새끼를 물어가면 내가 따라가서 그것을 치고 그 입에서 새끼를 건져내었고 그것이 일어나 나를 해하고자 하면 내가 그 수염을 잡고 그것을 쳐죽였나이다 주의 종이 사자와 곰도 쳤은즉 살아 계시는 하나님의 군대를 모욕한 이 할례 받지 않은 블레셋 사람이리이까 그가 그 짐승의 하나와 같이 되리이다"(17:34-36)

다윗이 짐승으로부터 보호를 받은 것은 하나님의 도우심이었습니다. 다윗은 하나님의 날개 밑을 피난처로 삼았습니다. 시편 23편은 다윗의 대표적인 신앙의 고백입니다. "여호와는 나의 목자시니 내게 부족함이 없으리로다 그가 나를 푸른 풀밭에 누이시며 쉴 만한 물 가로 인도하시는도다 내 영혼을 소생시키시고 자기 이름을 위하여 의의 길로 인도하시는도다 내가 사망의 음침한 골짜기로 다닐지라도 해를 두려워하지 않을 것은 주께서 나와 함께 하심이라 주의 지팡이와 막대기가 나를 안위하시나이다 주께서 내 원수의 목전에서 내게 상을 차려 주시고 기름을 내 머리에 부으셨으니 내 잔이 넘치나이다 내 평생에 선하심과 인자하심이 반드시 나를 따르리니 내가 여호와의 집에 영원히 살리로다"(시 23:1-6)

2) 늘 범사에 믿음으로 행하였습니다

다윗은 하나님의 약속을 믿었습니다.

3) 하나님의 목적, 즉 자기를 향하신 하나님의 선하신 인도하심을 믿었습니다

다윗은 ①과거에 하나님의 도우심으로 짐승을 물리친 경험에 근거하고 있습니다. ②지금은 살아 계신 하나님의 군대를 모욕하고 여호와를 능멸하는 골리앗을 사자와 곰으로 보았습니다. ③하나님께서 자신의 영광을 위해 반드시 다윗과 함께 하심으로 승리를 주실 것이라는 확신을 가졌습니다.

믿음의 고백을 하는 다윗의 신앙이 참으로 귀하고 아름답습니다. 하나님의 교회에도 이런 성도들이 필요합니다. 하나님의 역사를 확신하는 성도, 주의 동행하심을 확신하는 성도, 주께서 필요로 하실 때 기꺼이 헌신하는 성도, 하나님의 교회가 필요로 할 때 믿음으로 봉사하는 성도가 필요합니다.

다윗의 믿음은 그가 받은 사명에 충성을 다하는 것에서 아름답게 나타납니다. 이미 그는 사무엘을 통하여 장차 이스라엘의 왕으로 기름 부음을 받았습니다. 그런데 나라가 어려움을 당하는 바로 이때 다윗이 나타난 것입니다. 왕은 하나님의 나라를 위해서 일하고, 그의 백성들을 위해서 봉사하기 위해 존재합니다. 다윗은 그 날을 위해 준비해 왔습니다. 그런데 지금 나라가 위기에 처했는데 어찌 장차 왕이 될 사람이 태연하게 모른 척 할 수 있겠습니까? 다윗은 나라가 필요로 할 때 일어났습니다. 하나님의 교회가 필요로 할 때 자신을 바쳤습니다. 다윗이 용감하게 일어날 수 있었던 것은 그가 하나님의 약속을 믿었기 때문입니다. 자신을 향하신 하나님의 선하신 목적과 계획을 이루어 주실 줄 믿었기 때문입니다. 자신이 존재하는 이유는 하나님의 나라와 교회를 위한 것임을 알았기 때문입니다.

우리도 하나님의 나라와 교회를 위하여 부름을 받았습니다. 우리가 직분자로, 그리고 성도로 부름을 받은 이유는 다 하나님의 교회와 그의 영광을 위해서입니다.

물론 다윗 앞에 골리앗이 나타나듯이 늘 우리 곁에는 마귀가 방해를 합니다. 그러나 믿음으로 나가면 골리앗이 넘어지듯 마귀도 넘어질 수밖에 없습니다. 우리가 하나님의 일을 할 때 하나님의 능력이 우리와 함께 하시기 때문입니다. 오늘 날에도 마귀는 하나님의 교회의 성장과 부흥을 싫어하므로 끊임없이 우리를 방해합니다. 그러나 우리가 다윗과 같은 믿음으로 나가면 능히 마귀의 세력을 물리치고 승리할 수 있습니다.

목사님이 어느 회사의 사장 댁을 방문했습니다. 그 사장이 운영하는 회사는 나날이 번창하는 회사였습니다. 목사님이 "사장님은 축복을 받게 되어 있습니다." 하고 말했습니다. 그 사장의 아버지는 과거에 수만 석을 가진 부자였지만 공산당에게 전부 몰수당하고 이남으로 피난을 와서 큰 부자가 되었습니다. 그의 아버지 장로님에게 네 명의 아들이 있었지만 이들에게는 일절 재산을 물려주지 않고 모든 재산을 교회에 다 바치고 떠났습니다. 아들들은 모두 고학으로 어렵게 공부를 했습니다. 그 당시에 대학까지 공부하느라 많은 고생을 했습니다. 그런데 그 아들들이 모두 축복을 받아 목사와 장로가 되었습니다. 결국 하나님의 교회를 위해서 봉사한 아버지의 믿음 때문에 모든 자녀들이 축복을 받은 것입니다.

주님을 위해 사는 성도, 하나님의 교회와 복음을 위해 봉사하고 희생하는 성도는 때로는 어려움이 오고 힘이 들어도 결국은 주 안에서 승리하고 복을 받게 됩니다.

사도 바울은 고백합니다. "주께서 내 곁에 서서 나에게 힘을 주심은 나로 말미암아 선포된 말씀이 온전히 전파되어 모든 이방인이 듣게 하려 하심이니 내가 사자의 입에서 건짐을 받았느니라 주께서 나를 모든 악한 일에서 건져내시고 또 그의 천국에 들어가도록 구원하시리니 그에게 영광이 세세무궁토록 있을지어다 아멘"(딤후 4:17-18)

우리도 다윗처럼 믿음의 고백을 해야 합니다. 지금까지 우리와 함께 하신 하나님은 앞으로도 영원히 함께 하실 것입니다. 우리가 살아 계신 하나님의 약속을 믿고 하나님의 영광과 주의 교회를 위해 나아갈 때, 하나님은 어떤 마귀의 위협에서도 건져주시고 승리하게 하실 것을 믿고 담대히 나아갑시다. 아멘.

³¹어떤 사람이 다윗이 한 말을 듣고 그것을 사울에게 전하였으므로 사울이 다윗을 부른지라 ³²다윗이 사울에게 말하되 그로 말미암아 사람이 낙담하지 말 것이라 주의 종이 가서 저 블레셋 사람과 싸우리이다 하니 ³³사울이 다윗에게 이르되 네가 가서 저 블레셋 사람과 싸울 수 없으리니 너는 소년이요 그는 어려서부터 용사임이니라 ³⁴다윗이 사울에게 말하되 주의 종이 아버지의 양을 지킬 때에 사자나 곰이 와서 양떼에서 새끼를 물어 가면 ³⁵내가 따라가서 그것을 치고 그 입에서 새끼를 건져내었고 그것이 일어나 나를 해하고자 하면 내가 그 수염을 잡고 그것을 쳐죽였나이다 ³⁶주의 종이 사자와 곰도 쳤은즉 살아 계시는 하나님의 군대를 모욕한 이 할례 받지 않은 블레셋 사람이리이까 그가 그 짐승의 하나와 같이 되리이다 ³⁷또 다윗이 이르되 여호와께서 나를 사자의 발톱과 곰의 발톱에서 건져내셨은즉 나를 이 블레셋 사람의 손에서도 건져내시리이다 사울이 다윗에게 이르되 가라 여호와께서 너와 함께 계시기를 원하노라 ³⁸이에 사울이 자기 군복을 다윗에게 입히고 놋 투구를 그의 머리에 씌우고 또 그에게 갑옷을 입히매 ³⁹다윗이 칼을 군복 위에 차고는 익숙하지 못하므로 시험적으로 걸어 보다가 사울에게 말하되 익숙하지 못하니 이것을 입고 가지 못하겠나이다 하고 곧 벗고 ⁴⁰손에 막대기를 가지고 시내에서 매끄러운 돌 다섯을 골라서 자기 목자의 제구 곧 주머니에 넣고 손에 물매를 가지고 블레셋 사람에게로 나아가니라

(사무엘상 17:31-40)

04

다윗의 무장

전쟁에서 이기려면 무장이 잘 되어야 합니다. 화력이 얼마나 좋으냐에 따라 승패가 나뉠 수 있기 때문입니다.

오늘 성경 본문에 보면 다윗이 골리앗을 대적하여 싸우러 나가는 장면이 나옵니다. 다윗도 무장할 필요가 있었습니다. 이 싸움은 개인 대 개인의 싸움이 아니라 나라와 나라 간의 싸움이기 때문입니다. 외견상 다윗은 골리앗의 상대가 되지 않는 소년에 불과합니다. 반면 골리앗은 어마어마한 무장을 하고 나온 장수입니다. 그러면 다윗은 어떤 무장을 해야 승리할 수 있겠습니까?

먼저 골리앗의 무장을 살펴봅시다.

1. 골리앗의 무장

1) 한 마디로 완전 무장입니다

"머리에는 놋 투구를 썼고 몸에는 비늘 갑옷을 입었으니 그 갑옷의 무게가 놋 오천 세겔이며 그의 다리에는 놋 각반을 쳤고 어깨 사이에는 놋 단창을 메었으니 그 창자루는 베틀채 같고 창날은 철 육백 세겔이며 방패 든 자가 앞서 행하더라"(17:5-7)

빈틈이 없을 만큼 완벽한 무장입니다.

2) 그러나 그의 무장은 눈에 보이는 무장에 불과합니다

골리앗의 무장은 표면에 나타나는 무장입니다. 무장이라고 하면 물리적인 힘, 즉 막강한 무기와 많은 군대를 말합니다. 그러나 이것만이 전부가 아닙니다. 이것만 있다고 해서 싸움에서의 승리를 장담할 수는 없습니다.

오늘날에도 거대한 풍채와 육체적인 무기를 의지하며 살아가는 사람들이 많습니다. 모든 조건이 갖추어져 백전백승 할 수 있을 것 같지만 반드시 그렇지만은 않습니다.

나폴레옹 1세는 "하나님은 보이지 않으므로 존재하지 않는다"고 큰 소리를 쳤습니다. 그러나 영국의 넬슨 제독은 무릎을 꿇고 하나님께 간절히 기도했습니다. 결과는 하나님을 무시하면서 무력에만 의존한 나폴레옹의 패배로 돌아갔습니다. 거대한 외형과 군사력, 그리고 권세는 잠깐 있다가 없어지는 것입니다.

3) 외적인 것을 보는 사람들 중에도 두 종류의 유형으로 나타납니다

외적인 것에만 의존하려는 사람이 있는가 하면 외적인 것만 보고 미리 두려워하는 사람이 있습니다.

① 외적인 것만 의존하려는 사람이 바로 골리앗입니다. 그는 외형적인 것을 의존하는 사람입니다. 물리적인 힘과 눈에 보이는 것만 보고 큰소리를 칩니다. 이것이 바로 교만이며 어리석은 짓입니다. 우리 하나님은 교만한 자를 미워하십니다.

② 그런가 하면 외적인 것만 보고 미리 겁을 내는 유형의 사람이 있습니다. 바로 사울 왕과 이스라엘의 군사들입니다. 그들은 골리앗의 외형적인 모습에 압도당하여 무서워 떨고 있습니다. 이들의 공통점은 오직 눈에 보이는 데만 관심을 가진다는 것입니다. 결국 눈에 보이지 않는 하나님의 능력을 불신하는 것입니다.

천로역정에 보면 이와 비슷한 사건이 그려져 있습니다. 기독교인,

즉 크리스천이 천성을 향해 가다가 마침내 천국 문앞에 도착했는데 입구에 커다란 사자 두 마리가 입을 벌리고 버티고 있었습니다. 너무 두려워서 뒤로 물러설 때 천국 문을 파수하던 사람이 "겁내지 말라. 그 사자는 쇠줄로 묶어 놓았다"고 말했습니다. 자세히 보니 묶여져 있었습니다. 그래서 그는 물러서지 않고 천국 문을 향하여 한 걸음씩 전진했습니다. 좌로나 우로나 치우치지 않고 한 가운데로만 향하여 가면 되었습니다. 그는 천천히 돌파했습니다. 사자가 아무리 달려들어도 성도들을 삼킬 수 없습니다. 왜냐하면 그들은 쇠사슬에 묶여 있었기 때문입니다. 성경은 말씀합니다. "이 율법책을 네 입에서 떠나지 말게 하며 주야로 그것을 묵상하여 그 안에 기록된 대로 다 지켜 행하라 그리하면 네 길이 평탄하게 될 것이며 네가 형통하리라"(행 1:8)

우리가 사는 이 세상에서도 마귀는 거대한 세력으로 우리에게 접근하여 위협합니다. 외형적인 것만 보면 두렵고 떨립니다. 그러나 우리는 너무 두려워할 필요가 없습니다. 하나님께서 그를 붙잡아 두시면 아무것도 할 수 없습니다. 외형만 보고 겁을 내지 맙시다. 세상의 권력자들을 겁내지 맙시다. 외형적인 무기를 갖춘 자를 미리 두려워하지 맙시다. 하나님께서 그들을 붙잡아 두시면 그들이 아무리 발버둥을 쳐도 소용이 없습니다. 성경은 말씀합니다. "사람이 감당할 시험밖에는 너희가 당한 것이 없나니 오직 하나님은 미쁘사 너희가 감당하지 못할 시험 당함을 허락하지 아니하시고 시험 당할 즈음에 또한 피할 길을 내사 너희로 능히 감당하게 하시느니라"(고전 10:13)

우리 하나님은 그의 백성들을 위하여 피할 길을 예비해 두셨습니다. 출애굽한 이스라엘 백성들이 홍해에 이르렀을 때 앞에는 바다가 있었고 뒤에는 추격하는 애굽의 군사들이 있었습니다. 그들은 어찌 할 수 없는 진퇴양난에 봉착했습니다. 그때 하나님은 이미 피할 길을 예비해 두셨습니다. 모세의 지팡이를 홍해로 향하게 하시고 바다 한 가운데에 길을 만들어 육지 같이 건너게 하셨습니다.

우리는 눈에 보이는 것보다 눈에 보이지 않는 하나님의 능력이 더 강하고 위대하다는 사실을 알아야 합니다. 그러므로 우리는 눈에 보이는 외형적인 것에 겁을 먹고 불안해 할 필요가 없습니다. 하나님은 감당할 만한 시험을 주시되 피할 길을 예비하여 능히 이기게 하신다는 것을 믿어야 합니다. 우리는 좌로나 우로나 치우치지 말고, 기웃거리거나 미혹 당하지도 말고, 오직 보이지 않는 하나님의 능력을 믿고 말씀의 대로를 향하여 전진해야 합니다.

2. 다윗의 무장

사울 왕은 다윗에게 무장을 시켜보았습니다. "이에 사울이 자기 군복을 다윗에게 입히고 놋 투구를 그의 머리에 씌우고 또 그에게 갑옷을 입히매 다윗이 칼을 군복 위에 차고는 익숙하지 못하므로 시험적으로 걸어보다가 사울에게 말하되 익숙하지 못하니 이것을 입고 가지 못하겠나이다 하고 곧 벗고"(17:38-39)

1) 자유롭지 못했습니다

다윗은 아직 체구가 작은 소년이라 사울의 군복과 놋 투구가 그에게 맞지 않았습니다. "익숙하지 못하므로"란 말은 '시도하다', '시험하다', '입증하다'라는 말에서 나왔습니다. 다윗이 사울의 군장을 자신의 몸에 착용한 채 전쟁에 나갈 수 있을지를 시험해 보았으나 불가능하다는 것을 보여줍니다. "걸어보다가"는 '걸어보기를 시험하다'라는 뜻입니다.

사울과 다윗의 체격 차이 때문에 군복과 투구와 칼이 맞지 않았습니다. 그러나 더 중요한 것은 다윗의 무기는 외형적인 것이 아니라는 사실입니다.

2) 다윗이 입어 보았습니다

이것은 순종의 자세입니다. 자신의 몸에 맞지 않을 줄 알면서도 왕의 말에 일단 순종하는 다윗의 자세를 볼 수 있습니다. 왕의 권위에 순종함으로써 왕의 기분을 상하지 않게 했습니다. 다윗은 합리적이며 화평과 화합의 자세를 가진 인격자였습니다. 결국 사울이 주는 무기는 다윗에게 맞지 않았습니다. 다윗의 승리는 인간의 무장에 있는 것이 아니었습니다. 사울 왕이 주는 무기로는 전쟁에서 이길 수 없었습니다. 불신앙의 사람이 주는 것은 하나님의 전쟁에 아무런 도움이 되지 못합니다.

3) 그러면 다윗의 무장은 무엇입니까

"손에 막대기를 가지고 시내에서 매끄러운 돌 다섯을 골라서 자기 목자의 제구 곧 주머니에 넣고 손에 물매를 가지고 블레셋 사람에게로 나아가니라"(7:40)

막대기와 매끄러운 돌과 물매였습니다. 막대기는 목자가 양을 칠 때에 양들의 앞에서 걸으며 나뭇가지를 치거나 웅덩이에 빠진 양을 구할 때 사용했습니다. 매끄러운 돌은 시냇가에서 주운 단단하고 매끄러운 차돌입니다. 양가죽으로 만든 물매는 돌을 던질 수 있도록 가운데 부분이 넓게 열려 있습니다. 이 물매의 한 쪽 끝에는 끈이 달려 있어서 엄지에 연결하여 돌을 던질 수 있도록 되어 있습니다. 물매는 목자의 필수 도구였습니다. 양들이 옆길로 가지 못하도록 멀리서 통제하거나 양을 노략하는 야수들을 쫓는 데 사용했습니다.

성경은 베냐민 사람들을 물매를 잘 던지는 명수들로 기록하고 있습니다(25:29; 삿 20:16). 다윗에게는 이 무장이 가장 자유로웠습니다. 평소에 늘 하던 그대로였기 때문입니다. 그리고 다윗은 평소에 잘 훈련된 무기를 가지고 나갔습니다. 다윗의 무기는 자기에게 주어진 환경에서 최고의 무기였습니다. 평소에 늘 연습하던 것으로 가장 자신 있는 것이었습니다. 부자연스러운 무장을 다 벗어버리고 양치기 목자의 모습 그대로 나갔습니다. 양을 칠 때와 모든 침략자들과 곰, 사자, 늑대를 물리칠 때에 사용하던 바로 그 무기로 곰이나 늑대와 같은 골리앗을 물리치기 위하여 나갔습니다. 다윗의 무기는 자기의 특기를 백분 활용한 것입니다. 자신의 환경에서 최선을 다한 것입니다. 물매는 평소에 늘 훈련해 오던 것이기 때문입니다.

우리가 영적 싸움을 위하여 평소에 늘 해오던 것이 무엇입니까? 우리의 무기는 무엇입니까? 평상시에 어떻게 훈련하고 있습니까? 비상시에 우리는 무엇을 내놓을 수 있습니까? 급할 때 어떤 무기를 사용할 수 있습니까? 중요한 사건이 발생했을 때 무엇을 사용할 수 있습니까? 마귀와의 싸움에서 우리는 무엇을 내놓을 수 있습니까? 비상시를 대비하여 평소에 잘 훈련해 두어야 합니다.

다니엘과 세 친구는 늘 기도로 무장하여 하나님의 사람으로 잘 훈련되어 있었습니다. 왕의 음식과 포도주로 시험하였으나 그들은 하나님이 축복하심으로 승리할 수 있었습니다. 30일 동안 왕 외의 어떤 신이나 사람에게 구하면 사자굴에 넣겠다는 왕의 조서에도 다니엘과 세 친구는 평소에 하던 대로 하루에 세 번씩 담대하게 기도했습니다. 그들은 기도로 잘 무장되어 있었습니다. 느부갓네살 왕이 세운 금신상에 절하지 않으면 풀무불에 넣으리라 했지만, 다니엘의 세 친구들은 비록 하나님께서 구해 주시지 않는다 하더라도 왕이 세운 금신상에 절하지 않겠다고 했습니다. 그들은 미리 순교할 준비를 하고 있었습니다.

우리도 어떤 일을 당하더라도 능히 대처하여 승리할 수 있도록 항상 준비하고 있어야 합니다.

4) 다윗의 가장 강력한 무기는 무엇입니까

전능하신 하나님을 믿는 신앙이었습니다. "주의 종이 사자와 곰도 쳤은즉 살아 계시는 하나님의 군대를 모욕한 이 할례 받지 않은 블레셋 사람이리이까 그가 그 짐승의 하나와 같이 되리이다 또 다윗이 이르되 여호와께서 나를 사자의 발톱과 곰의 발톱에서 건져내셨은즉 나를 이 블레셋 사람의 손에서도 건져내시리이다 사울이 다윗에게 이르되 가라 여호와께서 너와 함께 계시기를 원하노라"(17:36-37)

① 살아 계시는 하나님을 믿었습니다. 복음성가의 가사입니다. "살아 계신 주 나의 참된 소망 걱정 근심 전혀 없네"

② 하나님을 모욕한 것에 대한 분노입니다. 그는 하나님의 명예를

위하여 일어섰습니다. 그는 전적으로 하나님을 의지하는 하나님의 사람이었습니다. 그는 다른 어떤 것도 의지하지 않았습니다. 다른 어떤 조건도 의지하지 않았습니다. 오직 하나님만을 의지했습니다. 그는 사령관이요 용사인 거대한 골리앗을 향해 나갔습니다. 완전무장한 골리앗과 평상복 차림의 다윗, 그리고 그들의 무기와 체구를 비교해 보십시오. 그러나 다윗의 눈에는 골리앗이 전혀 무섭지 않았습니다. 살아 계신 하나님을 믿는 자의 눈에는 세상의 어떤 무기나 조건도 두렵지 않았습니다. 사실 이러한 믿음을 가진 사람이 가장 안전합니다. "육신의 생각은 사망이요 영의 생각은 생명과 평안이니라"(롬 8:6)

미국의 남북전쟁 때 한 전투에서 남군이 승리를 했습니다. 화력과 병력면에서 우세한 북군이 왜 패배했는가에 대한 해답이 나왔습니다. 그것은 남군에게는 지휘관으로 Lee 장군이 있었기 때문입니다.

우리에게는 우리의 대장 예수 그리스도가 계십니다. 하나님의 능력이 있습니다. 무장을 제대로 한 것이 다윗의 승리의 비결이었습니다. 그는 완전한 무장을 했습니다. 그 무장은 바로 전능하신 하나님, 살아 계신 하나님을 믿는 믿음이었습니다. 이 믿음이 골리앗을 물리치고, 홍해를 가르고, 요단강을 멈추게 하고, 여리고성을 무너뜨렸습니다.

우리의 무장은 전능하신 하나님, 살아 계신 하나님이십니다. 주님은 우리에게 피할 길을 주시고 승리하게 해 주십니다. "하나님은 우리의 피난처시요 힘이시니 환난 중에 만날 큰 도움이시라 그러므로 땅이 변하든지 산이 흔들려 바다 가운데에 빠지든지 바닷물이 솟아나고 뛰놀든지 그것이 넘침으로 산이 흔들릴지라도 우리는 두려워하지 아니하리로다"(시 46:1-3) 아멘.

⁴¹블레셋 사람이 방패 든 사람을 앞세우고 다윗에게로 점점 가까이 나아가니라 ⁴²그 블레셋 사람이 둘러보다가 다윗을 보고 업신여기니 이는 그가 젊고 붉고 용모가 아름다움이라 ⁴³블레셋 사람이 다윗에게 이르되 네가 나를 개로 여기고 막대기를 가지고 내게 나아왔느냐 하고 그의 신들의 이름으로 다윗을 저주하고 ⁴⁴그 블레셋 사람이 또 다윗에게 이르되 내게로 오라 내가 네 살을 공중의 새들과 들짐승들에게 주리라 하는지라 ⁴⁵다윗이 블레셋 사람에게 이르되 너는 칼과 창과 단창으로 내게 나아오거니와 나는 만군의 여호와의 이름 곧 네가 모욕하는 이스라엘 군대의 하나님의 이름으로 네게 나아가노라 ⁴⁶오늘 여호와께서 너를 내 손에 넘기시리니 내가 너를 쳐서 네 목을 베고 블레셋 군대의 시체를 오늘 공중의 새와 땅의 들짐승에게 주어 온 땅으로 이스라엘에 하나님이 계신 줄 알게 하겠고 ⁴⁷또 여호와의 구원하심이 칼과 창에 있지 아니함을 이 무리에게 알게 하리라 전쟁은 여호와께 속한 것인즉 그가 너희를 우리 손에 넘기시리라 ⁴⁸블레셋 사람이 일어나 다윗에게로 마주 가까이 올 때에 다윗이 블레셋 사람을 향하여 빨리 달리며 ⁴⁹손을 주머니에 넣어 돌을 가지고 물매로 던져 블레셋 사람의 이마를 치매 돌이 그의 이마에 박히니 땅에 엎드러지니라

(사무엘상 17:41-49)

05

다윗의 승리

교회 주일학교에서 가장 인기 있는 이야기는 바로 오늘 본문에 나오는 다윗과 골리앗의 결투입니다. 소년 다윗이 여호와의 이름으로 거장 골리앗을 물리치고 통쾌하게 승리하는 장면은 언제 보고 들어도

재미가 있습니다.

우리는 본문을 통해서 다윗이 골리앗과의 전투에서 승리한 원인을 찾아 볼 수 있습니다. 동시에 연약한 자도 승리할 수 있다는 용기와 확신을 갖게 됩니다. 또 우리는 영적 전쟁을 어떻게 준비할 것인가를 배우게 됩니다.

1. 골리앗이 패배한 원인

1) 교만입니다

"그 블레셋 사람이 둘러보다가 다윗을 보고 업신여기니 이는 그가 젊고 붉고 용모가 아름다움이라"(17:42)

"다윗을 보고"에서 '보고'란 말은 '자세히 들여다보다', '관찰하다'라는 뜻입니다. 다윗이 어린 것을 보고 업신여겼습니다. 국민적인 영웅이며 전쟁에서 많은 공을 세운 백전노장인 골리앗은 승리를 자만했습니다. 어린 소년 다윗이 나오자 그는 더욱 가소롭게 여겨 너무 방심한 나머지 긴장을 풀었습니다. 그래서 그의 교만이 그의 허를 보여주었고 다윗은 그곳을 공격하게 된 것입니다. 상대를 업신여기는 것은 아주 위험합니다. 아무리 자신이 있어도 모든 일에 신중한 것이 좋습니다. 골리앗은 전쟁에 임하면서 교만한 자세를 가졌습니다. 그 증거가 17장에 나옵니다.

① 일대 일 결투를 요구했습니다.

"그가 서서 이스라엘 군대를 향하여 외쳐 이르되 너희가 어찌하여 나와서 전열을 벌였느냐 나는 블레셋 사람이 아니며 너희는 사울의 신복이 아니냐 너희는 한 사람을 택하여 내게로 내려보내라 그가 나와 싸워서 나를 죽이면 우리가 너희의 종이 되겠고 만일 내가 이겨 그를 죽이면 너희가 우리의 종이 되어 우리를 섬길 것이니라"(17:8-9) 골리앗은 자신만만하여 이스라엘 군대를 모욕했습니다.

② 업신여겼습니다.

"그 블레셋 사람이 둘러보다가 다윗을 보고 업신여기니 이는 그가 젊고 붉고 용모가 아름다움이라"(17:42) 다윗이 어렸기 때문에 업신여긴 것입니다.

③ 나를 개로 여기고 막대기를 가지고 내게 왔느냐고 했습니다.

"블레셋 사람이 다윗에게 이르되 네가 나를 개로 여기고 막대기를 가지고 내게 나아왔느냐 하고 그의 신들의 이름으로 다윗을 저주하고"(17:43) 그리고 신들의 이름으로 저주했습니다.

④ 다윗의 살을 공중의 새들과 들짐승에게 주리라고 했습니다.

"그 블레셋 사람이 또 다윗에게 이르되 내게로 오라 내가 네 살을 공중의 새들과 들짐승들에게 주리라 하는지라"(17:44) 욕하고 저주하고 분노했습니다. 골리앗이 패배한 원인은 한 마디로 교만이었습니다.

2) 칼과 창과 단창만 의지했습니다

"다윗이 블레셋 사람에게 이르되 너는 칼과 창과 단창으로 내게 나아오거니와 나는 만군의 여호와의 이름 곧 네가 모욕하는 이스라엘 군대의 하나님의 이름으로 네게 나아가노라"(17:45)

골리앗은 자기 자신의 힘만 의지했습니다. 그러나 세상만사가 다 자기 뜻대로만 되는 것이 아닙니다. 결코 자기 마음대로 되지 않습니다. 자기 힘만 믿는다고 되는 것이 아닙니다. 골리앗은 자신의 실력과 전투능력과 백전노장의 전쟁 경험만 믿고 상대방을 업신여겼습니다. 이것이 그의 패망의 원인이었습니다. 이 모든 것은 교만에서 나온 것입니다.

3) 성경에 교만으로 패망한 사람들이 많이 나옵니다

① 애굽 왕 바로

"여호와가 누구이기에 내가 그의 목소리를 듣고 이스라엘을 보내겠느냐 나는 여호와를 알지 못하니 이스라엘을 보내지 아니하리라"(출 5:2) 얼마나 오만방자합니까? 하나님은 그를 열 가지 재앙으로 심판하시어 애굽을 폐허로 만드셨습니다. 그의 왕조가 멸망하고 말았습니다. 그리고 이스라엘의 모든 장자가 죽임을 당했을 뿐 아니라 군사들과 660대의 전차는 다 홍해에 수장되고 말았습니다.

② 느부갓네살 왕

느부갓네살 왕은 교만하여 자기의 힘만 의지했습니다. 왕은 금 신상을 만들어 거기에 절하지 않는 자는 풀무불 속에 넣겠다고 했습니다. 그러나 사드락과 메삭과 아벳느고는 신앙의 절개를 끝까지 지켰습니다. 왕은 과연 풀무불 속에서 "능히 너희를 내 손에서 건져낼 신이 누구이겠느냐"(단 3:15)며 조롱했습니다. 이 얼마나 교만하고 방자합니까? 그런데 '신의 아들과 같은 자', 즉 성자 하나님이 동행하시어 불 가운데서 그들을 구원해 주셨습니다. 느부갓네살 왕이 겁을 먹고 항복했습니다. 이 광경을 본 느부갓네살 왕은 하나님을 찬양했습니다.

하나님은 느부갓네살 왕이 교만할 때 그를 치셨습니다. 그는 왕위에서 쫓겨나 7년 동안이나 소처럼 풀만 먹으며 살았습니다(단 4:33). 후에 그가 회개할 때 하나님은 그를 다시 회복시켜 주셨습니다. 하나님은 교만한 자를 낮추십니다. 성경은 말씀합니다. "하나님이 교만한 자를 물리치시고 겸손한 자에게 은혜를 주신다"(약 4:6) 하나님은 겸손한 자에게 은혜를 주십니다.

우리는 교만하지 않은지 스스로 살펴보아야 합니다. 너무 자신을 과신하지는 않은지, 영적으로나 물질로 인하여 교만하지는 않은지 살펴보아야 합니다. 건강, 미모, 사업, 가정, 자녀, 신앙의 교만은 없는지 살펴보아야 합니다.

바리새인과 세리 두 사람이 성전에 올라가 기도를 하는데 바리새인은 아주 교만한 기도를 했습니다. 스스로 자신은 의로운 사람이라고 했습니다. 십일조와 금식을 하고 죄를 짓지도 않는다고 했습니다. 한마디로 세리와 같지 않다고 자랑했습니다. 반면 세리는 얼굴을 들지 못하고 가슴을 치며 성전 구석에서 "하나님이여, 불쌍히 여기소서 나는 죄인이로소이다"(눅 18:13)라고 고백했습니다. 하나님은 두 사람 중에 겸손한 세리가 더 의롭다고 인정해 주셨습니다.

우리는 골리앗의 교만을 경계해야 합니다. 골리앗이 패배한 원인은 그의 교만 때문이었습니다. 우리도 세리처럼 하나님 앞에서 항상 겸손한 삶을 살아야 합니다.

2. 다윗이 승리한 원인

다윗이 승리한 원인은 한 마디로 겸손과 믿음 때문이었습니다. 다윗은 하나님 앞에서 겸손했습니다. 그는 자신이 무한히 작은 존재임을 인정했습니다.

1) 만군의 여호와를 의지했습니다

"다윗이 블레셋 사람에게 이르되 너는 칼과 창과 단창으로 내게 나아오거니와 나는 만군의 여호와의 이름 곧 네가 모욕하는 이스라엘 군대의 하나님의 이름으로 네게 나아가노라"(17:45)

'만군의 여호와'는 이스라엘을 군대로 삼고 친히 그 지휘자가 되심을 강조한 것입니다. 다윗은 하나님을 이스라엘 군대의 하나님이라고 불렀습니다. 다윗이 골리앗과 싸우는 것은 개인 대 개인의 싸움이 아니며, 또한 나라와 나라 간의 싸움만이 아닌 블레셋 족속의 신과 이스라엘의 여호와 하나님 간의 싸움으로 본 것입니다. 다윗은 블레셋이 섬기는 목석, 즉 나무 우상은 이제 살아 계신 이스라엘의 하나님 앞에서 여지없이 거꾸러뜨림을 받을 것이라는 확신을 가지고 하는 말입니다. 다윗은 자신의 능력을 의지하지 않고 하나님을 의지했습니다.

2) 하나님을 향한 신앙의 열정이 있었습니다

"다윗이 블레셋 사람에게 이르되 너는 칼과 창과 단창으로 내게 나아오거니와 나는 만군의 여호와의 이름 곧 네가 모욕하는 이스라엘 군대의 하나님의 이름으로 네게 나아가노라"(17:45)

다윗이 "네가 모욕하는 이스라엘 군대의 하나님의 이름으로 네게 나아가노라"고 말한 것은 하나님을 모욕하는 것에 대한 분노였습니다. 다윗은 하나님을 모욕하는 할례 받지 못한 골리앗을 그대로 보고만 있을 수 없었습니다. 십계명 중에 제3계명은 "여호와의 이름을 망령되게 부르지 말라"입니다. 그런데 골리앗은 하나님의 이름을 망령되게 부르며 모욕했습니다. 다윗은 여기에 분노한 것입니다.

주님을 사랑하는 성도는 하나님의 영광에 관심을 집중시킵니다. 성도의 최고의 목표는 오직 하나님께 영광을 돌리는 것이며 하나님의 이름을 높이는 것입니다. 그런데 하나님의 이름을 모욕하는 것은 마귀의 역사입니다. 그러므로 우리는 여기에 분노해야 합니다. 의분을 가져야 합니다. 우리는 거룩한 분노를 할 줄 알아야 합니다.

의분은 우리 예수님께서 보여주셨습니다. 예수님께서 성전에 올라가셨을 때 성전 안에서는 소와 양과 비둘기를 팔고 있었으며, 또 돈을 바꾸는 사람들로 가득했습니다. 주님은 여기에 분노하셨습니다. 소와 양을 쫓으시고 비둘기도 날려 보내셨습니다. 그리고 돈을 바꾸는 자들의 상을 엎으시며 주님이 분노하신 이유를 말씀하셨습니다. "내 집은 기도하는 집이라 일컬음을 받으리라 하였거늘 너희는 강도의 소굴을 만드는도다"(마 21:13)

다윗의 승리의 비결은 바로 하나님을 위한 거룩한 분노에 있었습니다. 우리도 의로운 일을 위하여, 하나님을 위하여, 그리고 주님의 영광을 위하여 거룩한 열정을 가져야 합니다.

3) 승리의 확신이 있었습니다

"오늘 여호와께서 너를 내 손에 넘기시리니 내가 너를 쳐서 네 목을 베고 블레셋 군대의 시체를 오늘 공중의 새와 땅의 들짐승에게 주어 온 땅으로 이스라엘에 하나님이 계신 줄 알게 하겠고 또 여호와의 구원하심이 칼과 창에 있지 아니함을 이 무리에게 알게 하리라 전쟁은 여호와께 속한 것인즉 그가 너희를 우리 손에 넘기시리라"(17:46-47)

다윗은 승리의 확신이 있었습니다.

"내 손에 넘기시리니"는 성전(the holy war)을 수행할 때 하나님께서 적군을 다윗의 손에 붙일 것이란 말입니다. 이제 다윗은 하나님께서 자신과 함께 하시어 승리를 주실 것을 확신하였습니다. "오늘 여호와께서 너를 내 손에 넘기시리니 내가 너를 쳐서 네 목을 베고 블레셋 군대의 시체를 오늘 공중의 새와 땅의 들짐승에게 주어 온 땅으로 이스라엘에 하나님이 계신 줄 알게 하겠고"(17:46) 이 얼마나 확신에 찬 말입니까?

다윗은 이 거룩한 전쟁의 목적이 바로 하나님을 만방에 증거하는 데 있음을 알았고, 또 승리를 확신했습니다. 자신이 하나님의 도우심으로 골리앗을 물리침으로써 만 천하에 하나님의 이름이 높이 드러나게 될 것을 믿은 것입니다.

4) 전쟁은 여호와께 속한 것입니다

"또 여호와의 구원하심이 칼과 창에 있지 아니함을 이 무리에게 알게 하리라 전쟁은 여호와께 속한 것인즉 그가 너희를 우리 손에 넘기시리라"(17:47)

여호와의 구원은 칼과 창에 있지 않습니다. 골리앗이 믿고 의지하며 자신만만하게 가지고 나온 칼과 창과 단창으로는 이길 수 없습니다. 이 말은 하나님은 그런 것을 사용하지 않으실 뿐 아니라 하나도 무섭지 않다는 말입니다. "전쟁은 여호와께 속한 것"이란 말은 모든 전쟁의 승패는 전적으로 하나님의 주권적 의지에 따라서 좌우되며, 하나님은 모든 전쟁을 통해서 그의 선하신 뜻을 이루어 가신다는 의미입니다. 전쟁은 칼과 창만으로는 이길 수 없습니다.

제2차 세계대전의 결정적인 순간이었던 노르망디 상륙작전 때 독일의 히틀러는 낮잠을 자고 있었습니다. 그때 아무도 깨우지 말라는 명령 때문에 대책을 수립하지 못하고 있을 때 연합군이 상륙작전에 성공을 했습니다.

6·25동란 때 공산군에 의해 우리 군이 낙동강까지 밀려 왔을 때에는 모두 절망적이었습니다. 그때 피난 온 목회자들이 초량교회에 모여서 하나님께 금식기도를 했습니다. 그런데 이 금식기도가 끝나는 날 맥아더 장군의 인천상륙작전이 성공을 했습니다. 이 모든 것이 다 하나님의 역사입니다. 이처럼 전쟁은 하나님의 주권에 달렸습니다.

우리는 눈에 보이는 칼과 창과 권세와 세상적인 것들을 너무 의지하지 맙시다. 모든 전쟁은 여호와 하나님의 손에 달렸습니다. 그러므로 우리는 오직 하나님만 의지하고 바라보는 믿음으로 이 세상의 싸움에서도 승리해야 합니다.

3. 결전

드디어 다윗과 골리앗의 결전이 벌어졌습니다. "블레셋 사람이 일어나 다윗에게로 마주 가까이 올 때에 다윗이 블레셋 사람을 향하여 빨리 달리며 손을 주머니에 넣어 돌을 가지고 물매로 던져 블레셋 사람의 이마를 치매 돌이 그의 이마에 박히니 땅에 엎드러지니라"(17:48-49)

블레셋 사람이 움직였습니다. 그러나 다윗은 더 빨리 움직였습니다.

1) 다윗은 민첩했습니다

"블레셋 사람이 일어나 다윗에게로 마주 가까이 올 때에 다윗이 블레셋 사람을 향하여 빨리 달리며"(17:48)

"빨리 달리며" 다윗은 물러서지 않고 적극적으로 공격했습니다. 이것은 여호와 하나님의 능력을 확신했기 때문입니다. 그리고 골리앗은 중무장을 한 탓에 몸의 움직임이 둔했으나 다윗은 비무장이었으므로 아주 가볍게 움직일 수 있었습니다. 다윗은 블레셋 사람의 진영을 향하여 오히려 더 가까이 달려 나갔습니다. 다윗은 동작이 아주 민첩했습니다.

2) 물맷돌 한 방으로 정확하게 맞추었습니다

"손을 주머니에 넣어 돌을 가지고 물매로 던져 블레셋 사람의 이마를 치매 돌이 그의 이마에 박히니 땅에 엎드러지니라"(17:49)

다윗이 골리앗의 이마를 맞추었습니다. 그 당시에는 안면 보호대가 개발되지 못했습니다. 그래서 골리앗이 온 몸으로 무장을 했지만 방패를 든 자는 골리앗의 키가 너무 커서 이마까지 보호할 수는 없었습니다. 그리고 다윗의 뛰어난 물맷돌 솜씨로 정확하게 한 방에 맞추자 골리앗이 땅에 엎드러지고 말았습니다. 이 모든 것이 하나님의 섭리요 하나님의 능력으로 된 것입니다. 결국 하나님께서 하나님과 이스라엘을 모욕한 골리앗을 심판하여 땅에 엎드러지게 만드신 것입니다. 다윗의 일방적이고도 완전한 승리였습니다. 그리고 대 결전이 예상을 뒤엎고 너무 쉽게 일찍 끝나고 말았습니다. 이것이 하나님의 방법입니다. 어쩌면 당연한 결과입니다. 이 전쟁은 여호와 하나님의 싸움이기 때문입니다. 여호와 하나님과 골리앗은 적수가 되지 않습니다. 우리 하나님과 사탄의 싸움은 이미 예견된 결과입니다. 상대가 되지 않는 싸움이었습니다.

하나님은 다윗을 사용하시어 이스라엘에 승리를 주셨듯이 오늘날은 우리를 사용하시어 사탄과의 싸움에서 이기게 하실 것을 믿으시길 바랍니다.

4. 승리의 비결

1) 이 싸움은 하나님과 무신론자와의 싸움입니다

믿음의 사람 다윗과 하나님을 모욕하는 골리앗과의 싸움입니다. 승리는 하나님을 믿는 다윗의 것이었습니다.

2) 인간의 생명을 주관하시는 하나님이십니다

3) 전쟁을 주관하시는 하나님이십니다

4) 진정한 무장은 하나님을 의지하는 믿음입니다

5) 하나님은 영광을 찾으시고야 맙니다

다윗의 진정한 무기는 물맷돌이 아니라 하나님을 믿는 믿음이었습니다. 승리의 비결은 오직 여호와 하나님께만 있습니다. 하나님이 승리자이십니다.

하나님은 실패하지 않으십니다. 인간은 실수가 많지만 하나님은 실수가 없으십니다. 우리는 아무것도 할 수 없으나 하나님의 도우심을 받으면 무엇이든 할 수 있습니다. 골리앗이 실패한 원인은 자신의 힘을 과시하며 교만했기 때문입니다. 그러나 다윗은 승리했습니다. 그의 승리는 전적으로 하나님을 의지한 데 있습니다.

우리는 다윗처럼 연약하나 하나님은 모든 것을 가능케 하십니다. 우리 모두 다윗과 같이 하나님의 이름을 위하여 거룩한 열정을 가지고 오직 하나님만을 의지함으로 승리하는 삶을 살아야 합니다. 아멘.

⁵²이스라엘과 유다 사람들이 일어나서 소리 지르며 블레셋 사람들을 쫓아 가이와 에그론 성문까지 이르렀고 블레셋 사람들의 부상자들은 사아라임 가는 길에서부터 가드와 에그론까지 엎드러졌더라 ⁵³이스라엘 자손이 블레셋 사람들을 쫓다가 돌아와서 그들의 진영을 노략하였고 ⁵⁴다윗은 그 블레셋 사람의 머리를 예루살렘으로 가져가고 갑주는 자기 장막에 두니라 ⁵⁵사울은 다윗이 블레셋 사람을 향하여 나아감을 보고 군사령관 아브넬에게 묻되 아브넬아 이 소년이 누구의 아들이냐 아브넬이 이르되 왕이여 왕의 사심으로 맹세하옵나니 내가 알지 못하나이다 하매 ⁵⁶왕이 이르되 너는 이 청년이 누구의 아들인가 물어보라 하였더니 ⁵⁷다윗이 그 블레셋 사람을 죽이고 돌아올 때에 그 블레셋 사람의 머리가 그의 손에 있는 채 아브넬이 그를 사울 앞으로 인도하니 ⁵⁸사울이 그에게 묻되 소년이여 누구의 아들이냐 하니 다윗이 대답하되 나는 주의 종 베들레헴 사람 이새의 아들이니이다 하니라

(사무엘상 17:52-58)

06

이스라엘의 승리의 의미

다윗과 골리앗의 대 결전은 다윗이 던진 물맷돌 한 방으로 끝났습니다. 다윗의 승리는 바로 이스라엘의 승리요 여호와 하나님의 승리입니다. 다윗은 물맷돌 때문에 이긴 것이 아니라 하나님의 도우심으로 이겼습니다. 다윗은 달려가서 쓰러진 골리앗을 밟고 그의 칼로 죽이고 머리를 베었습니다. 우리는 매우 용감한 다윗의 모습을 볼 수

있습니다. 이것을 보는 순간 모든 블레셋 군사들은 달아나고 움츠리고 있던 이스라엘 군사들은 일어나서 적군을 추격하기 시작했습니다. "이스라엘과 유다 사람들이 일어나서 소리 지르며 블레셋 사람들을 쫓아 가이와 에그론 성문까지 이르렀고 블레셋 사람들의 부상자들은 사아라임 가는 길에서부터 가드와 에그론까지 엎드러졌더라"(17:52)

이스라엘의 대 승리였습니다. 여호와 하나님의 승리였습니다. 이스라엘의 승리에는 의미가 있습니다. 우리는 이 시간 이스라엘의 승리가 주는 의미를 생각해 보고자 합니다.

1. 다윗 한 사람에 의한 승리였습니다

40일 동안 모든 이스라엘 군사들은 골리앗이 두려워 떨었습니다. 사울 왕도 속수무책이었습니다. 그러나 다윗은 담대하게 믿음으로 나아가 승리를 얻었습니다. 다윗 한 사람의 용감한 믿음의 행동으로 인하여 이스라엘이 전쟁에서 이긴 것입니다. 다윗이 단신으로 나가서 그처럼 무서워하던 골리앗을 간단하게 물리치자 이스라엘 군대가 사기충천하여 블레셋을 무찔렀습니다.

이스라엘의 승리는 한 사람의 신앙인 다윗이 있었기에 가능했습니다. 이스라엘은 하나님의 교회입니다. 이스라엘의 승리는 교회의 승리입니다. 그러므로 한 명의 믿음의 사람으로 인하여 교회가 승리를 거둔 것입니다. 하나님의 교회인 이스라엘이 골리앗이란 방해꾼 때문에 곤경에 빠져 있을 때 믿음의 사람 다윗이 나타나서 그를 물리쳤습니다. 사단이 교회를 시험하며 어지럽힐 때 필요한 것은 믿음의 사람입니다. 다윗 한 사람에 의해 이스라엘에 승리가 주어지고 생기와 활력이 넘치게 되었습니다.

오늘날에도 성령이 충만하고 하나님의 영광을 위한 불타는 가슴을 가진 사람들에 의해 하나님의 교회가 부흥하고 성장합니다. 한 가정도 마찬가지입니다.

이스라엘 백성이 포로가 되었을 때에 악한 하만에 의해서 모든 유대인들이 죽임을 멸절될 뻔한 절체절명의 위기가 있었습니다. 간교하게 왕의 마음을 빼앗은 하만이 왕의 어인이 찍힌 조서를 전국 각도에 전달하여 죽음의 날만 기다리고 있을 때에 믿음의 사람이 나타났습니다. 바로 모르드개와 에스더였습니다. 그들은 금식하며 기도했습니다. 에스더는 '죽으면 죽으리라' 는 각오로 자신의 생명을 걸고 왕을 찾아가 민족을 구했습니다.

믿음의 사람 요셉도 그의 가족을 구원해 냈습니다. 기근으로 죽게 된 야곱의 가정은 속수무책이었습니다. 그때 요셉이 그의 가족을 구원해 냈습니다. 그의 가족을 애굽으로 이주시키고 자손을 번성케 하여 큰 민족을 이루게 했습니다.

사사시대에 이스라엘이 불순종할 때 하나님의 진노와 심판이 뒤따랐습니다. 적군들이 침략하여 노략질을 하며 고통을 줄 때 하나님은 믿음의 사람 사사를 보내어 구원을 이루셨습니다. 입다와 같은 사사를 보내어 이스라엘을 적들의 손에서 구원해 주셨습니다. 사사 사무엘은 블레셋 대군이 쳐들어 왔을 때 미스바에서 회개운동을 일으켜 에벤에셀의 승리를 가져 왔습니다. 믿음의 한 사람으로 인하여 하나님의 교회에 구원의 역사가 나타나고 부흥되었습니다.

우리도 다윗과 같이 전적으로 하나님을 신뢰하고 의지하여 하나님의 영광을 나타내며, 하나님의 교회에 부흥의 역사를 일으키는 믿음의 성도들로 쓰임 받아야 하겠습니다.

2. 전적으로 믿음에 의한 승리였습니다

"다윗이 이같이 물매와 돌로 블레셋 사람을 이기고 그를 쳐죽였으나 자기 손에는 칼이 없었더라"(17:50)

골리앗을 죽일 때 다윗의 손에는 칼이 없었기 때문에 그의 칼로 죽였습니다. 이것은 다윗의 승리는 칼이나 창이나 어떤 무기에 의한 것이 아님을 보여줍니다. 이것이 하나님의 방법입니다. 그의 승리는 전적으로 하나님을 믿는 믿음에 의한 승리였습니다. 전능하신 하나님의 능력에 의한 승리였습니다.

골리앗은 자신의 힘과 경험과 우수한 무기를 의지하면서 교만하여 다윗을 업신여겼습니다. 그러나 다윗은 평상복 차림에 물맷돌만 들고 나왔습니다. 그의 무기는 돌이 아니라 전능하신 하나님을 믿는 믿음이었습니다. 결과는 믿음의 사람 다윗이 골리앗을 이겼습니다. 골리앗은 자신이 신뢰했던 그 칼에 의해 목이 잘리고 말았습니다. '칼로 서는 자는 칼로 망하는 것' 이 성경의 가르침입니다. 골리앗은 자신이 의지하고 자기를 지켜주던 칼에 의해 비참하게 죽고 말았습니다.

골리앗은 칼을 의지했습니다. 그렇다면 우리는 무엇을 의지하고 있습니까? 자신을 의지합니까? 아니면 자기 자신입니까, 아니면 지식입니까? 건강입니까? 우리의 칼은 무엇입니까? 골리앗은 자신이 의지하던 칼에 의해 멸망하고 말았습니다. 그가 의지하던 칼에 의해 죽임을 당하고, 그의 몸은 짐승과 새의 밥이 되고 말았습니다. 사람들이 의지하는 칼은 우리를 완전하게 지켜주지 못합니다.

히틀러는 무력의 칼을 의지했지만 그는 결국 그것으로 멸망하고 말았습니다. 돈만 의지하는 사람은 돈으로 화를 당하게 됩니다. 권세의 칼을 휘두르는 자 역시 권세로 인하여 멸망하게 됩니다.

다윗은 칼이 한 자루도 없었지만 승리했습니다. 바로 그가 믿는 전능하신 하나님이 승리하게 하셨습니다. 골리앗의 칼로부터 지켜주신 분은 바로 여호와 하나님이십니다. 다윗이 가진 무기는 바로 믿음의 칼이었습니다. 다윗이 가진 이 믿음의 칼은 세상 사람들은 볼 수 없습니다. 그 칼은 골리앗이 결코 보지 못했던 무서운 칼이었습니다.

우리가 가진 믿음의 칼은 세상 사람들의 눈으로는 보지 못하는 숨겨진 칼입니다. 그러나 그 위력은 어마어마합니다. 천하장군 골리앗도 속수무책이었습니다. 자기의 칼을 한 번 빼어 보지도 못하고 당했습니다. 그 칼자루를 쥐고 계신 분은 전능하신 하나님이시기 때문입니다.

우리에게도 다윗이 가졌던 믿음의 칼이 있어야 합니다. 우리가 전능하신 하나님을 믿는 이 믿음을 가질 때 주님께서 보호하시고 우리의 원수들을 물리쳐 우리에게 승리를 주실 것입니다.

3. 이 승리로 다윗은 세상 사람들로부터 관심의 대상이 되었습니다

　모든 시선이 전쟁에서 승리를 거두고 돌아오는 다윗에게 집중되기 시작했습니다. 그 당시 이스라엘 전 국민의 최대의 관심사는 전쟁에서 승리한 소식이었습니다. 그리고 당연히 골리앗을 물리친 목동 소년 다윗의 이야기와 그의 무용담이었을 것입니다. 다윗은 민족의 영웅이 되었습니다. 다윗은 나라를 살리고 민족의 자존심을 회복하고 살아 계신 하나님의 이름을 천하에 널리 알렸습니다. 모든 사람의 관심의 대상이 되는 것은 당연합니다.

　사울 왕이 관심을 가졌습니다. "사울은 다윗이 블레셋 사람을 향하여 나아감을 보고 군사령관 아브넬에게 묻되 아브넬아 이 소년이 누구의 아들이냐 아브넬이 이르되 왕이여 왕의 사심으로 맹세하옵나니 내가 알지 못하나이다 하매 왕이 이르되 너는 이 청년이 누구의 아들인가 물어보라 하였더니 다윗이 그 블레셋 사람을 죽이고 돌아올 때에 그 블레셋 사람의 머리가 그의 손에 있는 채 아브넬이 그를 사울 앞으로 인도하니 사울이 그에게 묻되 소년이여 누구의 아들이냐 하니 다윗이 대답하되 나는 주의 종 베들레헴 사람 이새의 아들이니이다 하니라"(17:55-58)

　사울은 이미 다윗을 알고 있었습니다. 다윗은 사울에게 든 악신을 쫓아내려고 음악을 연주해 주었으며 골리앗과 싸우러 가기 전에 그와 면담도 했었습니다. 그런데 사울이 다윗을 향하여 이 소년이 누구의 아들이냐고 물었습니다. 그것은 개인적으로는 다윗을 어느 정도 알지만, 골리앗을 물리친 이 국민적인 영웅이 된 다윗의 용감성을 보고 그의 가문이 어떠한 혈통과 신분적 위치에 있는지 궁금했을 것입니다. 특히 골리앗을 물리치는 자에게 딸을 주어 사위를 삼게 하겠다고 했으니 더욱 다윗의 가문에 대해 알고 싶었을 것입니다. 다윗의 행동이 왕과 온 이스라엘의 관심을 끌었습니다. 여기서 다윗이 무엇으로 관심을 끌게 되었는지가 중요합니다.

사람들로부터 관심의 대상이 된다는 것은 중요합니다. 그런데 관심을 끄는 방법이 문제입니다. 스캔들이나 사고를 내고 관심을 받는 사람들이 있는가 하면 아름다운 일이나 선행으로 관심을 받는 사람들도 있습니다. 존경의 대상으로 관심을 끄는 것은 아름다운 일입니다. 우리 성도들은 다윗과 같이 하나님의 영광을 나타내는 믿음의 행위로 세인들의 관심을 모아야 합니다.

이삭의 경우도 마찬가지입니다. 우물 때문에 아말렉과 분쟁이 일어났을 때마다 그는 양보했습니다. 그러나 하나님이 이삭에게 축복하시어 이삭이 우물을 팔 때마다 계속 물이 나왔습니다. 한 해 농사의 수확이 백배가 되는 축복을 주셨습니다. 이것을 본 원수들이 찾아와서 화해를 청하자 그들도 하나님이 이삭과 함께 하심을 보았다고 증거했습니다. 이것이 아름다운 관심을 모으는 방법입니다. 하나님께 하루 세 번씩 기도하는 다니엘 역시 대적들에 의해 사자굴에 들어갔지만 하나님은 사자의 입에서 그를 구해 주셨습니다. 이것을 본 아하수에로 왕이 다니엘의 원수들을 사자굴에 넣었습니다. 그리고 다니엘의 지위를 더 높여 주시고 다니엘의 하나님을 찬양했습니다.

우리는 그리스도의 향기이며, 세상의 소금과 빛이며, 그리스도의 대사입니다. 그러므로 우리는 우리의 믿음의 행위를 통해 모든 영광을 하나님께 돌리는 하나님의 백성들이 되어야 합니다.

4. 다윗은 평소에 훈련과 연단을 받은 사람입니다

다윗이 물맷돌 한 방으로 골리앗을 물리친 것은 전적으로 하나님의 도우심이었습니다. 그러나 우리 하나님은 다윗이 평소에 연마했던 기술을 사용하셨습니다. 다윗이 갑자기 물맷돌의 명수가 되었다거나 갑자기 없던 믿음이 생긴 것이 아닙니다. 하나님의 영광을 위한 불타는 마음이 순간적인 감정에 의해서 일어난 것도 아닙니다. 다윗은 오래전 아버지의 양들을 치던 목동 시절부터 조용히 그의 실력을 익혀 왔습니다. 그는 평소에 하나님과 교제하며 하나님의 말씀을 묵상하는 가운데 많은 하나님의 인도하심을 체험했습니다. 물맷돌을 사용하는 기술도 평소에 잘 준비해 왔기 때문에 비상시에 하나님께서 그의 믿음과 기술과 용감성을 사용하실 수 있었습니다. 다윗은 평소에 잘 준비되어 있었기 때문에 비상시에 그의 진가를 유감없이 발휘할 수 있었습니다. 하나님께서 꼭 필요로 하실 때 그의 믿음과 용기가 나타났습니다. 다윗은 평소 매일의 삶 속에서 승리의 비결을 준비해 왔습니다. 그는 모든 사람의 관심과 존경과 사랑을 받을 수 있는 충분한 준비가 되어 있었습니다. 이 준비된 한 사람에 의해 하나님의 역사는 놀랍게 나타났습니다. 하나님의 사람은 하나님의 때를 위하여 준비합니다.

요셉은 이미 준비된 사람이었습니다. 하나님은 준비된 그를 사용하셨습니다. 모세 역시 모든 것이 준비되어 있었기 때문에 하나님께서 그를 이스라엘의 구원자로 사용하신 것입니다. 사도 바울 역시 이미 준비된 사람이었습니다. 히브리 율법과 헬라 문화에 준비된 그를 이방인의 사도로, 그리고 전 세계의 복음화를 위해 사용하셨습니다.

우리 하나님은 준비된 사람을 사용하십니다. 우리도 하나님의 영광과 주의 나라를 위하여 사용되기를 바라는 거룩한 열정을 가지고 준비해야 합니다. 주님은 준비된 자를 사용하시기 때문입니다.

한 사람이 중요합니다. 한 사람이 필요합니다. 우리는 다윗과 같이 하나님께 합당한 믿음의 한 사람이 되어야 합니다. 우리 모두 주님 앞에 소망하고 기도하면서 준비합시다. "주님, 저를 하나님의 나라를 위해 꼭 필요한 사람이 되게 하소서. 저를 하나님의 교회에 활력을 불어넣어 부흥을 일으킬 수 있는 믿음의 사람이 되게 하소서. 주님, 하나님의 영광을 위하여 꼭 쓰임을 받는 주의 백성이 되게 하소서." 아멘.

¹다윗이 사울에게 말하기를 마치매 요나단의 마음이 다윗의 마음과 하나가 되어 요나단이 그를 자기 생명 같이 사랑하니라 ²그 날에 사울은 다윗을 머물게 하고 그의 아버지의 집으로 다시 돌아가기를 허락하지 아니하였고 ³요나단은 다윗을 자기 생명 같이 사랑하여 더불어 언약을 맺었으며 ⁴요나단이 자기가 입었던 겉옷을 벗어 다윗에게 주었고 자기의 군복과 칼과 활과 띠도 그리하였더라 ⁵다윗은 사울이 보내는 곳마다 가서 지혜롭게 행하매 사울이 그를 군대의 장으로 삼았더니 온 백성이 합당히 여겼고 사울의 신하들도 합당히 여겼더라

(사무엘상 18:1-5)

07

다윗과 요나단의 우정 – 참된 우정

이 세상을 살아갈 때 우리에게 좋은 친구가 있다는 것은 축복이 아닐 수 없습니다. 특별히 믿음 안에서 서로 위로하고 격려하며 기도하며 신뢰하는 친구가 있다면 그 사람은 축복 중에 축복을 받은 사람입니다. 소크라테스는 "평생 동안 참된 친구가 한 명도 없었다"며 탄식을 했습니다.

오늘 본문에 나오는 다윗과 요나단은 가장 아름다운 우정의 모델을 우리에게 제시해 주고 있습니다. 이 두 사람의 우정은 불변하는 아름다운 우정의 본보기가 되어 우리에게 진한 감동을 줍니다. 이들의 우

정은 서로 원수가 될 수밖에 없는 상황에서 이루어진 신앙을 토대로 한 우정이기에 더욱 더 가치 있고 아름다운 것입니다. 아버지 사울 왕이 다윗을 죽이려는 것을 알면서도 요나단은 다윗과의 우정을 유지하며 그를 보호해 주었습니다. 요나단은 왕이 될 수 있는 왕자의 자리에 있었습니다. 그러나 그는 오히려 하나님의 기름 부음을 받은 다윗이 왕이 되어야 한다고 믿었습니다. 그래서 그는 다윗을 격려하며 아버지의 불신앙을 비판하는 가운데 믿음 위에 우정을 꽃피워 갔습니다. 나중에 요나단이 죽고 다윗이 왕위에 올랐을 때에는 그의 후손들을 죽음에서 보호해 줌으로써 요나단과의 약속을 지켰습니다. 뿐만 아니라 후손들을 자신의 아들처럼 대우해 주는 등 대를 이은 우정의 연속은 진정 참된 우정이라 하지 않을 수 없습니다.

다윗과 요나단의 참된 우정은 어떤 우정입니까?

1. 마음과 마음이 연락했습니다

"다윗이 사울에게 말하기를 마치매 요나단의 마음이 다윗의 마음과 하나가 되어 요나단이 그를 자기 생명 같이 사랑하니라"(18:1)

여기서 '마음'은 하나님이나 왕을 향한 순수한 전인격적인 사랑과 충성의 정신을 가리킵니다. 이와 같은 정신은 요나단과 다윗이 모두 가지고 있었습니다. 이 정신적인 공통점 때문에 다윗과 요나단은 특별한 우정을 나눌 수 있었습니다. 그들의 우정은 변하지 않았습니다. "하나가 되어"라는 말은 '매다'(tie), '묶다'(bind), '짜다'(knit) 등의 의미로 영원히 변하지 않는 마음의 띠로 단단히 동여매는 것을 말합니다. 또는 결코 끊어지지 않는 정신적 쇠사슬로 굳게 묶는 것을 나타내는 말이기도 합니다. 두 사람의 마음이 일치되었습니다.

어떻게 두 사람의 마음이 하나가 될 수 있었습니까?

1) 성격과 기질이 흡사했기 때문입니다

다윗은 골리앗과의 전투에서 승리를 거둔 용감한 사람입니다. 사무엘상 14장에 보면, 요나단 역시 시종 하나만 데리고 블레셋 군대 속으로 돌파하여 혁혁한 공을 세운 용감한 사람입니다. 두 사람이 다 용감했습니다. 그리고 그들은 믿음의 사람들이었습니다. 그들은 나라를 위한 투철한 애국심으로 무장되어 있었습니다.

영국의 주석가 메튜 헨리도 "이러한 비슷한 심성이 깊은 우정을 맺게 해 준 것"이라고 주석했습니다. 참된 우정은 마음과 마음이 일치되고 결속되어야 합니다. 다윗과 요나단의 마음은 서로 일치했습니다.

2) 마음이 믿음 안에서 통했기 때문입니다

다윗은 믿음의 사람입니다. 하나님을 모독하는 골리앗을 응징하기 위해 생명을 걸고 싸운 믿음의 용사입니다. 요나단 역시 믿음의 사람입니다. 아버지 사울에게 악신이 들어 다윗을 죽이려고 할 때 아버지를 비판하며 다윗을 보호해 주었습니다. 두 사람은 서로 믿음이 통했기 때문에 진실한 우정을 맺을 수 있었습니다. 마음이 통하는 것은 진실과 믿음이 토대가 되어야 합니다. 마음이 좋은 방향으로 통해야 참된 우정을 이어갈 수 있습니다. 만약 나쁜 방향으로 통한다면 그것은 우정이 될 수 없습니다. 마음이 죄를 짓는 방향으로 통하게 되면 결국 범죄하게 되어 두 사람의 우정은 깨지고 맙니다. 가령 도둑질이나 흑색선전, 또는 다른 사람을 비방하는 일에 서로 마음이 통한다면 이것은 우정이 아니라 작당입니다. 이렇게 되면 결국 둘 다 망하는 길밖에 없습니다.

참된 우정은 서로 믿음 안에서 통해야 합니다. 다윗과 요나단은 하나님의 뜻을 이루기 위해 서로 마음이 통했습니다. 그렇기 때문에 두 사람이 원수가 될 수밖에 없는 환경에서도 서로 사랑함으로써 협력할 수 있었습니다.

제가 예전에 섬기던 어느 교회에 아주 절친한 두 여 집사님이 있었는데 그들은 서로 믿음 안에서 교제했습니다. 이들은 기도생활, 구역 봉사, 성경공부도 늘 함께 했습니다. 교회 봉사뿐 아니라 모든 면에서 모범적이었습니다. 교회로부터 인정도 받았습니다. 두 집사님은 환경과 성격도 비슷했습니다. 남편들의 신앙이 미지근한 것도 공통점이었습니다. 그들은 남편들을 위해서 합심기도를 했습니다. 힘들 때에는 서로 전화로 격려도 하고 기도하면서 인내함으로 변함없이 교회를 잘 섬겼습니다. 결국 남편들이 굴복하고 교회로 돌아와 모두 집사가 되었습니다.

참된 우정은 진실과 믿음이 기초가 되어야 합니다. 다른 것이 섞이면 안 됩니다. 다른 어떤 목적을 위한 우정, 어떤 이익을 위한 계산된 우정, 사업의 활용을 위한 우정 등은 오래 가지 못합니다. 이런 우정은 불신앙을 기초로 한 것이므로 오래 갈 수 없습니다. 그리고 인간적인 정이나 감정으로 맺어진 우정도 오래 가지 못합니다. 순수한 믿음 위에 진리의 말씀을 기초로 한 우정이라야 참된 우정이 될 수 있습니다.

교회 안에도 아름다운 우정은 계속 이어집니다. 그러나 참된 우정을 이어가기 위해서는 믿음과 진리가 기초가 되어야 합니다. 연약한 사람들이 모인 곳이기 때문에 실수와 오해가 있고 문제가 발생할 수도 있습니다. 나는 믿고 말했는데 그 말이 와전되어 오해를 할 수도 있습니다. 그러면 결국 마음이 상하게 되어 관계가 깨어지게 됩니다. 성도들 사이에도 믿고 말했는데 다른 사람에게 전달되는 과정에서 추가되고 왜곡되어 엉뚱하게 소문이 나면 그 우정은 손상을 입게 됩니다. 나는 그 사람을 믿고 말했는데 지나고 보니 모든 과실이 내게로 돌아오는 것입니다. 이것은 진실한 믿음이 기초가 되어 있지 않았기 때문입니다. 순수한 믿음이 없는 우정이기 때문입니다. 진실한 우정을 맺으려면 진실한 마음으로 대해야 합니다. 그리고 믿음의 대화를 나누어야 합니다. 치명적으로 교제에 방해되는 것이 아니라면 웬만한 약점은 서로 이해하고 덮어주어야 합니다. 고칠 것이 있으면 진실한 마음으로 충고하고 그 충고를 받아 줄줄도 알아야 합니다. 혹 실수한 것이 있으면 솔직하게 실수를 인정하면서 사과하고, 그 진심을 받아 주면 그 우정은 지속될 수 있습니다. 그리고 그 사람의 중심을 믿는다면 떠도는 어떤 소문에 흔들리면 안 됩니다. 가만히 인내하고 기다리다 보면 모든 진실이 드러나게 됩니다.

성도의 교제의 기초에 대해 요한복음 1장 3절에서 말씀하고 있습니다. "우리의 사귐은 아버지와 그의 아들 예수 그리스도와 더불어 누림이라" 구원받은 성도의 교제는 아버지 하나님과 예수 그리스도를 믿는 믿음 안에서 이루어질 수 있습니다. 모든 성도의 교제는 하나님 아버지를 의식해야 하고 예수 그리스도 안에서 이루어져야 합니다. 그래야 참된 우정이 지속될 수 있습니다. 다윗과 요나단은 하나님을 향한 진실한 믿음 위에서 참된 우정을 지속할 수 있었습니다. 두 사람의 우정은 하나님의 나라를 세우기 위한 거룩한 믿음 위에서 이루어졌습니다. 결국 그들의 참된 우정은 요나단이 다윗을 보호해 줌으로써 다윗이 이스라엘의 왕이 되고, 메시아의 조상이 되는 역사로 열매를 맺게 됩니다.

참된 우정은 하나님을 믿는 참된 믿음과 하나님의 진리의 말씀 안에서 맺어야 합니다. 우리의 우정과 교제는 결국 하나님의 교회를 세우고 하나님의 교회의 유익을 위한 것이어야 합니다. 우리 모두 믿음과 진리의 말씀 위에서 다윗과 요나단과 같이 하나님의 뜻을 이루어 드리는 성도의 교제를 해야 합니다. 그리고 하나님의 교회에 유익을 주는 순수하고 아름다운 성도의 우정을 맺어가야 합니다.

2. 자기 생명 같이 사랑했습니다

"요나단은 다윗을 자기 생명 같이 사랑하여 더불어 언약을 맺었으며"(18:3)

"자기 생명 같이 사랑하여"란 말은 자기의 영혼처럼 사랑했다는 말입니다. 다윗에 대한 요나단의 고상한 우정을 나타내는 말입니다. NIV성경은 이 부분을 "he loved him as himself"라고 번역했습니다. 자신처럼, 자기의 몸처럼 사랑했다는 말입니다. 요나단의 다윗에 대한 우정의 깊이를 알 수 있습니다. 이 우정은 전 인격적인 우정입니다. 다윗이 하나님의 영광과 의를 위하여, 그리고 하나님의 나라를 위하여 용감하게 싸우는 것을 본 요나단은 그의 인격과 신앙을 사랑하게 되었습니다. 요나단이 자기 생명 같이 사랑했다는 것은 다윗과 그의 모든 것을 위해 자신의 생명을 염려하듯이 깊이 생각했다는 뜻입니다. 참된 우정은 이기적이지 않고 자신의 이권이나 이익이 배제되어야 합니다. 진실한 사랑은 이타적인 사랑입니다. 주고 받기식의 우정은 진실한 우정이라 할 수 없습니다.

요나단은 다윗을 자기 생명 같이 사랑했습니다. 요나단은 그의 진실한 사랑과 하나님을 전적으로 의지하는 믿음과 하나님의 영광을 위해 용감하게 싸우는 것, 그리고 위험을 무릅쓰고 나라를 구하는 신앙 인격자임을 보았기 때문입니다. 참된 우정은 이런 신앙 인격을 토대로 해야 합니다. 친구를 선택할 때 많은 돈이나 직장, 또는 그의 위상이나 지위 등이 기준이 되면 안 됩니다. 요나단은 다윗의 뜨겁고 훌륭한 신앙 인격을 보고 사랑했습니다.

이태리에 데이몬과 피지어스라는 친구가 있었습니다. 피지어스가 폭군 시시리에게 체포되어 죽게 되었을 때 그에게 소원이 하나 있었습니다. 그것은 늙은 어머니를 한 번 뵙고 죽는 것이었습니다. 시시리에게 간절히 사정을 했지만 거절당했습니다. 그때 친구 데이몬이 "임금님, 제가 피지어스를 대신하여 감옥에 들어가겠습니다. 만약 약속한 날에 친구가 오지 않으면 제가 대신 죽겠습니다." 임금이 "그것 아주 재미있는 일이군. 만약 너의 친구가 오지 않으면 너를 대신 죽이겠다"며 피지어스를 석방시켜 주었습니다. 그 후 약속한 날이 되어도 친구가 나타나지 않았습니다. 그러자 임금은 "오긴 어느 놈이 오겠는가? 좋다. 피지어스 대신 너를 죽이겠다"고 하자, 데이몬은 "어떤 피치 못할 사정이 있어서 늦을 것"이라며 친구를 믿고 조금도 원망하지 않았습니다. 드디어 사형을 집행하려는 순간 "잠깐 기다리시오. 내가 돌아왔소." 하고 소리치는 자가 있었습니다. 바로 친구 피지어스였습니다. 그가 돌아오는 중에 배가 파선되었는데 거기에서 간신히 구출되어 오느라 늦었다고 했습니다. 그리고 두 친구는 서로 끌어안았습니다. "자, 이제 친구를 풀어주고 나를 죽여주시오." 이 장면을 본 폭군도 감격하여 마음이 변했습니다. "너희 두 사람의 우정은 참으로 본받을 만하다. 내가 용서하겠다. 앞으로 그 우정 변치 말아라." 이것이 바로 생명 같이 사랑하는 우정입니다.

우리에게도 이런 친구가 있습니다. 우리에게 멋있는 사랑을 주신 분이 있습니다. 그분은 바로 예수 그리스도이십니다. 예수 그리스도는 우리를 죄악에서 구원하시고자 이 땅에 오셨습니다. 그리고 우리를 위하여 갈보리 산 십자가 위에서 우리를 죄악에서 구원하시려고 죽으셨습니다. 예수님은 말씀하셨습니다. "세상에 있는 자기 사람들을 사랑하시되 끝까지 사랑하시니라"(요 13:1) 예수님이 먼저 우리를 사랑하셨습니다. 그러므로 예수님과 우리 사이는 그의 피로 맺어진 관계입니다. 주님께서 우리에게 모든 사랑을 주심으로 맺어진 관계입니다.

다윗과 요나단은 서로 우정과 신뢰, 그리고 사랑을 계속 유지하자는 엄숙한 약속을 했습니다(18:3). 이 약속은 대대로 이어졌습니다.

우리 주 예수님은 우리와 사랑의 언약을 맺으셨습니다. 부활하신 예수님은 디베랴 바다에 오시어 베드로에게 질문하셨습니다. "요한의 아들 시몬아 네가 나를 사랑하느냐" "내가 주님을 사랑하는 줄 주님께서 아시나이다" "내 양을 치라" 주님은 이 말씀을 세 번이나 반복하셨습니다(요 21:15-17).

진실한 그리스도인은 자신보다 주님을 더 사랑합니다. 다른 어떤 것보다 주님을 더 사랑합니다. 사도 바울의 고백입니다. "내게 사는 것이 그리스도니"(빌 1:21), "내가 그리스도와 함께 십자가에 못 박혔나니 그런즉 이제는 내가 사는 것이 아니요 오직 내 안에 그리스도께서 사시는 것이라 이제 내가 육체 가운데 사는 것은 나를 사랑하사 나를 위하여 자기 자신을 버리신 하나님의 아들을 믿는 믿음 안에서 사는 것이라"(갈 2:20)

참된 우정은 주님을 향한 사랑의 기초 위에 맺어집니다. 주님의 사랑을 받은 주님을 사랑하는 성도는 이웃을 사랑합니다. 가장 큰 계명이 무엇입니까? 첫째 계명은 하나님을 사랑하는 것이고, 둘째 계명은 이웃을 사랑하는 것입니다(마 22:39). 여기에서 참된 우정이 싹이 납니다. 다윗과 요나단은 우리에게 참된 우정을 모델로 보여 주었습니다. 두 사람의 우정의 기초는 진실한 믿음이었습니다.

우리의 우정은 하나님을 믿는 믿음과 진리의 말씀 위에 맺어져야 합니다. 우리도 다윗과 요나단과 같이 하나님의 영광과 주의 나라를 위하여, 그리고 하나님의 교회를 위하여 신앙과 진리 위에서 아름다운 우정을 꽃피워 가야 하겠습니다. 아멘.

⁶무리가 돌아올 때 곧 다윗이 블레셋 사람을 죽이고 돌아올 때에 여인들이 이스라엘 모든 성읍에서 나와서 노래하며 춤추며 소고와 경쇠를 가지고 왕 사울을 환영하는데 ⁷여인들이 뛰놀며 노래하여 이르되 사울이 죽인 자는 천천이요 다윗은 만만이로다 한지라 ⁸사울이 그 말에 불쾌하여 심히 노하여 이르되 다윗에게는 만만을 돌리고 내게는 천천만 돌리니 그가 더 얻을 것이 나라 말고 무엇이냐 하고 ⁹그날 후로 사울이 다윗을 주목하였더라 ¹⁰그 이튿날 하나님께서 부리시는 악령이 사울에게 힘 있게 내리매 그가 집 안에서 정신없이 떠들어대므로 다윗이 평일과 같이 손으로 수금을 타는데 그 때에 사울의 손에 창이 있는지라 ¹¹그가 스스로 이르기를 내가 다윗을 벽에 박으리라 하고 사울이 그 창을 던졌으나 다윗이 그의 앞에서 두 번 피하였더라 ¹²여호와께서 사울을 떠나 다윗과 함께 계시므로 사울이 그를 두려워한지라 ¹³그러므로 사울이 그를 자기 곁에서 떠나게 하고 그를 천부장으로 삼으매 그가 백성 앞에 출입하며 ¹⁴다윗이 그의 모든 일을 지혜롭게 행하니라 여호와께서 그와 함께 계시니라 ¹⁵사울은 다윗이 크게 지혜롭게 행함을 보고 그를 두려워하였으나 ¹⁶온 이스라엘과 유다는 다윗을 사랑하였으니 그가 자기들 앞에 출입하기 때문이었더라

(사무엘상 18:6-16)

사울의 시기

옛날 그리스에서는 운동경기에서 우승한 챔피언에게 동상을 세워주었습니다. 그런데 그 챔피언의 친구가 이것을 시기하였습니다. 그래서 그는 친구의 동상을 넘어뜨릴 결심을 하고 매일 밤마다 몰래 그 동상

밑의 흙을 파내기 시작했습니다. 그런데 흙을 파던 그 친구 위에 동상이 무너져 동상에 깔려 죽고 말았습니다. 이것이 시기의 결과입니다.

오늘 성경 본문에 이스라엘의 왕 사울이 다윗을 시기하는 내용이 나옵니다.

1. 시기의 원인

1) 다윗에게 승리를 돌렸기 때문입니다

"무리가 돌아올 때 곧 다윗이 블레셋 사람을 죽이고 돌아올 때에 여인들이 이스라엘 모든 성읍에서 나와서 노래하며 춤추며 소고와 경쇠를 가지고 왕 사울을 환영하는데"(18:6)

다윗이 골리앗을 죽이고 돌아올 때 이스라엘 여인들이 환영을 했습니다. 긴 전쟁에서 적군을 완전히 물리친 이스라엘 군대가 골리앗을 죽인 영웅 다윗과 사울 왕을 앞세우고 개선할 때 여인들이 나와서 노래하며 춤추며 환영을 했습니다. 고대 근동 사회에서는 절기나 승전 등 매우 축제적인 분위기에서 여인들이 노래를 부르고 춤을 추는 가무 행위가 자유롭게 행해졌습니다. 이때 여인들이 소고와 경쇠를 가지고 환영을 했습니다. 소고는 탬버린, 경쇠는 트라이앵글이나 삼현 악기로 봅니다. 두 가지 다 춤이 수반되는 야외 행사에 알맞은 축제용 악기들입니다.

"여인들이 뛰놀며 노래하여 이르되 사울이 죽인 자는 천천이요 다윗은 만만이로다 한지라"(18:7) 여인들이 뛰놀며 노래했습니다.

"뛰놀며"는 '사람들 앞에서 재주를 부리다' (삿 16:25), '악기 연주에 맞추어 춤을 추다' (삿 11:34), '어린이들이 집단으로 장난치며 놀다' (슥 8:5) 등으로 번역을 했습니다. 일반적으로 기쁨에 겨워 음악에 맞춰 천진난만하게 춤추는 것으로 이해할 수 있습니다. "노래하다"는 '대답하다' 라는 의미입니다. 여기서는 서로 주고받는 형식으로 교차적으로 노래하는 교창을 가리킵니다. 문제는 그 노래의 내용입니다. "사울이 죽인 자는 천천이요 다윗은 만만이로다"를 직역을 하면 "사울은 그의 천을 죽였고, 다윗은 그의 만을 죽였다"는 뜻입니다. '천' 과 '만' 은 많은 수를 의미합니다. 그러면 이것은 "우리의 영웅 사울과 다윗은 많고 많은 원수들을 죽이셨도다"라고 이해할 수 있습니다.

반면 사울은 천을, 다윗은 만을 죽였다고 노래한 것은 그 당시의 민심과 인기도가 사울보다 다윗에게 쏠린 것을 반영했다고 볼 수 있습니다. 이 여인들의 노래는 궁극적으로 민심을 주도하시는 하나님의 섭리에서 나온 것으로 보아야 합니다. 이 노래 속에는 이미 하나님으로부터 버림을 받은 사울 왕이 다윗에게 평화적으로 왕권을 이양하도록 촉구하는 의미가 들어 있습니다. 이 여인들의 노래는 이스라엘 백성만 애송하는 것이 아니라 이웃나라 블레셋까지 널리 알려져 있었습니다. 여기에 사울의 시기심이 발동한 것입니다.

"사울이 그 말에 불쾌하여 심히 노하여 이르되 다윗에게는 만만을 돌리고 내게는 천천만 돌리니 그가 더 얻을 것이 나라 말고 무엇이냐 하고"(18:8) '그가 더 얻을 것이 나라 말고 무엇이냐'란 말은 '왕의 자리마저 그에게 돌아가겠구나' 라는 뜻입니다. 사울은 자신의 불순종으로 인하여 사무엘로 부터 폐위 선언을 받은 후에 후임자가 등장할 것이라는 말을 기억하고 더욱 더 다윗을 시기하게 된 것으로 볼 수 있습니다.

"그 날 후로 사울이 다윗을 주목하였더라"(18:9)에서 "주목하였더라"는 말은 '의심에 찬 눈으로 관찰하다' 라는 의미입니다.

2) 다윗은 백성들의 환영과 사랑을 받을 만합니다

① 나라에 충성하고 대승리를 거두었기 때문입니다.

다윗은 나라를 구한 애국자입니다. 위기에서 민족을 살린 자입니다. 그러므로 그는 마땅히 존경받을 자격이 있습니다.

애국자나 독립 유공자들은 백성들로부터 존경받을 자격이 있습니다. 안중근, 김구, 안창호 등은 모든 국민들로부터 존경받는 인물입니다. 국립묘지의 용사들, 나라를 위해 싸우다 목숨을 바친 무명의 용사들은 모두 존경받을 자격이 있습니다.

미국 알링톤 국립묘지에는 J.F. 케네디 대통령과 그의 동생 R.F. 케네디 장군의 묘와 일반 병사들의 묘가 있습니다. 일반 병사들의 묘에는 한국전쟁에 참전한 병사들의 묘도 있습니다. 그런데 이 국립묘지에 들어갈 때는 일반 병사들도 백마가 이끄는 고급승용차 캐딜락으로 운구합니다. 그들은 나라를 위해 충성을 다했기 때문에 경의를 표하는 것입니다.

생명을 걸고 나라를 위기에서 구한 다윗이 개선할 때 백성들이 춤추며 환영하는 것은 당연합니다. 그는 사랑받을 만한 일을 했습니다.

② 다윗은 주님의 교회에 충성한 자이기 때문입니다.

이스라엘은 하나님으로부터 선택받은 교회입니다. 다윗은 하나님의 교회와 그의 백성을 위하여 자신의 생명을 걸고 골리앗과 싸워 이겼습니다. 그는 주님과 하나님의 교회에 충성한 자입니다. 그래서 모든 백성들이 그에게 승리의 노래를 들려주는 것입니다.

우리도 주와 교회를 위해 충성함으로써 승리자가 되어야 합니다. 모세와 다윗과 바울도 주를 위해 충성했기 때문에 모든 사람들이 그들에게 존경을 보내는 것입니다. 그러나 가룟 유다에게는 존경을 보내지 않습니다. 그는 그리스도와 교회를 배반했기 때문입니다.

우리도 다윗과 같이 주님과 교회에 충성함으로 인정과 존경을 받아야 합니다.

2. 시기의 형태

사울이 다윗을 시기한 형태가 어떻게 나타나고 있습니까?

1) 불쾌하여 심히 노했습니다

"사울이 그 말에 불쾌하여 심히 노하여 이르되 다윗에게는 만만을 돌리고 내게는 천천만 돌리니 그가 더 얻을 것이 나라 말고 무엇이냐 하고"(18:8)

사울의 다윗을 향한 시기는 심한 분노로 나타났습니다.

2) 주목하여 보았습니다

"그날 후로 사울이 다윗을 주목하였더라"(18:9)

악한 눈으로 보았습니다. 눈은 마음의 창문입니다. 마음의 상태가 눈에 다 드러납니다.

3) 악령이 사울에게 내렸습니다

"그 이튿날 하나님께서 부리시는 악령이 사울에게 힘 있게 내리매 그가 집 안에서 정신없이 떠들어대므로 다윗이 평일과 같이 손으로 수금을 타는데 그 때에 사울의 손에 창이 있는지라"(18:10)

악령이 사울에게 힘 있게 내리매 그가 집 안에서 정신없이 떠들어댔습니다. "정신없이 떠들어대므로"란 말은 '무슨 말을 하는지 모르는 채 마치 미친 자가 마구 내뱉듯 말한다' 는 뜻입니다. 그리고 사울의 손에 창이 있었던 것은 다윗을 죽이기 위해서였습니다. 그러므로 시기심에 사로잡힌 사울은 위선자입니다.

4) 창으로 죽이려고 했습니다

"그가 스스로 이르기를 내가 다윗을 벽에 박으리라 하고 사울이 그 창을 던졌으나 다윗이 그의 앞에서 두 번 피하였더라"(18:11)

다윗을 죽이려고 창을 두 번이나 던졌습니다. 그러나 다윗은 대항하지 않고 매번 피하기만 했습니다. 사울은 다윗을 죽이기로 결심하고 그것을 실행에 옮겼습니다.

5) 결국 사울의 시기는 자기중심에서 나타났습니다

다윗이 골리앗을 물리치고 민족을 구한 것은 당연히 찬양받을 만한 일입니다. "사울은 천천이요 다윗은 만만"이라고 한 여인들의 찬양에는 아무런 문제가 없습니다. 사울과 그의 병사들은 모두 두려워 떨고 있을 때 다윗이 용감하게 골리앗을 물리치고 대승을 거두었습니다. 그러므로 다윗은 영광과 찬양을 받을 만한 충분한 자격이 있습니다. 그러나 사울은 자기보다 다윗에게 더 큰 영광과 찬사가 돌아가자 이에 분개하며 시기한 것입니다. 사울은 모든 것이 자기에게 집중되기를 바랐습니다. 이것은 욕심이요, 이기심이요, 명예심이며, 교만입니다. 나 외에 다른 사람이 더 큰 영광을 받으면 안 된다는 것입니다. 이와 같은 사울의 자세는 참 신앙인의 모습이 아닙니다.

참된 신앙인은 시기하지 않습니다. 신실한 성도는 하나님의 영광을 위해서 나보다 더 나은 사람이 나타나면 오히려 그를 귀하게 여기고 후원하며 지지합니다. 나보다 기도를 더 많이 하는 성도를 귀하게 여깁니다. 나보다 전도를 더 열심히 하는 성도를 사랑하고, 봉사를 더 많이 하는 성도를 자랑스럽게 여기며 아낍니다.

믿음의 사람 요나단은 현재는 자신이 왕자의 자리에 있기 때문에 기득권과 특권이 있지만 장차 다윗이 왕이 될 줄을 알았습니다. 그래서 하나님이 다윗과 함께 하심을 보았기 때문에 자신보다 믿음이 더 좋은 다윗을 귀하게 여기고 양보하며 그를 지지하며 영원한 우정을 맺은 것입니다.

세례 요한은 위대한 선지자요 부흥사였습니다. 많은 사람들이 자기 앞에 나와 회개하고 세례를 받았으나 예수님이 나타나시자 다 예수님께로 몰려갔습니다. 그때 세례 요한은 "그는 흥하여야 하겠고 나는 쇠하여야 하리라"고 고백했습니다. 얼마나 훌륭한 인격자입니까? 안드레는 베드로보다 먼저 예수님을 만났습니다. 그래서 그의 형제 베드로를 예수님께로 데리고 왔는데 예수님은 안드레보다 베드로를 더 중요하게 여기셨습니다. 그러나 안드레는 베드로와 협력하며 도왔습니다. 이것이 믿음의 사람이 갖추어야 할 인격이요 자세입니다.

6) 시기의 사람 사울에게 어떤 결과가 나타났습니까

① "여호와께서 사울을 떠나 다윗과 함께 계시므로 사울이 그를 두려워한지라"(18:12)

여호와께서 사울을 떠나셨습니다. 그리고 하나님은 다윗과 함께 하셨습니다. 그래서 사울이 다윗을 두려워한 것입니다. 가장 슬프고 안타까운 일은 하나님이 떠나시는 것입니다. 하나님은 시기에 사로잡힌 사울을 떠나셨습니다. 가장 무서운 사람은 하나님이 함께 하시는 사람입니다. 하나님의 신이 떠난 사울은 하나님이 함께 하시는 다윗을 두려워했습니다.

② "사울이 그를 자기 곁에서 떠나게 하고 그를 천부장으로 삼으매 그가 백성 앞에 출입하며"(18:13)

사울은 다윗을 떠나보냈습니다. 신실한 부하요 충신인 다윗이 사울을 떠났다는 것은 그에게 불행이 아닐 수 없습니다. 신실한 사람은 옆에 두고 활용해야 합니다. 그런데 사울은 찾아보기 어려운 다윗과 같은 인재를 쫓아 버렸습니다. 그 원인은 시기와 질투심 때문이었습니다.

하나님의 교회도 시기와 질투 때문에 충성스러운 일꾼이나 인재를 놓칠 수 있습니다. 이것은 하나님의 교회에 손해이며 비극입니다.

우리는 시기를 멀리 해야 합니다. 믿음의 사람을 항상 가까이 두고 협력함으로써 하나님의 역사를 이루어가야 합니다.

3. 사울이 시기한 다윗에게 일어난 일

1) 여호와께서 함께 하셨습니다

"여호와께서 사울을 떠나 다윗과 함께 계시므로 사울이 그를 두려워한지라"(18:12), "다윗이 그의 모든 일을 지혜롭게 행하니라 여호와께서 그와 함께 계시니라"(18:14)

여호와께서 다윗과 함께 하셨습니다.

2) 모든 일을 지혜롭게 행했습니다

"다윗이 그의 모든 일을 지혜롭게 행하니라 여호와께서 그와 함께 계시니라 사울은 다윗이 크게 지혜롭게 행함을 보고 그를 두려워하였으나"(18:14-15)

사울은 다윗을 전방 지휘관으로 보내어 그곳에서 죽기를 바랐으나 그는 전투 지도자로서의 사명을 훌륭하게 수행했습니다. 다시 말하면 '지혜롭게 행했다'는 말입니다. 이 말은 '깨닫다', '신중하다', '형통하다'는 의미로 하나님이 명령하시는 대로 행함으로써 만사가 형통했다는 뜻입니다.

3) 온 이스라엘과 유다가 다윗을 사랑했습니다

"사울은 다윗이 크게 지혜롭게 행함을 보고 그를 두려워하였으나"

(18:15)

　다윗은 백성들의 사랑을 받았습니다. 온 이스라엘과 유다의 사랑을 받았다는 것은 모든 지파를 초월하여 거국적인 사랑을 받았단 말입니다. 다윗이 사랑받은 이유는 그가 지혜롭게 행하였기 때문입니다. "그가 자기들 앞에 출입하기 때문이었더라"(18:16)는 말은 그가 공적인 일을 잘 수행했다는 말입니다. 다윗은 골리앗을 물리친 영웅일 뿐만 아니라 자기에게 주어진 공적인 일을 잘 수행함으로써 백성들의 사랑을 받았습니다. 그렇다면 문제는 자신입니다. 우리 자신이 변화되고 자기의 맡은 일에 최선을 다하는 것이 중요합니다. 사울 왕도 결국은 자신의 일, 즉 왕의 사명에 소홀하여 하나님께 불순종함으로 버림을 받은 것입니다. 그리고 그는 충신 다윗을 시기하여 죽이려고 했습니다. 이것은 스스로 자기 무덤을 파는 짓입니다. 문제는 나 자신이 믿음으로 바로 서는 것입니다.

　한 젊은이가 이렇게 기도했습니다. "주여, 내게 세상을 개혁할 힘을 주소서." 그러나 그는 한 영혼도 변화시키지 못하고 중년의 나이가 되었습니다. 그는 다시 기도했습니다. "주여, 나와 내 친지들만이라도 변화시키면 족하겠나이다." 노인이 되었습니다. 그는 자신이 얼마나 어리석은 기도를 했는지를 깨달았습니다. 그제야 그는 이렇게 기도하기 시작했습니다. "주여, 나 자신을 고칠 능력을 주시옵소서."

　문제는 바로 나 자신입니다. 내 속에 있는 무서운 시기심과 질투심을 죽여야 합니다. 먼저 자신이 변화되어야 합니다. 그러기 위해 날마다 자신이 개혁되도록 기도해야 합니다.

4. 두 사람의 차이점

1) 사울의 손에는 다윗을 죽이려는 창이 들려 있었습니다

그런데 다윗의 손에는 사울을 위한 수금이 들려 있었습니다. 상상해 보십시오. 한 사람은 살인할 기회를 노리며 창을 들고 있고, 다른 한 사람은 그런 그를 위하여 수금을 연주하려고 정성을 다하고 있습니다. 다윗은 찬양의 사람, 평화의 사람입니다.

2) 사울은 다윗에게 창을 던졌습니다

그러나 다윗은 수금으로 사울을 회복시켰습니다. 여기서 하나님의 일과 사탄의 일의 차이점을 볼 수 있습니다. 하나님은 살리려고 하시지만 사탄은 죽이려고 합니다.

3) 사울은 선을 악으로 갚으려고 합니다

그러나 다윗은 악을 선으로 갚으려고 했습니다.

4) 그 결과 사울은 두려움과 악령의 포로가 되었습니다

결국 하나님은 사울을 떠나셨습니다. 반면 다윗은 하나님이 항상 함께 하시며 보호해 주셨고, 지혜롭게 행함으로써 백성들의 사랑을 받았습니다. 결국 사울은 패가망신을 하고 다윗은 승리를 했습니다.

우리는 다윗의 심령을 가져야 합니다. 우리 마음속에 악의 세력을 허용해서는 안 됩니다. 다윗과 같은 믿음의 사람이 되어야 합니다. 성령을 사모하며 성령의 지배를 받아야 합니다. 신령한 것을 사모하고 항상 하나님의 말씀을 묵상하며 주님과 동행해야 합니다. 이때 우리의 마음이 평화를 얻게 됩니다. 다윗은 잔잔한 호수와 같은 마음으로 아름다운 음악을 연주하며 즐기는 평화의 사람이었습니다. 그것은 그가 하나님의 영으로 충만했기 때문입니다.

영국의 메어리 여왕이 기독교인들을 심하게 핍박할 때 순교자 브래드포드가 여왕에게 이렇게 말했습니다. "여왕이 나를 놓아주면 감사하리이다. 그러나 당신이 나를 감옥에 가두거나 나를 불태워도 나는 하나님께 감사할 것입니다." 이것이 하나님의 영의 지배를 받는 성도의 자세입니다.

우리는 사울과 같이 시기하는 자가 되면 안 됩니다. 다윗과 같이 하나님의 성령이 함께 하시는 신앙인이 되어 날마다 우리의 신앙과 인격이 더욱 더 성숙해짐으로 예수 그리스도를 닮아가야 하겠습니다. 아멘.

¹⁷사울이 다윗에게 이르되 내 맏딸 메랍을 네게 아내로 주리니 오직 너는 나를 위하여 용기를 내어 여호와의 싸움을 싸우라 하니 이는 그가 생각하기를 내 손을 그에게 대지 않고 블레셋 사람들의 손을 그에게 대게 하리라 함이라 ¹⁸다윗이 사울에게 이르되 내가 누구며 이스라엘 중에 내 친속이나 내 아버지의 집이 무엇이기에 내가 왕의 사위가 되리이까 하였더니 ¹⁹사울의 딸 메랍을 다윗에게 줄 시기에 므홀랏 사람 아드리엘에게 아내로 주었더라 ²⁰사울의 딸 미갈이 다윗을 사랑하매 어떤 사람이 사울에게 알린지라 사울이 그 일을 좋게 여겨 ²¹스스로 이르되 내가 딸을 그에게 주어서 그에게 올무가 되게 하고 블레셋 사람들의 손으로 그를 치게 하리라 하고 이에 사울이 다윗에게 이르되 네가 오늘 다시 내 사위가 되리라 하니라 ²²사울이 그의 신하들에게 명령하되 너희는 다윗에게 비밀히 말하여 이르기를 보라 왕이 너를 기뻐하시고 모든 신하도 너를 사랑하나니 그런즉 네가 왕의 사위가 되는 것이 가하니라 하라 ²³사울의 신하들이 이 말을 다윗의 귀에 전하매 다윗이 이르되 왕의 사위 되는 것을 너희는 작은 일로 보느냐 나는 가난하고 천한 사람이라 한지라 ²⁴사울의 신하들이 사울에게 말하여 이르되 다윗이 이러이러하게 말하더이다 하니 ²⁵사울이 이르되 너희는 다윗에게 이같이 말하기를 왕이 아무것도 원하지 아니하고 다만 왕의 원수의 보복으로 블레셋 사람들의 포피 백 개를 원하신다 하라 하였으니 이는 사울의 생각에 다윗을 블레셋 사람들의 손에 죽게 하리라 함이라 ²⁶사울의 신하들이 이 말을 다윗에게 아뢰매 다윗이 왕의 사위 되는 것을 좋게 여기므로 결혼할 날이 차기 전에 ²⁷다윗이 일어나서 그의 부하들과 함께 가서 블레셋 사람 이백 명을 죽이고 그들의 포피를 가져다가 수대로 왕께 드려 왕의 사위가 되고자 하니 사울이 그의 딸 미갈을 다윗에게 아내로 주었더라 ²⁸여호와께서 다윗과 함께 계심을 사울이 보고 알았고 사울의 딸 미갈도 그를 사랑하므로 ²⁹사울이 다윗을 더욱더욱 두려워하여 평생에 다윗의 대적이 되니라 ³⁰블레셋 사람들의 방백들이 싸우러 나오면 그들이 나올 때마다 다윗이 사울의 모든 신하보다 더 지혜롭게 행하매 이에 그의 이름이 심히 귀하게 되니라

(사무엘상 18:17-30)

09
사울의 거짓말

　Attanta Journal지에 Morgan Blake라는 사람의 글이 기고되었습니다. "나는 치명적인 타격을 가할 수 있는 힘과 기술이 있다. 나는 죽이지 않고 승리한다. 나는 학교, 가정, 국가, 교회를 파괴한다. 나는 수많은 사람의 건강과 인생을 파괴한다. 나는 바다에 날개를 펴고 여행을 한다. 순결한 사람은 내게는 무력하다. 정결한 사람도 내게는 무력하다. 나는 진리와 정의와 사랑을 경멸한다. 나의 희생자는 전 역사와 전 세계에 있다. 나는 바다의 모래보다 더 많은 노예를 거느리고 있다. 나는 결코 망각하지 않는다. 나는 결코 용서하지 않는다. 나의 이름은 무엇일까? 나의 이름은 중상모략이다."

　오늘 성경 본문에 이스라엘의 초대 왕 사울의 중상모략이 나옵니다. 사울의 거짓말은 결국 자신과 가족의 파멸 뿐아니라 하나님을 섬기는 믿음의 사람 다윗과 신실한 성도들, 그리고 많은 백성들에게까지 고통을 안겨 주었습니다.

　우리는 본문을 통해 사울의 시기를 살펴봄으로써 우리의 경건생활에 도움이 되어야 하겠습니다.

1. 첫 번째 거짓말

 사울은 다윗에게 약속한 것을 지키지 않았습니다. 17장 25절에 보면 골리앗을 이기는 자에게 큰딸 메랍을 주어 사위로 삼겠다고 했지만 사울은 지금까지 그 약속을 지키지 않았습니다. 그 이유를 딸(Matthe Henry)과 다윗의 나이가 어리기 때문이라고 합니다. 또는 사울의 변덕스런 성격 때문이라고도 합니다. 다윗과 직접 한 약속이 아니기 때문에 미루어 오다가 그 약속을 이용해서 다윗을 없애고자 마음을 먹고 마치 약속을 지키기 위해 지금까지 기다렸다는 듯이 말한다는 것입니다(Keil). 사실 이제 다윗이 백성들의 신임과 사랑을 더욱 더 많이 받게 되고 그의 나이도 성숙해지자 더 이상 약속을 지연시킬 명분이 없었던 것입니다. 그래서 그의 음흉한 마음을 드러내기 시작한 것입니다. 이것을 보면 사울은 처음부터 약속을 지킬 마음이 없었다는 것을 알 수 있습니다. 사울은 거짓말을 예사로 하는 부패한 사람이었습니다.

 약속을 예사로 어기는 것은 위선입니다. 한 나라의 왕이 이처럼 거짓말을 한다는 것은 그의 인격에 심각한 문제가 있음을 알 수 있습니다. 이것은 나라의 불행입니다. 차라리 약속을 함부로 하지 말았어야 했습니다.

 우리는 여기서 약속이나 언약은 신중하게 해야 한다는 교훈을 얻고 있습니다. 우리가 약속을 했으면 하나님의 뜻에 어긋나거나 진리의 말씀에 위배되는 것이 아니라면 반드시 지켜야 합니다. 그렇다면 처음부터 이 일이 하나님의 뜻에 일치하는 것인지, 성경 말씀에 어긋나는 것은 아닌지 신중하게 생각한 후에 약속해야 합니다.

요즈음은 많은 사람들이 약속을 남발합니다. 정치가들의 약속을 순진하게 그대로 믿는 사람들은 별로 없는 듯합니다. 이것은 정치가들이 거짓말을 많이 하는 부류에 속한다고 볼 수 있습니다. 부모들도 자녀들에게 함부로 지키지도 못할 약속을 남발하면 안 됩니다. 지키지도 못할 약속을 예사로 해놓고 실망시킨다거나 괜히 뜬구름 잡는 듯한 망상을 하지 않도록 부모들은 신중해야 합니다. 약속을 했더라도 그 약속이 신앙에 위배되고 말씀에 일치되지 않으면 정당한 설명 후 양해를 구해야 합니다. 사정상 지킬 수 없다면 그 이유를 설명하고 동의를 구할 수도 있을 것입니다.

어떤 부인이 미국의 유명한 부흥사 D.L. Moody를 찾아와서 이렇게 말했습니다. "나는 아무리 거짓말을 하지 않으려고 해도 거짓말이 튀어 나옵니다. 별도리가 없지 않습니까?" 그러자 무디는 이렇게 답해 주었습니다. "그렇습니까? 그렇다면 꼭 저의 말대로 하십시오. 거짓말을 이미 하신 것은 어쩔 수 없겠지만 거짓말을 할 때마다 '이것은 거짓말입니다.' 하십시오."

우리는 사울과 같이 예사로 약속을 어기는 불성실한 사람이 되지 말아야 합니다. 진실한 말과 성경 말씀에 일치하는 약속을 하고, 하나님 앞에서 한 약속은 반드시 지키는 진실한 믿음의 성도들이 되어야 합니다.

2. 두 번째 거짓말

사울의 음흉한 계략을 살펴봅시다. "사울이 다윗에게 이르되 내 맏딸 메랍을 네게 아내로 주리니 오직 너는 나를 위하여 용기를 내어 여호와의 싸움을 싸우라 하니 이는 그가 생각하기를 내 손을 그에게 대지 않고 블레셋 사람들의 손을 그에게 대게 하리라 함이라"(18:17)

사울은 자신을 위하여 합당한 예물을 요구했습니다. 이것은 다윗을 죽이려는 음모입니다. 그 당시 고대 중·근동지방의 결혼 풍속 가운데 하나로 장가드는 자가 장인에게 합당한 예물을 제공해야만 했습니다. 사울은 그 결혼 예물로 전쟁터에 가서 적들과 싸울 것을 요구했습니다. 이것은 블레셋 사람의 손을 이용하여 다윗을 죽이겠다는 음모입니다. 그러므로 다윗을 사위로 삼겠다는 말은 사울의 거짓임이 입증된 것입니다. 이미 다윗은 골리앗을 물리쳐 나라를 위기에서 구해 낸 큰 공을 세운 사람입니다. 더 이상 예물을 요구할 필요가 없었습니다. 이 약속은 천하에 공포하여 모든 백성들이 알고 있는 사실입니다. 그러나 그는 지금까지 그 약속을 지키지 않았습니다. 그런데 사울은 또다시 거짓말을 하고 있습니다.

이것을 보고 패이라는 학자는 "그의 정신적인 불안정이 그로 하여금 변덕스럽게 만들었다"고 했습니다. 메튜 헨리 주석가는 "이렇게 함으로써 다윗의 감정을 자극시켜 자기에 대한 불평과 불만을 가지게 하여 그를 체포할 구실을 만들기 위해서"라고 해석했습니다. 사울은 지금 악신에 사로잡혀 있기 때문에 약속을 지킬 만큼 정상적인 상태가 못됩니다.

우리가 여기서 자세히 보아야 할 것은 하나님의 영이 떠나면 사람의 마음속에는 온갖 죄 된 생각만이 넘친다는 사실입니다. 사울의 관심과 목적은 오직 정권욕과 권세욕뿐입니다. 그래서 자기의 딸을 희생시키더라도 모든 수단과 방법을 가리지 않고 거짓말을 하고, 속여서라도 다윗을 죽이려고 하는 것입니다. 그 증거가 바로 사울이 그의 딸 메랍을 다른 사람에게 주는 것으로 나타났습니다. "사울의 딸 메랍을 다윗에게 줄 시기에 므홀랏 사람 아드리엘에게 아내로 주었더라"(18:19) 사울은 다윗과의 약속을 어기고 메랍을 므홀랏 사람 아드리엘에게 주었습니다. 이것은 다윗에 대한 사울의 증오심과 자신의 변덕스런 성격에서 온 것입니다. 그리고 사울이 므홀랏 사람 아드리엘로부터 많은 패물을 받았을지도 모릅니다. 결국 사울의 이 처사는 불합리한 것입니다. 사울이 이 약속을 어긴 결과 불행을 초래하고 말았습니다.

  우리에게서 성령이 떠나고 우리가 성령의 충만을 받지 못하면 우리도 사울과 같이 거짓말쟁이가 될 수밖에 없습니다. 우리는 이 사실을 항상 기억하고 하나님의 영으로 충만하여 성령의 인도함을 받는 믿음의 생활을 하는 성도들이 되어야 합니다.

3. 세 번째 거짓말

  "사울의 딸 미갈이 다윗을 사랑하매 어떤 사람이 사울에게 알린지라 사울이 그 일을 좋게 여겨 스스로 이르되 내가 딸을 그에게 주어서 그에게 올무가 되게 하고 블레셋 사람들의 손으로 그를 치게 하리라 하고 이에 사울이 다윗에게 이르되 네가 오늘 다시 내 사위가 되리라 하니라"(18:20-21)

사울은 그의 딸 미갈을 이용해서 다윗을 죽이려고 거짓말로 접근을 합니다. 미갈이 다윗을 사랑할 때는 다윗과 메랍의 결혼이 파경에 이른 후 어느 정도의 세월이 흐른 뒤였습니다. 사울이 그의 딸 미갈이 다윗을 좋아한다는 소문을 들었습니다. 그의 반응을 성경은 "그 일을 좋게 여겨"라고 표현하고 있습니다. 이 말은 사울이 또 다시 다윗을 궁지에 몰아넣어 죽일 수 있는 좋은 기회를 찾았기 때문에 기뻐했다는 말입니다. 그래서 사울은 자기 스스로 "내가 딸을 그에게 주어서 그에게 올무가 되게 하고 블레셋 사람들의 손으로 그를 치게 하리라 하고 이에 사울이 다윗에게 이르되 네가 오늘 다시 내 사위가 되리라" 했습니다. 올무는 '함정에 빠뜨리다', '덫을 놓다' 라는 단어에서 파생한 짐승을 잡는 '올가미'(noose), '코를 꿰는 갈고리'(hook)라는 뜻입니다. 사울은 자신의 딸을 이용해서라도 다윗을 죽이려고 음흉한 흉계를 꾸미고 있습니다. "스스로 이르되 내가 딸을 그에게 주어서 그에게 올무가 되게 하고 블레셋 사람들의 손으로 그를 치게 하리라 하고 이에 사울이 다윗에게 이르되 네가 오늘 다시 내 사위가 되리라"(18:21) 사울이 다윗을 사위로 삼고자 하는 목적은 바로 다윗을 죽이려는 것입니다. 다윗을 사위로 삼아 마음을 놓게 한 후에 전쟁터에 보내어 블레셋 사람의 손으로 다윗을 죽이려는, 나름대로 좋은 생각을 하며 기뻐합니다. 속에는 무섭고 음흉한 독기를 품고 있으면서도 겉으로는 최고의 선심과 관심을 가지고 있는 척합니다. 이것이 마귀의 전형적인 수법입니다. 악령에 사로잡힌 사울이 마귀의 방법을 그대로 답습하고 있습니다. 마귀는 거짓의 아비입니다. 그래서 거짓말을 잘하는 것은 바로 마귀의 행동임을 우리는 알아야 합니다.

사울은 한 단계 진보한 거짓말을 합니다. "사울이 그의 신하들에게 명령하되 너희는 다윗에게 비밀히 말하여 이르기를 보라 왕이 너를 기뻐하시고 모든 신하도 너를 사랑하나니 그런즉 네가 왕의 사위가 되는 것이 가하니라 하라"(18:22) 사울이 신하를 개입시켜서 다윗을 설득하며 회유하는 작전을 쓰고 있습니다. 다윗이 사울의 제안을 크게 신뢰하지 않는다는 것을 안 사울이 이번에는 반드시 미갈을 시집 보내겠다는 것을 신하를 통해 인식시켜 주고 있습니다. 그러나 사울은 지금도 역시 다윗에게 거짓말을 하고 있습니다. 사울은 다윗을 미워하면서도 사랑한다고 거짓말을 합니다. 거짓으로 다윗을 설득시켜서 결국은 죽이려는 것입니다. 마귀는 목적을 이루기 위해서라면 거짓말을 예사로 합니다. 우리는 이것을 경계해야 하고, 여기에 속지 않도록 영적 분별력을 달라고 기도해야 합니다. 이때의 다윗의 반응을 보십시오. "사울의 신하들이 이 말을 다윗의 귀에 전하매 다윗이 이르되 왕의 사위 되는 것을 너희는 작은 일로 보느냐 나는 가난하고 천한 사람이라"(18:23) 이것은 다윗이 왕의 사위가 되는 데 대한 경제적 부담감을 말하고 있습니다. 다윗은 메랍과의 결혼이 성사되지 못한 원인이 사울의 변덕스러움과 왕의 사위가 되는데 필요한 막대한 폐백금을 지불할 능력이 없었기 때문인 것으로 알고 있는 듯합니다. 그래서 그는 겸손히 사양을 합니다.

그러자 사울의 신하들이 모든 사실을 보고했습니다. "사울의 신하들이 사울에게 말하여 이르되 다윗이 이러이러하게 말하더이다 하니"(18:24) 사울은 더욱 조급해하며 새로운 제안을 합니다. "사울이 이르되 너희는 다윗에게 이같이 말하기를 왕이 아무것도 원하지 아니하고 다만 왕의 원수의 보복으로 블레셋 사람들의 포피 백 개를 원하신다 하라 하였으니 이는 사울의 생각에 다윗을 블레셋 사람들의 손에 죽게 하리라 함이라"(18:25)

고대 중·근동 지방에서는 대개 사위가 될 사람이 장인의 요구액을 현금이나 재물로 지급하는 것이 통례였으나 때로는 장인이 될 사람의 요구에 따라 다른 것으로 대체할 수도 있었습니다. 사울은 다윗에게 블레셋 사람의 양피 일백 개를 원했습니다. 양피는 남자의 생식기의 포피를 말합니다. 이것은 반드시 남자를 죽여야 얻을 수 있는 것입니다. 이것은 쉬운 일이 아닙니다. 다윗의 입장에서는 블레셋 적군들을 반드시 죽여야 하고, 적군의 입장에서는 죽지 않으려고 덤벼들 것이기 때문입니다. 사울의 이 제안은 다윗을 블레셋 사람과의 전투에서 죽여 없애려는 음흉한 계략임을 알 수 있습니다. 사울 왕의 음흉함은 폐백을 원치 않는다고 하면서도 더 엄청난 다윗의 생명을 요구하고 있습니다(요즈음도 겉으로는 간소화하자고 하지만 마음속으로는 더 큰 것을 기대하며 요구하는 사람들이 종종 있는 듯합니다. 그러다보니 예물 때문에 파혼하는 불행한 일들도 있습니다.)

결혼식은 간소하게 경제적으로 하는 것이 옳습니다. 그리고 속으로만 더 큰 것을 기대하기보다 사실대로 말하는 것이 더 나을 것입니다. 사울도 지금 다윗의 생명을 요구하고 있습니다. 겉으로는 폐백이 필요 없다고 하면서도 가장 소중한 생명을 요구하는 무서운 사람입니다.

전쟁터에서 사람을 몇 명이나 죽였는가를 아는 방법은 여러 가지가 있습니다. 사람의 신체에 하나 밖에 없는 것을 베어서 그 수를 세는 것입니다. 목을 베는 것, 코를 베는 것, 남자의 양피를 베는 것 등입니다. 이 얼마나 잔인하고 사악한 방법입니까? 사울의 목적은 오직 다윗을 죽이는 것이므로 이를 위해 모든 수단과 방법을 동원하고 있습니다.

더구나 사울은 딸을 희생하면서도 자신의 목적을 달성하려고 합니다. 다윗을 사위로 삼은 후에 죽이면 딸은 결혼 즉시 과부가 될 텐데도 이런 것은 안중에도 없습니다. 여기서 우리는 오직 자신의 정권 유지에만 혈안이 된 사울의 비열한 모습을 보게 됩니다. 사울은 딸이 결혼 직후에 과부가 되더라도 혼인을 시키겠다고 서두르고 있습니다. 자녀를 희생시키더라도 다윗을 죽이려는 사울의 위선과 거짓된 모습을 볼 수 있습니다.

우리는 분명히 알아야 합니다. 악령에 사로잡힌 자는 거짓 약속을 예사로 하고, 또 그 약속을 쉽게 파기해 버립니다. 그러나 성령의 사람은 약속을 신실하게 합니다. 거짓은 마귀의 본성임을 알고 우리는 철저히 경계해야 합니다. 예수님은 위선과 거짓을 예사로 하는 바리새인들과 서기관들을 향해서 "너희는 너희 아비 마귀에게서 났으니"(요 8:44)라고 책망하셨습니다.

우리는 거짓말을 경계해야 합니다. 그리고 거짓말을 멀리하고(출 23:7) 미워하고(시 119:104) 멸시하고 싫어해야 합니다(시 5:6).

도산 안창호 선생은 우리 국민들에게 이렇게 교훈했습니다. "거짓말을 하지 말고 서양인들과의 거래에서 Yes와 No를 분명히 하십시오. 한국인의 상점에서 물건을 안심하고 살 수 있게 하십시오. 한국인 노동자에게 믿고 일을 맡길 수 있게 하십시오. '한국인의 언약이라면 믿을 수 있다'고 하십시오. 이 세 가지만 있으면 돈도 벌고, 대접도 받고, 민족의 명예도 얻게 됩니다."

어느 크리스천 성자는 자신의 언어생활 훈련을 위해서 늘 세 가지를 질문했다고 합니다. "첫째, 이 이야기는 사실인가? 둘째, 이 이야기를 상대방에게 하는 것이 좋은가? 셋째, 꼭 이 이야기를 해야만 하는가?" 이런 질문을 통해서 언어생활을 훈련했다고 합니다.

우리는 거짓을 멀리하고 진실한 삶을 살아야 합니다. 결코 우리는 악령의 포로가 되지 말아야 합니다. 우리는 항상 성령에 붙잡힌 바 되어 성령의 충만함을 받아야 합니다. 예수 그리스도와 늘 동행하며 참된 말을 하고, 진실한 약속을 하고, 그 약속을 지키는 믿음의 성도들이 되어야 합니다. 아멘.

¹⁷사울이 다윗에게 이르되 내 맏딸 메랍을 네게 아내로 주리니 오직 너는 나를 위하여 용기를 내어 여호와의 싸움을 싸우라 하니 이는 그가 생각하기를 내 손을 그에게 대지 않고 블레셋 사람들의 손을 그에게 대게 하리라 함이라 ¹⁸다윗이 사울에게 이르되 내가 누구며 이스라엘 중에 내 친속이나 내 아버지의 집이 무엇이기에 내가 왕의 사위가 되리이까 하였더니 ¹⁹사울의 딸 메랍을 다윗에게 줄 시기에 므홀랏 사람 아드리엘에게 아내로 주었더라 ²⁰사울의 딸 미갈이 다윗을 사랑하매 어떤 사람이 사울에게 알린지라 사울이 그 일을 좋게 여겨 ²¹스스로 이르되 내가 딸을 그에게 주어서 그에게 올무가 되게 하고 블레셋 사람들의 손으로 그를 치게 하리라 하고 이에 사울이 다윗에게 이르되 네가 오늘 다시 내 사위가 되리라 하니라 ²²사울이 그의 신하들에게 명령하되 너희는 다윗에게 비밀히 말하여 이르기를 보라 왕이 너를 기뻐하시고 모든 신하도 너를 사랑하나니 그런즉 네가 왕의 사위가 되는 것이 가하니라 하라 ²³사울의 신하들이 이 말을 다윗의 귀에 전하매 다윗이 이르되 왕의 사위 되는 것을 너희는 작은 일로 보느냐 나는 가난하고 천한 사람이라 한지라 ²⁴사울의 신하들이 사울에게 말하여 이르되 다윗이 이러이러하게 말하더이다 하니 ²⁵사울이 이르되 너희는 다윗에게 이같이 말하기를 왕이 아무것도 원하지 아니하고 다만 왕의 원수의 보복으로 블레셋 사람들의 포피 백 개를 원하신다 하라 하였으니 이는 사울의 생각에 다윗을 블레셋 사람들의 손에 죽게 하리라 함이라 ²⁶사울의 신하들이 이 말을 다윗에게 아뢰매 다윗이 왕의 사위 되는 것을 좋게 여기므로 결혼할 날이 차기 전에 ²⁷다윗이 일어나서 그의 부하들과 함께 가서 블레셋 사람 이백 명을 죽이고 그들의 포피를 가져다가 수대로 왕께 드려 왕의 사위가 되고자 하니 사울이 그의 딸 미갈을 다윗에게 아내로 주었더라 ²⁸여호와께서 다윗과 함께 계심을 사울이 보고 알았고 사울의 딸 미갈도 그를 사랑하므로 ²⁹사울이 다윗을 더욱더욱 두려워하여 평생에 다윗의 대적이 되니라 ³⁰블레셋 사람들의 방백들이 싸우러 나오면 그들이 나올 때마다 다윗이 사울의 모든 신하보다 더 지혜롭게 행하매 이에 그의 이름이 심히 귀하게 되니라

(사무엘상 18:17-30)

10 진실한 사람 다윗

사울은 다윗을 속이면서까지 죽이려고 한 사람입니다. 그러나 거짓된 삶을 살았던 그의 마지막은 결국 파멸로 끝나고 말았습니다. 거짓의 결과는 심판이요 죽음이었습니다. 반면 진실한 사람 다윗은 어떤 사람이었습니까?

1. 사울을 순전한 마음으로 대했습니다

다윗은 계속 자기를 속이면서 해치려는 사울에게 순전하게 대했습니다. "다윗이 사울에게 이르되 내가 누구며 이스라엘 중에 내 친속이나 내 아버지의 집이 무엇이기에 내가 왕의 사위가 되리이까 하였더니"(18:18)

사울이 다윗을 사위로 삼으려고 하자 그는 순전한 마음으로 자신의 비천함을 말했습니다. 사울은 약속을 어기고 그의 딸 메랍을 므홀랏 사람 아드리엘에게 주었습니다. 그 후 사울은 그의 딸 미갈이 다윗을 사랑한다는 말을 듣고 다윗을 죽이기 위해 또 딸 미갈과 결혼하라고 했습니다. 이때도 다윗은 사울에게 순전한 마음으로 대했습니다. 사울이 다윗을 죽이려고 폐백으로 블레셋 사람의 양피 일백 개를 요구할 때에도 역시 다윗은 좋게 여기고 순종했습니다. 그러나 이것은 사울이 다윗을 블레셋 사람의 손에 죽이려고 꾸민 음흉한 계획이었습니다. 그럼에도 다윗은 사울의 제의에 순전한 마음으로 따랐습니다.

사울과 다윗은 완전히 대조적인 모습을 보입니다. 사울은 다윗을 죽이려고 모든 방법을 동원하여 거짓말을 하며 위선적인 계략을 생각해 냈습니다. 그럼에도 다윗은 순수한 마음을 가진 사람이었습니다. 그는 베들레헴 목장에서 양을 치는 목자로 살면서 시를 사랑하고 음악을 좋아했습니다. 자연 속에서 "여호와는 나의 목자"라고 노래했습니다. 다윗은 순전한 믿음으로 주님을 섬기는 사람이었습니다. 그리고 나라가 위기에 처했을 때에는 생명을 걸고 싸웠습니다. 하나님의 이름과 명예가 이방인에 의해서 땅에 떨어졌을 때 그는 분연히 일어나 골리앗과 싸워 물리치는 순전한 믿음의 사람이었습니다. 그는 진실하게 행동했습니다. 영혼의 순수함과 순수한 믿음을 가진 사람이 승리합니다.

디마스라는 사람이 있었습니다. 그가 사업에 실패하여 빚더미에 앉게 되었습니다. 빚을 갚으려고 밤낮으로 일을 했으나 하나 같이 다 실패했습니다. 그는 '무엇인가 잘못 된 것이 있다'는 생각을 하게 되었습니다. 그때부터 그는 새로운 마음을 갖게 되었습니다. 그는 '하나님이 주인이 되어야 한다. 사업의 주인은 하나님이시다' 라는 생각을 하고 모든 일의 계획에서부터 결재에 이르기까지 모든 것을 하나님께 의지했습니다. 그는 문제가 발생하면 하나님과 의논했습니다. 사업은 주님께 맡기고 전도하기 시작했습니다. 그러자 사람들은 그를 미쳤다고 하면서 곧 사업이 망할 것이라고 말했습니다. 그런데 오히려 그때부터 사업이 일어나기 시작했습니다. 기적이었습니다. 결국 그는 성공하게 되었습니다. 그의 성공 비결은 순전한 믿음이었습니다.

사울은 거짓으로 망했습니다. 그러나 다윗은 진실하고 순전한 믿음으로 성공했습니다. 우리도 다윗과 같이 하나님을 순전한 믿음으로 영접해야 합니다.

2. 그는 겸손한 사람이었습니다

사울이 딸 메랍을 다윗에게 주어 사위로 삼겠다는 제의를 하자 그의 반응은 겸손하게 나타났습니다. "다윗이 사울에게 이르되 내가 누구며 이스라엘 중에 내 친속이나 내 아버지의 집이 무엇이기에 내가 왕의 사위가 되리이까 하였더니"(18:18)

다윗의 순수하고 겸손한 고백은 사울의 간교하고 음흉한 제안과는 날카롭게 대조됩니다. 사울은 딸을 이용하여 다윗을 죽이려고 교활하게 위선과 거짓말을 했습니다. 반면 다윗은 집안의 신분이 사회적으로나 정치적으로 비천하고 무명함을 말하고 있습니다. 다윗은 사울 왕이 내건 부마가 되는 명예와 부에는 조금도 관심이 없었습니다. 다만 그는 목동의 신분을 사랑했기 때문에 사울에게 겸손하게 대할 뿐이었습니다. 이것은 왕실에 대한 최고의 겸손을 표한 것입니다. 다윗은 자신의 지위와 신분을 바로 이해하고 지켰습니다. 다윗은 겸손한 사람이었습니다. 자신의 자리를 지키는 것은 아주 중요하면서도 한편으로는 어려운 일입니다. 대부분의 사람은 인기가 상승하고 칭찬을 받게 되면 교만해집니다. 다윗은 지금 인기가 급상승하고 있는 국민적인 영웅이요 스타였습니다. 그리고 사울은 이미 왕으로서의 권위를 잃은 상태이며, 백성의 마음은 다윗에게로 기울었지만 여전히 그는 겸손했습니다. 다윗은 자신의 위치를 잘 지켰습니다. 아직 다윗의 때가 되지 않았기 때문입니다. 끝까지 신하된 자로서의 도리와 사명을 다했습니다. 그는 신하로서 정성껏 왕을 섬기며 충성했습니다. 비록 자신을 속이면서까지 죽이려고 하는 왕이지만 충성을 다했습니다.

그 이유는 첫째, 사울은 하나님께서 기름 부어 세우신 종이기 때문입니다. 다윗은 하나님께서 기름 부어 세우신 종을 자기 손으로 해치지 않겠다는 믿음으로 하나님께 모든 것을 맡겼습니다. 그것은 사울이 주의 종이기 때문입니다. 둘째, 사울은 이스라엘의 지도자이기 때문입니다. 셋째, 사울은 공식적인 왕으로 나라의 대표자이기 때문입니다. 만약 다윗이 왕을 몰아내고 왕권을 얻는다 해도 그것은 분명히 반역이요 모반입니다. 그리고 하나님의 권위에 도전하는 것이 됩니다. 아직은 사울의 시대입니다. 다윗의 시대는 좀 더 기다려야 합니다. 다윗은 사울 임금에게 겸손하게 대했습니다. 겸손해진다는 것은 아주 어렵습니다. 대부분은 상대적입니다. 상대방이 잘 해주면 나도 잘 하고, 상대방이 잘 못해 주면 나도 잘 해주지 않습니다. 오른뺨을 치면 나도 치고, 욕을 하면 나도 욕하고, 좋은 말을 하면 나도 좋은 말로 답을 합니다. 그러나 성경은 오른뺨을 치면 왼뺨도 주라고 말씀합니다. 이것은 보통 사람으로서는 힘든 일입니다.

서울 왕성교회의 길자연 목사님은 교회를 개척한다는 꿈에 부풀었습니다. 항상 '개척'이란 말이 입에서 떠나지 않았습니다. 드디어 개척지를 향하여 떠나려고 하는 날 부친 길 장로님은 아들을 불러 "개척은 너 자신부터 하라"고 말씀해 주었습니다. 그런데 그 말씀이 목사님의 목회에 가장 큰 도움이 되었다고 합니다. 가장 중요한 것은 자신부터 겸손해지는 것입니다.

다윗은 겸손한 사람이었습니다. 그는 자신의 손으로 하나님의 기름 부음 받은 자를 해치려고 하지 않았습니다. 사울 왕에게 순전한 마음으로 충성을 다했습니다. 겸손히 자신의 위치를 지키면서 나라에 봉사했습니다. 다윗은 자신의 때를 기다렸습니다. 이것이 다윗의 위대한 점입니다. 이것이 높아지는 길입니다. 하나님은 진실하고 겸손한 사람을 인정하시고 높여주십니다. 성경은 말씀합니다. "하나님이 교만한 자를 물리치시고 겸손한 자에게 은혜를 주신다"(약 4:6), "그러므로 하나님의 능하신 손 아래에서 겸손하라 때가 되면 너희를 높이시리라"(벧전 5:6)

우리 모두 다윗과 같이 자신의 위치를 지키면서 주님의 때를 준비하는 겸손한 성도들이 되어야 합니다.

3. 하나님의 섭리와 목적에 순종한 사람이었습니다

사울은 하나님의 섭리와 목적에 대항했습니다. 자신이 하나님의 말씀에 불순종함으로써 왕의 자리에서 퇴출된 것입니다. 그리고 그는 하나님이 기름 부으신 다윗을 죽이려고 간교하고 음흉한 방법들을 동원했습니다. 이것은 하나님의 섭리와 목적에 대항하는 것입니다. 결국 그는 멸망하고 말았습니다. "어찌하여 이방 나라들이 분노하며 민족들이 헛된 일을 꾸미는가 세상의 군왕들이 나서며 관원들이 서로 꾀하여 여호와와 그의 기름 부음 받은 자를 대적하며 우리가 그들의 맨 것을 끊고 그의 결박을 벗어 버리자 하는도다 하늘에 계신 이가 웃으심이여 주께서 그들을 비웃으시리로다"(시 2:1-4)

하나님은 그의 섭리와 목적에 대응하는 자를 심판하십니다. 성경은 말씀합니다. "그가 철장을 가지고 그들을 다스려 질그릇 깨뜨리는 것과 같이 하리라 나도 내 아버지께 받은 것이 그러하니라"(계 2:27)

하나님의 뜻을 거스르는 것은 가장 어리석은 짓입니다. 바위에 계란을 치는 것과 같고 손바닥으로 비를 막는 것과 같습니다. 하나님의 교회도 마찬가지입니다. 하나님의 섭리와 목적에 따라 순종해야 합니다. 이것을 거역하거나 막으려는 것 역시 어리석은 짓입니다. 그러므로 우리는 항상 하나님의 뜻을 찾아야 합니다. 그리고 하나님의 섭리에 순종함으로 따라야 합니다.

선교, 전도, 기도, 말씀 공부를 하는 가운데 하나님의 뜻을 찾아야 합니다. 그리고 순종해야 합니다. 사울은 하나님의 섭리와 목적을 거스르다가 패가망신하고 말았습니다. 그러나 다윗은 하나님의 섭리와 목적에 순종하며 따랐습니다. 다윗은 왕이 되는 기름 부음을 받은 후 성령의 인도하심에 순종했습니다. 하나님의 뜻에 전적으로 순종했습니다. 나라와 왕에게 충성하면서 그의 때를 기다렸습니다. 하나님께서 정하신 때를 기다렸습니다. 결국 하나님은 하나님의 섭리와 목적에 순종하는 그를 축복하시어 왕이 되게 하시고 승리하게 하셨습니다.

우리 모두 결코 사울과 같이 하나님의 섭리와 목적을 거스르는 어리석은 자가 되지 맙시다. 우리는 오직 다윗과 같이 하나님의 섭리와 목적에 순종하는 삶을 살아야 합니다.

4. 하나님의 일에 순종하며 협력한 사람이었습니다

사울은 하나님의 일에 불순종하며 방해하며 거역했습니다. 그러나 다윗은 하나님의 일에 순종하며 협력했습니다. 사울의 불순종으로 인하여 자신은 물론 가족과 나라까지 파멸되었습니다. 그러나 다윗은 나라를 위하여 자기를 죽이려는 사울에게도 협력했습니다. 하나님의 영광을 위해 전쟁터에서 적군들과 싸웠습니다. 그는 나라를 위해서 봉사했습니다. 왕의 사위가 되는 것 역시 하나님의 뜻으로 알고 순종했습니다. 다윗은 왕의 사위가 됨으로써 궁중법도와 생활을 잘 익힐 수 있었으며, 이것이 왕이 된 후에도 많은 도움이 되었을 것입니다. 그리고 왕의 사위가 됨으로써 백성들의 사랑과 존경을 받으며 좋은 이미지를 심어 주었을 것입니다. 또한 왕궁에 출입하며 나라의 일을 하는 가운데 많은 지지자들을 확보할 수 있었을 것입니다. 후에 왕이 되었을 때에는 그의 지지자들의 도움도 받았을 것입니다. 결국 다윗은 하나님의 일에 순종함으로써 하나님의 일을 위해 협력한 것입니다.

"여호와께서 다윗과 함께 계심을 사울이 보고 알았고 사울의 딸 미갈도 그를 사랑하므로 사울이 다윗을 더욱더욱 두려워하여 평생에 다윗의 대적이 되니라"(18:28-29) 여호와께서 다윗과 함께 하셨습니다.

다윗이 차기 이스라엘의 왕이 될 것을 하나님께서 입증하신 것입니다. 결국 이것이 사울에게는 두려움이 되어 그로 하여금 심한 공포심을 갖게 했습니다. 사울의 딸 미갈이 다윗을 사랑하기 때문에 더욱 두려워했다는 것은 미갈이 자신의 계략으로부터 다윗을 보호해 줄 것을 알았기 때문입니다. 그리고 다윗이 사울의 딸 미갈의 사랑을 받을 만큼 흡인력 있는 인물이라는 사실도 알았기 때문입니다. "평생에 다윗의 대적이 되니라"는 말씀은 사울이 죽을 때까지 계속 다윗을 추격하며 죽이려고 했다는 말입니다.

그러나 하나님은 진실한 믿음을 가진 다윗과 함께 하셨습니다. "블레셋 사람들의 방백들이 싸우러 나오면 그들이 나올 때마다 다윗이 사울의 모든 신하보다 더 지혜롭게 행하매 이에 그의 이름이 심히 귀하게 되니라"(18:30) 다윗은 블레셋 군사들이 싸우려고 나올 때 더 지혜롭게 행동했습니다. 어떤 위험한 상황을 만나거나 적군들이 쳐 들어와도 그는 다른 사람들보다 더 지혜롭게 처신했습니다. 이것은 하나님께서 그와 함께 하셨기 때문입니다. 하나님은 전쟁터에서도 다윗과 함께 하셨습니다. 따라서 그는 다른 사람들보다 더욱 더 지혜롭게 행할 수 있었습니다.

"그의 이름이 심히 귀하게 되니라"고 했습니다. 이름은 고대인들에게 한 사람의 인격 전체로 받아들여졌습니다.

"귀하게 되니라"는 말은 '영광을 받다', '존경을 받다'라는 뜻입니다. 사울이 다윗을 죽이려고 계속 전쟁터로 보냈지만 오히려 다윗은 매번 혁혁한 공을 세웠습니다. 그러자 그의 무공과 용맹성, 그리고 지장으로서의 다윗의 명성이 이스라엘뿐만 아니라 주변 적대국들에게까지 널리 알려졌습니다. 이것은 하나님께서 그와 함께 하셨기 때문입니다.

　우리는 여기에서 중요하게 볼 것이 있습니다. 하나님이 함께 하시면 어떤 어려움이나 방해물이 나타난다 하더라도 전화위복이 되어 마침내 승리할 수 있다는 사실입니다. 그리고 하나님의 일에 순종하는 사람은 반드시 하나님께서 높여 주십니다. 하나님의 일에 협력하는 사람은 하나님께서 반드시 인정해 주십니다. 그러나 하나님의 일을 방해하는 자는 결국 패망하고 맙니다.

　다윗은 진실한 믿음을 가졌습니다. 그는 순전한 믿음을 가진 겸손한 사람이었습니다. 그는 하나님의 섭리와 목적에 협력한 사람이었습니다. 다윗은 하나님의 일에 협력하며 하나님의 영광을 위해 살았습니다. 하나님의 뜻에 불순종하던 거짓된 신앙의 소유자 사울은 패망했으나 하나님의 뜻에 순종한 진실한 믿음을 가진 다윗은 하나님께서 함께 하심으로 승리를 얻었습니다.

　우리는 다윗의 진실한 믿음을 본받아야 합니다. 우리 모두 진실하고 순전한 다윗의 신앙을 본받아 하나님께서 함께 하심으로 모든 성도들로부터 인정을 받는 승리자들이 되어야 합니다. 아멘.

¹사울이 그의 아들 요나단과 그의 모든 신하에게 다윗을 죽이라 말하였더니 사울의 아들 요나단이 다윗을 심히 좋아하므로 ²그가 다윗에게 말하여 이르되 내 아버지 사울이 너를 죽이기를 꾀하시느니라 그러므로 이제 청하노니 아침에 조심하여 은밀한 곳에 숨어 있으라 ³내가 나가서 네가 있는 들에서 내 아버지 곁에 서서 네 일을 내 아버지와 말하다가 무엇을 보면 네게 알려 주리라 하고 ⁴요나단이 그의 아버지 사울에게 다윗을 칭찬하여 이르되 원하건대 왕은 신하 다윗에게 범죄하지 마옵소서 그는 왕께 득죄하지 아니하였고 그가 왕께 행한 일은 심히 선함이니이다 ⁵그가 자기 생명을 아끼지 아니하고 블레셋 사람을 죽였고 여호와께서는 온 이스라엘을 위하여 큰 구원을 이루셨으므로 왕이 이를 보고 기뻐하셨거늘 어찌 까닭 없이 다윗을 죽여 무죄한 피를 흘려 범죄하려 하시나이까 ⁶사울이 요나단의 말을 듣고 맹세하되 여호와께서 살아 계심을 두고 맹세하거니와 그가 죽임을 당하지 아니하리라 ⁷요나단이 다윗을 불러 그 모든 일을 그에게 알리고 요나단이 그를 사울에게 인도하니 그가 사울 앞에 전과 같이 있었더라

(사무엘상 19:1-7)

11

중재자 요나단

우리가 이 세상을 살아가다 보면 갈등과 반목이 일어나게 마련이며 오해와 다툼도 끊이지 않습니다. 따라서 이 불편한 관계를 잘 해결하여 화목하게 해 줄 중재자가 필요합니다.

우리나라 역사에도 함흥차사라는 유명한 중재자가 있었습니다. 조

선을 건국한 태조 이성계의 아들들이 소위 왕자의 난을 일으켜 세자 방석을 죽이자 정치에 뜻이 없는 그는 왕위를 정종에게 물려주고 함흥으로 떠났습니다. 그 후 태종이 왕위에 오르자 성석린을 보내어 일단 서울로 돌아왔으나 다시 동북 방향으로 가서 오지 않았습니다. 그러자 태종이 아버지를 모셔 오려고 여러 명의 차사를 보냈으나 모두 죽임을 당했습니다. 이를 가리켜 '함흥차사'라고 합니다. 결국 무학대사가 가서 이성계를 서울로 오게 하였습니다. 태종은 아버지를 모시고 오기 위해 여러 가지 방법을 강구하였습니다. 그 이유는 아버지를 모시고 오지 않으면 그는 영원히 불효자가 될 뿐더러 그의 왕권의 정통성에 대하여 항상 시비가 일어날 수 있었기 때문입니다. 함흥차사 역시 중재자였습니다. 중재자는 희생도 각오해야 합니다.

미국의 전 대통령 지미 카터는 유명한 중재자로 알려져 있습니다. 세계 적십자사도 이념과 민족을 뛰어넘어서 어려움을 당한 자들을 도우며 문제 해결에 중재자 역할을 합니다. 1999년도에 '노벨 평화상'을 받은 국경 없는 의사회입니다. 유엔도 세계 분쟁의 중재역할을 자임하고 있습니다.

오늘 성경 본문에서는 요나단이 중재자의 사명을 감당하고 있습니다. 아버지 사울 왕이 다윗을 죽이려고 하자 다윗을 위하여 중재역할을 잘 하고 있습니다.

오늘날에도 신앙인격을 갖춘 좋은 중재자들이 많이 요구되고 있습니다. 중재자 요나단을 통해 우리도 하나님의 나라를 위하여 주의 백성들 사이에서 훌륭한 중재자로서의 역할을 감당할 수 있어야 하겠습니다.

1. 중재자에게 필요한 것은 사랑입니다

"사울이 그의 아들 요나단과 그의 모든 신하에게 다윗을 죽이라 말하였더니 사울의 아들 요나단이 다윗을 심히 좋아하므로"(19:1)

사울 왕은 다윗을 죽이라고 명령했습니다. 그러나 요나단은 다윗을 심히 좋아했습니다. "좋아하므로"는 '마음이 기울다' 라는 뜻입니다. 요나단의 마음은 이미 다윗에게로 기울었습니다. 자기 생명 같이 사랑했다고 했습니다(18:1). 사실 요나단의 입장에서 보면 다윗은 자기의 왕위 계승을 방해하는 자, 즉 자신의 영광을 가로채는 자였습니다. 그러나 요나단은 자신의 이기적인 욕심을 버리고 변함없이 그를 사랑했습니다. 요나단은 마치 세례 요한이 자기에게 와서 말씀을 듣고 세례를 받은 많은 사람들이 예수님께로 가 버리자 "그는 흥하여야 하겠고 나는 쇠하여야 하리라"(요 3:30)고 고백한 것처럼 희생과 사랑의 정신을 소유한 사람입니다. 한 마디로 요나단은 다윗을 사랑했습니다. 다윗은 하나님의 사람이며, 하나님께서 그를 사용하신다는 것을 알았기 때문입니다.

사무엘하 1장 26절에서는 요나단과 다윗의 사랑을 여인의 사랑보다 더하였다고 했습니다. 요나단은 아버지 사울이 영적으로 어두운 것을 알았습니다. 반면 다윗은 하나님의 영이 함께 하시는 사람이요, 나라와 민족을 위하여 희생하는 진실한 종으로 보았기 때문에 아버지보다 다윗을 더 존경하고 사랑했습니다. 요나단의 중재는 다윗을 향한 사랑에서 시작되었습니다. 요나단은 신변의 위험과 오해와 손해도 감수했습니다. 자신을 포기했습니다. 다윗을 죽이려는 사울 왕과 도망 다니는 다윗을 중재하기란 어려운 일이었습니다. 그러나 다윗을 사랑했기에 기꺼이 중재자로 나선 것입니다.

어느 가정에 아버지와 아들의 불화로 아들이 가출을 하게 되었습니다. 그러자 어머니는 기도하며 아들이 돌아오기만을 기다리다가 드디어 병이 들어 죽을 지경에 이르렀습니다. 아들에게 편지를 보냈더니 아들은 그때서야 돌아왔습니다. 어머니의 죽음을 앞두고도 아버지와 아들은 여전히 냉전 상태였습니다. 안타까운 마음에 어머니는 남편과 아들이 손을 잡게 해서 화해를 시켜주고 떠났습니다. 이것은 남편과 아들을 향한 사랑이 있었기 때문에 가능했습니다.

우리도 사랑하는 마음을 가져야 중재할 수 있습니다. 가장 위대한 중재자는 예수 그리스도이십니다. 그리스도는 우리와 하나님 사이를 중재하기 위하여 십자가에 달려 죽기까지 우리를 사랑하셨습니다. "우리가 아직 죄인 되었을 때에 그리스도께서 우리를 위하여 죽으심으로 하나님께서 우리에 대한 자기의 사랑을 확증하셨느니라"(롬 5:8), "인자가 온 것은 섬김을 받으려 함이 아니라 도리어 섬기려 하고 자기 목숨을 많은 사람의 대속물로 주려 함이니라"(막 10:45) 예수님은 많은 사람을 위한 대속물로 이 땅에 오셨습니다. "그가 우리를 위하여 목숨을 버리셨으니 우리가 이로써 사랑을 알고 우리도 형제들을 위하여 목숨을 버리는 것이 마땅하니라"(요일 3:16) 지금도 예수 그리스도는 우리를 위하여 중보의 기도를 하고 계십니다.

우리는 사랑의 중재자가 되어야 합니다. 중재는 예수 그리스도의 사랑을 가질 때 가능합니다. 형제끼리, 부모와 자녀들, 또는 친구들, 아니면 이웃이나 성도들 사이에 서로 불화하십니까? 우리는 예수님의 십자가의 그 사랑을 생각함으로써 화목해야 합니다. 중보기도를 해야 합니다. 요나단과 같이 서로 사랑함으로 모든 장벽을 허물고 화목을 이루는 중재자로서의 역할을 잘 감당할 수 있어야 합니다.

2. 하나님을 두려워하는 신앙으로 중재하였습니다

"요나단이 그의 아버지 사울에게 다윗을 칭찬하여 이르되 원하건대 왕은 신하 다윗에게 범죄 하지 마옵소서 그는 왕께 득죄하지 아니하였고 그가 왕께 행한 일은 심히 선함이니이다 그가 자기 생명을 아끼지 아니하고 블레셋 사람을 죽였고 여호와께서는 온 이스라엘을 위하여 큰 구원을 이루셨으므로 왕이 이를 보고 기뻐하셨거늘 어찌 까닭 없이 다윗을 죽여 무죄한 피를 흘려 범죄하려 하시나이까"(19:4-5)

"칭찬하여"란 말은 '선하게', '좋게', '기쁘게 말하다' 라는 뜻이 있습니다. "다윗에게 범죄하지 마옵소서"란 말은 다윗을 해치는 것은 죄라는 말입니다. "그는 왕께 득죄하지 아니하였고"라며 요나단은 다윗의 결백을 주장했습니다. 다윗은 정직하고 깨끗하게 정성을 다하여 섬긴 종일 뿐 결코 죄를 범하지 않았습니다. "그가 왕께 행한 일은 심히 선함이니이다"라며 다윗은 왕께 충성을 다한 종이라고 말합니다.

19장 5절에서도 다윗은 자기 생명을 아끼지 않고 블레셋 사람을 죽였습니다. 전쟁에서 승리를 거둔 용사입니다. 여호와께서는 다윗을 사용하시어 온 이스라엘 백성을 구원하셨습니다. 다윗이 골리앗을 물리쳐 나라를 위기에서 구하자 사울 왕을 비롯하여 온 백성이 기뻐했습니다. 그런 큰 공로자인 다윗을 죽인다는 것은 무고한 사람을 죽이는 일입니다. 이것은 왕이 죄를 범하는 것입니다.

요나단은 믿음의 사람이었습니다. 하나님의 역사를 바로 읽을 줄 아는 사람이었습니다. 그는 하나님을 두려워하는 믿음을 가졌습니다. 요나단은 하나님께서 다윗과 함께 하심을 보았습니다. 지금까지의 모든 일들로 미루어 보아 하나님께서 다윗을 사랑하신다는 것을 알았습니다. 다윗은 하나님께서 사용하시는 종이었습니다. 그래서 요나단은 아버지 사울에게 말했습니다. "다윗은 하나님이 사랑하시는 종입니다. 그를 해치지 마십시오. 그는 하나님 앞에서 정직한 종이요, 나라와 민족을 위해서 헌신한 종이며, 왕이신 아버지에게 충성을 다한 신실한 종입니다. 그를 해치는 것은 범죄입니다." 요나단에게는 하나님을 두려워하는 신앙이 있었습니다.

진실한 중재는 하나님을 두려워하는 신앙을 가진 자만이 할 수 있습니다. 진실한 중재는 기만적으로나 위선적으로 하는 것이 아닙니다. 인기를 얻으려는 작전이나 술수로 하는 것도 아닙니다. 하나님을 왕보다 더 두려워하는 믿음, 하나님을 아버지보다 더 두려워하는 믿음을 가져야 할 수 있습니다.

우리는 하나님을 두려워하는 진실한 믿음의 바탕 위에서 중재해야 합니다. 인간적인 방법으로 해서는 실패합니다. 뒤에서 수군거리는 것은 아무런 유익이 없으며 더욱 사이를 나쁘게 할 뿐입니다. 비방하거나 험담하는 것은 아무런 유익이 없습니다. 형제를 진정으로 사랑한다면 오해받을 만한 일이 있거나 죄를 범했을 때 먼저 기도해야 합니다. 그리고 하나님 앞에서 진실한 신앙을 바탕으로 충고하는 것이 올바른 중재자의 자세입니다.

요나단은 사울이 자기의 아버지이자 일국의 왕이지만, 아무런 잘못이 없는 다윗을 해치려고 시기하고 질투하는 것은 하나님 앞에서 올바른 일이 아니라는 것을 알았습니다. 모든 것을 보고 계시는 하나님 앞에 심히 두려운 일임을 알았습니다. 그래서 그는 하나님을 두려워하는 믿음 위에서 아버지 사울 왕과 친구 다윗 사이에서 중재 역할을 감당한 것입니다. 여호와를 경외하는 자만이 악을 멀리한다고 했습니다(잠 3:7).

우리는 항상 우리 자신이 먼저 하나님을 두려워하는 신앙을 가져야 합니다. 우리 자신이 늘 '하나님 앞에서'의 삶을 살아갈 때 비로소 하나님을 두려워하는 신앙의 바탕 위에서 올바른 중재를 할 수 있습니다.

3. 진실한 중재의 결과

1) "사울이 요나단의 말을 듣고 맹세하되 여호와께서 살아 계심을 두고 맹세하거니와 그가 죽임을 당하지 아니하리라"

사울의 마음이 변했습니다. 요나단의 진실하고도 간곡한 중재가 마음을 움직인 것입니다.

2) "요나단이 다윗을 불러 그 모든 일을 그에게 알리고 요나단이 그를 사울에게로 인도하니 그가 사울 앞에 전과 같이 있었더라"

다윗은 예전처럼 천부장으로 일했습니다. 그리고 사울을 위해 수금을 타는 궁중 악사로 계속 본연의 임무에 충실했습니다. 그러나 사울은 하나님을 두려워하는 신앙인이 아니었기 때문에 사울의 이 맹세는 오래가지 못하였습니다. 그러나 요나단은 훌륭한 중재자였습니다. 비록 일시적이나마 사울의 마음을 변화시켜 다윗과 화목을 이루게 하였습니다. 사실 전적으로 사울의 잘못이지만 요나단이 사울의 마음을 돌려놓은 것은 요나단이 진실한 중재자였기 때문입니다. 요나단이 중재를 한 것은 다윗을 사랑하고 하나님을 두려워했기 때문입니다. 하나님은 이 믿음의 중재자 요나단의 후손에게 은혜를 베풀어 주셨습니다. 후에 사울과 요나단이 전쟁터에서 모두 죽고 다윗이 왕위에 올랐을 때 다윗은 요나단의 자손들에게 보상해 주었습니다. 다윗의 아들과 함께 궁중에서 살게 했을 뿐만 아니라 모든 재산을 그대로 다 소유하게 하고 보살펴 주었습니다. 의리를 지킨 것입니다.

주님은 말씀하셨습니다. "화평하게 하는 자는 복이 있나니 그들이 하나님의 아들이라 일컬음을 받을 것임이요"(마 5:9) '화평하게 하는 자'(Peace Maker)는 하나님의 아들이라 불릴 것입니다. 하나님의 아들의 특징은 화평을 만드는 사람입니다. 결코 문제를 만들어 시끄럽게 하거나 평지풍파를 일으키는 사람이 아닙니다. 돌아다니면서 없는 말을 만들어 시험에 들게 하는 자가 아닙니다. 하나님의 자녀는 화평케 하는 자입니다. 허물을 덮어주고 형제를 위하여 기도하는 자입니다. 무엇이 교회를 위하는 것인가를 먼저 생각한 후에 말하고 행동하는 자입니다. 말하기 전에 먼저 그 형제를 위하여 기도하고, 교회를 위하여 기도하는 자입니다.

우리는 요나단의 중재와 그의 사랑을 본받아야 합니다. 하나님을 두려워하는 믿음을 본받아야 합니다. 무엇보다도 우리의 영원한 중재자이신 예수 그리스도를 본받아야 합니다. 주님의 십자가의 사랑을 기억해야 합니다. 생명을 주시기까지 우리를 사랑하시고 하나님과 화목하게 하신 그 사랑을 본받아야 합니다.

우리도 우리의 모든 삶 속에서 참된 중재자의 역할을 잘 감당함으로써 우리 가정과 이웃과 교회 안에서 항상 화평을 만드는 사람이 되어야 합니다. 그리고 장차 주님 앞에 설 때 칭찬과 인정을 받는 중재자의 삶을 살아가야 합니다. 아멘.

¹¹사울이 전령들을 다윗의 집에 보내어 그를 지키다가 아침에 그를 죽이게 하려 한지라 다윗의 아내 미갈이 다윗에게 말하여 이르되 당신이 이 밤에 당신의 생명을 구하지 아니하면 내일에는 죽임을 당하리라 하고 ¹²미갈이 다윗을 창에서 달아 내리매 그가 피하여 도망하니라 ¹³미갈이 우상을 가져다가 침상에 누이고 염소털로 엮은 것을 그 머리에 씌우고 의복으로 그것을 덮었더니 ¹⁴사울이 전령들을 보내어 다윗을 잡으려 하매 미갈이 이르되 그가 병들었느니라 ¹⁵사울이 또 전령들을 보내어 다윗을 보라 하며 이르되 그를 침상째 내게로 들고 오라 내가 그를 죽이리라 ¹⁶전령들이 들어가 본즉 침상에는 우상이 있고 염소털로 엮은 것이 그 머리에 있었더라 ¹⁷사울이 미갈에게 이르되 너는 어찌하여 이처럼 나를 속여 내 대적을 놓아 피하게 하였느냐 미갈이 사울에게 대답하되 그가 내게 이르기를 나를 놓아 가게 하라 어찌하여 나로 너를 죽이게 하겠느냐 하더이다 하니라 ¹⁸다윗이 도피하여 라마로 가서 사무엘에게로 나아가서 사울이 자기에게 행한 일을 다 전하였고 다윗과 사무엘이 나욧으로 가서 살았더라

(사무엘상 19:11-18)

12

피할 길을 주시는 하나님

하나님은 선하시고 신실하십니다. 사랑하는 성도가 어려움을 당할 때면 지켜 주시고, 또한 피할 길도 주십니다. 믿음의 사람 다윗이 사울 왕에 의해 죽임을 당하게 되었을 때 주님은 그에게 피할 길을 주시어 지켜 주셨습니다. 하나님께서 어려움을 당한 다윗에게 어떻게 역사하시는지를 살펴봅시다.

1. 미갈이 다윗을 도왔습니다

"사울이 전령들을 다윗의 집에 보내어 그를 지키다가 아침에 그를 죽이게 하려 한지라 다윗의 아내 미갈이 다윗에게 말하여 이르되 당신이 이 밤에 당신의 생명을 구하지 아니하면 내일에는 죽임을 당하리라"(19:11)

미갈은 다윗의 아내이지만 다윗을 죽이려는 사울의 딸이기도 합니다. 그러나 하나님은 미갈이 다윗을 도와주도록 함으로써 다윗에게 피할 길을 열어 주셨습니다. 우리가 어려움을 당할 때 하나님은 우리에게 피할 길을 주십니다. "사람이 감당할 시험 밖에는 너희가 당한 것이 없나니 오직 하나님은 미쁘사 너희가 감당하지 못할 시험 당함을 허락하지 아니하시고 시험 당할 즈음에 또한 피할 길을 내사 너희로 능히 감당하게 하시느니라"(고전 10:13) 죄의 자리를 피하는 것도 하나님의 뜻을 이루는 하나의 방법입니다. 작전상 후퇴하는 것입니다. 우리를 유혹하는 자가 나타날 때에는 피하는 것도 하나의 좋은 방법입니다.

2. 믿음의 가정에 있는 우상의 잔재

우리가 눈여겨 볼 것이 있습니다. 그것은 바로 믿음의 사람 다윗의 집에도 우상이 있었다는 사실입니다. "미갈이 우상을 가져다가 침상에 누이고 염소털로 엮은 것을 그 머리에 씌우고 의복으로 그것을 덮었더니"(19:13)

이 우상은 미갈이 가져온 것으로 고대 근동지방의 수호신으로 사용했습니다. 이것은 아람 갈대아에서 도입한 것으로 보입니다. 이것은 사람의 형상으로 된 우상으로 작은 것도 있고 큰 것도 있었는데 이것은 사람의 흉상 정도의 크기였습니다.

사울 왕의 딸인 미갈이 친정에서 우상을 가지고 왔다는 것은 심각한 문제입니다. 사울 왕은 하나님의 백성인 이스라엘을 다스리는 왕입니다. 그런데 그의 딸이 시집 올 때 우상을 가지고 왔다는 것으로 미루어 보아 사울 집안의 신앙상태를 짐작해 볼 수 있습니다. 미갈은 하나님을 사랑하며 섬기는 다윗과 함께 살면서도 우상을 숨겨두고 있었습니다. 이것으로 보아 사람이 얼마나 완악하고 부패한지를 알 수 있습니다. 하나님을 제일주의로 섬기는 신정국가의 왕의 딸이 우상을 지니고 있었습니다. 인간은 별 수 없는 존재입니다.

오늘날에도 신앙생활을 하는 성도의 가정에 이런 위험이 있을 수 있습니다. 신앙생활을 하는 집안에도 우상이 있을 수 있습니다. 즉 미신적인 신앙생활을 하는 성도들이 있다는 말입니다. 아직도 샤머니즘에 젖어 있는 신앙인들이 있습니다. 미신적이며 기복주의적인 신앙인들이 있습니다. 예를 들어서 결혼과 같은 큰일이 있을 때 길일을 고르는 것, 이사나 개업 날짜를 정하는 것, 점을 치는 곳이나 절에 따라 가는 것, 아침에 일어나 화투로 오늘의 운수를 보는 것, 신문에 실린 한 주간의 운세를 먼저 읽는 것, 꿈을 꾸고 나서 해몽하는 책을 찾아 읽는 것, 복권을 구입해서 작정 금식기도를 하는 것 등은 다 우상적인 신앙입니다.

우리는 그리스도 안에서 자유를 얻은 사람들이므로 한낱 날짜에 구애받지 않습니다. 주일을 피하고, 교회 행사에 중복되지만 않으면 언제라도 좋습니다. 공휴일, 평일, 아침이나 저녁, 밤 할 것 없이 어느 시간이라도 가능합니다. 부모님의 생신이나 자녀들의 돌잔치도 꼭 그날에 하지 않아도 됩니다. 우리는 주일예배와 중복되지 않고, 우리의 신앙생활에 지장이 없다면 언제라도 편리한 날에 할 수 있습니다. 얼마나 편리하고 자유롭습니까? 예수님은 말씀하셨습니다. "진리를 알지니 진리가 너희를 자유롭게 하리라"(요 8:32) 우리는 예수 안에서 자유를 얻었습니다. 그러므로 이 진리 안에서 마음껏 자유를 즐기고 사용해야 합니다.

이스라엘의 공주요 다윗의 아내인 미갈의 집에 우상이 있었던 것으로 보아 미갈은 다윗에 비해 신앙적이지 못했다는 것을 알 수 있습니다. 오직 남편의 사랑만 구하는 사랑과 질투의 여성일 뿐이었습니다. 정조 관념도 없었습니다. 나중에 미갈은 다윗이 어려움을 당할 때에 아버지 사울의 뜻을 따라 다른 남자에게 시집을 갔습니다. 그러다가 다윗이 부르자 다시 돌아왔습니다. 남편 다윗은 하나님과 동행하며 진리 가운데 행하려고 하는데 아내는 거기에 부응하지 못했습니다.

우리에게도 아직 우상적인 요소가 없는지 잘 살펴보아야 합니다. 있다면 과감하게 버려야 합니다. 아직도 우리의 삶 속에 세상적이며 육적인 요소가 없는지 살펴보아야 합니다. 하나님을 섬기는 데 방해되는 취미생활이나 세상적인 명예가 가로막고 있지는 않은지 살펴보아야 합니다. 만일 있다면 우리는 이런 우상적인 잔재를 말끔히 청산해야 합니다. 그러기 위해 매일 자신을 쳐서 그리스도께 복종해야 합니다. 그리고 말씀을 묵상하며 하나님과 교제하는 시간을 가져야 합니다.

3. 미갈의 잘못된 방법

다윗의 아내 세상적인 미갈이 다윗을 구해 주었지만 그 방법이 신앙적이지 못했습니다. "미갈이 우상을 가져다가 침상에 누이고 염소털로 엮은 것을 그 머리에 씌우고 의복으로 그것을 덮었더니 사울이 전령들을 보내어 다윗을 잡으려 하매 미갈이 이르되 그가 병 들었느니라"(19:13-14)

미갈은 아버지 사울에게 속임수를 사용했습니다. "사울이 미갈에게 이르되 너는 어찌하여 이처럼 나를 속여 내 대적을 놓아 피하게 하였느냐 미갈이 사울에게 대답하되 그가 내게 이르기를 나를 놓아 가게 하라 어찌하여 나로 너를 죽이게 하겠느냐 하더이다 하니라"(19:17) 또 거짓말도 했습니다. 미갈이 속임수와 거짓말을 사용한 것은 다윗을 살리기 위해 어쩔 수 없었다고 할 수도 있습니다. 그러나 그 속임수와 거짓말을 정당화하면 안 됩니다. 성도는 신실해야 합니다. 성경은 거짓 증거를 하지 말라고 말씀합니다. 그런데 문제는 성경에서 거짓말을 한 사람들을 들추어내어 문제 삼는 사람들이 있습니다. 성경에서 거짓말을 해도 하나님께서 축복해 주시지 않았느냐고 반문하는 것입니다.

1) 히브리 산파

"애굽 왕이 히브리 산파 십브라라 하는 사람과 부아라 하는 사람에게 말하여 이르되 너희는 히브리 여인을 위하여 해산을 도울 때에 그 자리를 살펴서 아들이거든 그를 죽이고 딸이거든 살려두라 그러나 산파들이 하나님을 두려워하여 애굽 왕의 명령을 어기고 남자 아기들을 살린지라 애굽 왕이 산파를 불러 그들에게 이르되 너희가 어찌하여 이같이 남자 아기들을 살렸느냐 산파가 바로에게 대답하되 히브리 여인은 애굽 여인과 같지 아니하고 건장하여 산파가 그들에게 이르기 전에 해산하였더이다 하매 하나님이 그 산파들에게 은혜를 베푸시니 그 백성은 번성하고 매우 강해지니라 그 산파들은 하나님을 경외하였으므로 하나님이 그들의 집안을 흥왕하게 하신지라"(출 1:15-21)

2) 기생 라합

"눈의 아들 여호수아가 싯딤에서 두 사람을 정탐꾼으로 보내며 이르되 가서 그 땅과 여리고를 엿보라 하매 그들이 가서 라합이라 하는 기생의 집에 들어가 거기서 유숙하더니 어떤 사람이 여리고 왕에게 말하여 이르되 보소서 이 밤에 이스라엘 자손 중의 몇 사람이 이 땅을 정탐하러 이리로 들어왔나이다 여리고 왕이 라합에게 사람을 보내어 이르되 네게로 와서 네 집에 들어간 그 사람들을 끌어내라 그들은 이 온 땅을 정탐하러 왔느니라 그 여인이 그 두 사람을 이미 숨긴지라 이르되 과연 그 사람들이 내게 왔었으나 그들이 어디에서 왔는지 나는 알지 못하였고 그 사람들이 어두워 성문을 닫을 때쯤 되어 나갔으니 어디로 갔는지 내가 알지 못하나 급히 따라가라 그리하면 그들을 따라잡으리라 하였으나 그가 이미 그들을 이끌고 지붕에 올라가서 그 지붕에 벌여 놓은 삼대에 숨겼더라"(수 2:1-6)

하나님은 기생 라합과 그의 가족들을 구해 주셨습니다. 우리는 이 문제를 어떻게 해석해야 합니까? 히브리 산파는 애굽 왕의 명령을 어기고 이스라엘 백성을 죽여야 했지만 그럴 수 없었습니다. 하나님의 백성을 죽일 수 없었기 때문에 거짓말을 한 것입니다. 히브리 산파의 거짓말은 그 동기가 선했습니다. 기생 라합도 하나님의 백성인 정탐꾼을 살리기 위해 선한 동기에서 거짓말을 한 것입니다. 우리가 여기서 중점적으로 살펴볼 것이 있습니다.

① 중심이 중요합니다. 거짓말을 하게 된 동기가 영혼을 사랑하고 하나님을 사랑하기 때문에 한 것인지를 살펴봐야 합니다.

② 하나님의 긍휼하심과 자비하심에 근거해야 합니다. 아무리 선한 일이라도 거짓은 죄악일 뿐 진리가 될 수 없습니다. 그러므로 고뇌 속에서 결단해야 합니다. 즉 회개하는 마음이 있어야 합니다. 부득이 선한 동기와 사랑하는 마음으로 거짓말을 하더라도 고통 속에서 결심하고 주의 긍휼을 바라는 자세가 되어야 합니다.

하나님의 일은 목적과 방법과 결과가 선해야 합니다. 우리는 이것이 기독교 윤리임을 기억해야 합니다. 반드시 진실이 승리합니다. 우리는 진실을 사랑해야 합니다. 어쩔 수 없는 경우에는 영혼을 사랑하는 동기로 해야 합니다. 그리고 고통을 느끼며 고뇌하며 회개하는 심령의 자세를 가져야 합니다. 우리 하나님은 진리이십니다. 그러므로 우리도 항상 진리를 말하고 진리로 행동하여 진리로 승리하는 삶을 살아야 합니다.

4. 선지자 사무엘을 찾은 다윗

"다윗이 도피하여 라마로 가서 사무엘에게로 나아가서 사울이 자기에게 행한 일을 다 전하였고 다윗과 사무엘이 나욧으로 가서 살았더

라"(19:18)

　다윗은 역시 믿음의 사람이었습니다. 사울의 손에서 벗어나 다른 곳으로 가지 않고 라마 나욧으로 갔습니다. 라마는 동네 이름이고 나욧은 거하는 장소를 말합니다. 갈대아역으로 기숙사입니다. 라마 나욧은 사무엘이 세운 선지학교요 기숙사였습니다. 그 당시에 많은 선지자들을 훈련하는 신학교였습니다. 다윗이 그곳까지 찾아간 것은 선지자 사무엘을 만나기 위해서였습니다.

　다윗은 성도들이 환난을 당했을 때 대처할 방법을 가르쳐 줍니다. 다윗은 다른 곳으로 가지 않고 선지자 사무엘을 찾아 갔습니다. 하나님의 사람을 찾아 간 것입니다. 선지자를 훈련시키는 선지학교를 찾아 갔습니다. 이것은 하나님의 종을 통하여 하나님의 인도하심을 받고자 함이었습니다. 주의 종을 통하여 하나님의 말씀으로 교훈을 받고 위로와 힘을 얻기 위해서였습니다. 마귀에게 사로잡힌 사울 왕의 핍박을 피하여 하나님의 사람 다윗은 하나님의 종 사무엘을 찾아 갔습니다. 거기에서 말씀으로 가르침을 받으며 위로를 얻는 피난처로 삼기 위해서입니다. 그리고 사무엘에게 그 동안의 모든 사정을 말했습니다. 이것은 하나님의 지도를 받기 위한 것임을 뜻합니다.

　우리 성도들이 위기를 맞게 되면 먼저 하나님께 기도하여 하나님의 도우심을 받아야 합니다. 하나님의 사람으로부터 지도와 도움을 받아야 합니다. 우리는 주의 종이 주는 말씀을 통하여 위로를 받을 수 있습니다.

　오늘 우리는 어려움을 당할 때 어디로 갑니까? 젊은 분들은 어디로 갑니까? 친정입니까, 아니면 친구입니까? 스트레스를 해소하려고 술집이나 춤추는 곳으로 가지는 않습니까? 아니면 운동을 하거나 여행을 떠납니까? 연세가 많은 분들은 어디로 갑니까? 자녀에게로 갑니까, 아니면 경로당으로 갑니까? 물론 얼마간의 위로와 약간의 도움은 얻을 수 있을 것입니다. 그러나 하나님의 백성인 우리는 이럴 때 어떻게 대처해야 옳습니까?

다윗은 사무엘을 찾았습니다. 우리도 하나님 앞에 나와야 합니다. 하나님 앞에 엎드려 기도해야 합니다. 하나님의 교회를 찾고 주의 종들을 찾아야 합니다. 경건한 믿음의 형제를 찾아야 합니다. 다윗은 사무엘을 찾아 모든 것을 보고했습니다. 우리도 하나님 앞에 사실대로 다 아뢰어야 합니다. 우리의 괴로움과 고민과 슬픔과 모든 문제를 숨기지 말고 다 아뢰어야 합니다.

하나님은 우리가 어려움을 당할 때 피할 길을 주십니다. 우리는 죄로부터 도망갈 줄도 알고 유혹으로부터 피할 줄도 알아야 합니다. 그리고 어떤 경우라도 전능하신 하나님을 의지해야 하고 진실해야 합니다. 진실한 말과 행함이 있어야 합니다. 그리고 모든 문제를 주님 앞에 가지고 나와야 합니다. 우리가 피할 곳은 주님의 품입니다. 하나님은 우리의 피난처가 되십니다. 하나님을 의지하고 하나님께 부르짖는 성도에게 주님은 피할 길을 열어 주십니다.

우리는 우리의 피난처가 되시는 주님을 의지하여 능히 믿음으로 모든 시험을 이기고, 진리로 모든 악을 이겨야 하겠습니다. "하나님은 우리의 피난처시요 힘이시니 환난 중에 만날 큰 도움이시라 그러므로 땅이 변하든지 산이 흔들려 바다 가운데에 빠지든지 바닷물이 솟아나고 뛰놀든지 그것이 넘침으로 산이 흔들릴지라도 우리는 두려워하지 아니하리로다"(시 46:1-3) 아멘.

¹⁸다윗이 도피하여 라마로 가서 사무엘에게로 나아가서 사울이 자기에게 행한 일을 다 전하였고 다윗과 사무엘이 나욧으로 가서 살았더라 ¹⁹어떤 사람이 사울에게 전하여 이르되 다윗이 라마 나욧에 있더이다 하매 ²⁰사울이 다윗을 잡으러 전령들을 보냈더니 그들이 선지자 무리가 예언하는 것과 사무엘이 그들의 수령으로 선 것을 볼 때에 하나님의 영이 사울의 전령들에게 임하매 그들도 예언을 한지라 ²¹어떤 사람이 그것을 사울에게 알리매 사울이 다른 전령들을 보냈더니 그들도 예언을 했으므로 사울이 세 번째 다시 전령들을 보냈더니 그들도 예언을 한지라 ²²이에 사울도 라마로 가서 세구에 있는 큰 우물에 도착하여 물어 이르되 사무엘과 다윗이 어디 있느냐 어떤 사람이 이르되 라마 나욧에 있나이다 ²³사울이 라마 나욧으로 가니라 하나님의 영이 그에게도 임하시니 그가 라마 나욧에 이르기까지 걸어가며 예언을 하였으며 ²⁴그가 또 그의 옷을 벗고 사무엘 앞에서 예언을 하며 하루 밤낮을 벗은 몸으로 누웠더라 그러므로 속담에 이르기를 사울도 선지자 중에 있느냐 하니라

(사무엘상 19:18-24)

13

사울의 추격과 예언

다윗이 사울의 추격을 피하여 사무엘을 만나기 위해 라마로 갔습니다. 라마는 선지자 사무엘의 고향이자 그의 사역의 중심지였습니다. 다윗은 어려움을 당했을 때 다른 곳으로 가지 않고 주의 종을 찾아 갔습니다. 다윗이 라마에 있는 사무엘에게 간 것은 사울이 자기를 죽이려고 하자 안전한 곳을 찾은 것이며, 또한 자신의 앞날에 대하여 선지

자의 인도하심을 받기 위해서였습니다. 이것은 다윗이 하나님의 인도하심을 바라는 믿음의 사람임을 알 수 있습니다.

여기에서 우리 성도들이 어려움을 당할 때 취해야 할 방법을 가르쳐 줍니다. 사무엘을 찾은 다윗은 그에게 모든 사실을 말했습니다. "다윗이 도피하여 라마로 가서 사무엘에게로 나아가서 사울이 자기에게 행한 일을 다 전하였고 다윗과 사무엘이 나욧으로 가서 살았더라"(19:18) 다윗은 사무엘에게 이스라엘의 왕인 사울이 정신적으로 비정상인 것과 다윗 자신이 생명의 위협을 받고 있다는 것을 말했습니다. 그러나 사무엘은 사울 왕에 대해 이미 잘 알고 있었기 때문에 크게 놀라지는 않았을 것입니다.

사무엘과 다윗은 라마 나욧으로 갔습니다. 그런데 다윗이 라마 나욧에 있다는 소식을 들은 사울은 다윗을 체포하려고 사람을 거듭 보냈지만 결국 스스로 추격하기에 이르렀습니다. "어떤 사람이 사울에게 전하여 이르되 다윗이 라마 나욧에 있더이다 하매"(19:19) 다윗의 거처가 이처럼 빨리 사울 왕에게 알려진 것으로 보아 이미 군인들에게 다윗의 도피처를 탐색하라는 명령과 함께 많은 현상금도 걸었을 것으로 보입니다. 다윗의 도피처는 사울에게 즉각 알려졌고 이어서 추격명령이 내려졌습니다. "사울이 다윗을 잡으러 전령들을 보냈더니 그들이 선지자 무리가 예언하는 것과 사무엘이 그들의 수령으로 선 것을 볼 때에 하나님의 영이 사울의 전령들에게 임하매 그들도 예언을 한지라"(19:20) 그리고 라마 나욧에서 예언을 하는 놀라운 체험을 하게 됩니다.

1. 성령의 역사가 나타난 곳 라마 나욧

　라마 나욧은 선지학교입니다. 오늘날의 신학교입니다. 사울이 보낸 자들이 이곳에서 선지자 무리를 만났습니다. 이들은 선지자 사무엘이 세운 신학교에서 수련 받는 젊은 생도들이었습니다. 그런데 이들이 예언하는 것을 사울의 전령들이 보게 되었습니다. 이 예언은 여호와의 영광을 찬양하는 노래를 말합니다(10:5). 하나님께서 그들의 입에 담아주신 신령한 계시를 가리킵니다. 선지자들은 이때 황홀경인 무아지경에 들어간 것이 아니라 분명한 자의식을 가지고 경건한 성령의 역사로 신령한 노래를 한 것입니다. 그리고 사무엘이 그들의 수령으로 선 것을 보았습니다(19:20). 이것은 사무엘이 선지자 무리의 지도자로 선 것을 말합니다. 이때 하나님의 신이 사울의 전령들에게 임하자 그들도 예언을 하기 시작했습니다. 다윗을 체포하러 간 사울의 전령들이 선지자 사무엘과 그의 생도 선지자들의 신령한 예언과 노래에 빨려들게 되고, 그들에게 주의 성령이 강권적으로 임하자 자제할 수 없어 그들도 함께 예언을 하게 되었습니다. 이 예언은 영감을 받아 노래하는 것을 말합니다. 다윗을 잡으러 간 사람들이 선지자들과 함께 노래하는 자리에 빠져 버린 것입니다. 이것은 성령의 역사입니다. 결국 하나님의 사람 다윗을 성령의 역사로 살려주신 것입니다. 성령께서 절체절명의 위기에서 다윗을 구해 주신 것입니다.
　우리도 하나님의 성령께서 함께 하시면 원수로부터 구원받을 수 있습니다. 주께서 함께 하시면 모든 어려움과 위험에서 능히 이길 수 있습니다. 그러므로 우리는 항상 성령님을 의지해야 합니다.

"어떤 사람이 그것을 사울에게 알리매 사울이 다른 전령들을 보냈더니 그들도 예언을 했으므로 사울이 세 번째 다시 전령들을 보냈더니 그들도 예언을 한지라"(19:21) 이제 사울이 직접 나섰습니다. "이에 사울도 라마로 가서 세구에 있는 큰 우물에 도착하여 물어 이르되 사무엘과 다윗이 어디 있느냐 어떤 사람이 이르되 라마 나욧에 있나이다 사울이 라마 나욧으로 가니라 하나님의 영이 그에게도 임하시니 그가 라마 나욧에 이르기까지 걸어가며 예언을 하였으며 그가 또 그의 옷을 벗고 사무엘 앞에서 예언을 하며 하루 밤낮을 벗은 몸으로 누웠더라 그러므로 속담에 이르기를 사울도 선지자 중에 있느냐 하니라"(19:22-24) 사울이 성령의 역사를 체험한 것은 앞서 보낸 자신의 전령들과는 차이가 있습니다. 사울은 선지자들을 만나기도 전에 세구의 큰 우물에서부터 라마 나욧에 이르기까지 계속 예언을 했습니다.

이것은 사울이 전령들보다 더 강권적인 성령의 역사를 체험했으며, 보다 긴 시간 황홀한 상태가 속되었다는 것을 알 수 있습니다. 이때 성령께서 다윗을 체포하려고 온 사울의 강퍅한 심령을 완전히 사로잡아 마음을 바꿔 놓으신 것입니다. 성령의 뜨거운 역사가 사울의 심령을 완전히 녹여버리신 것입니다.

그리고 사울이 밤낮을 벗은 몸으로 누웠다고 했습니다. 이것은 속옷까지 다 벗었다는 말이 아니라 왕의 품위를 손상시킬 정도로 벗었다는 뜻입니다. 여기서 사울이 옷을 벗은 것은 하나님 앞에서 성령의 역사에 사로잡혔다는 것을 알 수 있습니다. 황홀경에 취해 몸 안에서 발산되는 체열을 견디기 어려웠던 것입니다. "사무엘 앞에서 예언을 하며" 라고 했습니다. 사울은 지금 제 정신이 아닙니다. 그러나 사무엘과 교제를 한 것은 아닙니다. "하루 밤낮을 벗은 몸으로 누웠었더라" 라고 했습니다. 사울이 하루 밤낮을 벌거벗은 몸으로 있었던 것은 다윗이 도망갈 수 있도록 해 준 사건입니다. 사울이 부끄러울 정도의 옷을 벗었다는 것은 자신의 몸을 주체할 수 없을 정도로 기운이 없었다는 것을 의미합니다. 그래서 손짓 발짓하며 노래하다가 기운이 없어 잠이 든 것으로 짐작할 수 있습니다. 그래서 "사울도 선지자 중에 있느냐"는 말이 생겼습니다. 사울은 선지자가 아니며 선지자 훈련도 받지 않았습니다. 물론 그런 자질도 갖추지 못했습니다. 그런 그가 잠시 선지자의 흉내를 낸 것 뿐입니다. 이것은 그 사람이 본래의 모습과는 전혀 다른 행동을 할 때 사용되는 말입니다.

우리는 이 놀라운 역사가 나타났던 장소를 잘 살펴보아야 합니다. 그곳은 라마 나욧으로 바로 선지학교, 즉 신학교에서 있었습니다. 신학교의 목적은 하나님의 사역을 위한 일꾼들을 훈련시키는 곳입니다. 복음 전파자들을 양육하는 곳입니다. 신학교는 아주 중요한 곳입니다. 하나님의 나라와 하나님의 교회와 그의 백성들을 위하여 가르치고 지도하고 인도하는 주의 종들을 올바르게, 그리고 신학적·신앙적으로 양육하는 곳입니다.

우리나라는 미국의 선교사인 마포삼열 목사가 평양에 처음으로 세웠습니다. 그 후 일제 신사참배를 반대하다가 평양신학교는 일본에 의해 폐교되었습니다. 해방 후에 신사참배에 무릎 꿇은 신학교와 끝까지 신앙을 지켰던 신학교로 나누어지게 되었습니다. 해방 후 공산군들이 북한을 점령하자 이남에 평양신학교의 정신을 이어받아 세운 곳이 바로 고려신학교, 즉 고신대학교입니다. 학교의 설립이념은 분명했습니다. 개혁주의 신학의 정립, 순결한 생활, 하나님의 나라 건설입니다. 그 후 한국교회는 여러 교단으로 나누어졌습니다. 아무튼 신학교는 중요한 곳입니다. 그러므로 올바른 신학을 가르쳐야 합니다. 그리고 신학교에서 성령의 역사를 체험해야 합니다.

사무엘이 이끄는 라마 나욧에서 성령의 역사가 나타났습니다. 그곳은 성령이 충만한 곳이었습니다. 선지학교는 성령의 역사가 나타나야 합니다. 사울의 전령들은 살기등등하여 다윗을 사로잡아 죽이려고 한 사람들입니다. 그러한 그들이 성령의 역사로 감동을 받고 변화를 받아 예언을 하게 되었습니다. 선지학교는 성령의 역사로 뜨거웠던 곳입니다. 누구든지 이곳에 들어오면 변화를 받습니다. 선지자 생도들은 성령 충만한 성령의 사람들이 되어야 합니다. 왜냐하면 신학교에서 훈련받은 주의 종들이 교회를 책임지는 일꾼이 되기 때문입니다. 신학교에서 교육과 훈련을 잘 받아야 교회가 희망적이기 때문입니다. 그러므로 교회는 신학교를 위하여 많은 기도를 해야 합니다. 그리고 좋은 신학생들이 양성되도록 후원해야 합니다.

우리 모두 성령의 사람이 되어야 합니다. 매사에 성령의 지배를 받는 성령 충만한 삶을 살아야 합니다.

2. 우리는 성령의 역사가 있는 곳으로 가야 합니다

하나님의 백성은 성령의 역사가 있는 곳에 있어야 합니다. 다윗이 피난한 곳은 부모나 친구가 있는 곳이 아닙니다. 선지학교였습니다. 선지학교는 성령의 역사가 있습니다. 우리는 어려운 문제가 있을 때 성령의 역사가 있는 곳을 찾아야 하고, 성령의 사람이 있는 곳을 찾아야 합니다. 다윗은 라마 나욧을 찾았습니다. 선지자 사무엘을 찾았습니다. 우리도 은혜가 있는 곳을 찾아야 합니다. 하나님의 교회를 찾아야 합니다. 기도와 말씀이 있는 곳을 찾아야 합니다.

오늘날 많은 영혼들이 방황하고 있습니다. 어디를 가야 할지 모르는 영혼들이 많습니다. 지친 영혼들, 삭막한 심령들을 그대로 두면 안 됩니다. 우리는 그들을 성령의 역사가 있는 곳으로 인도해야 합니다. 하나님의 말씀 앞으로 인도해야 합니다.

우리에게 어려운 문제가 생기면 우리의 걸음이 어디로 갑니까? 그럴 때마다 주님을 찾고, 말씀을 찾고, 교회를 찾아야 합니다. 성령의 역사가 있는 곳으로 가야 합니다. 거기에서 주님의 인도하심을 받아야 합니다.

3. 기회를 잘 활용해야 합니다

사울은 다윗을 죽이려고 체포하러 왔다가 예언을 하게 되는 놀라운 체험을 했습니다. 그도 성령의 충만함을 받는 자리에 합류하게 되었습니다. 찬송이 있고 말씀이 있는 곳에 왔습니다. 자신에게는 기회였습니다. 그러면 계속 그 자리를 잘 유지했어야 합니다. 다시 말하면 성령을 소멸해서는 안 된다는 말입니다. 그런데 그는 실패하여 다시 옛

날로 돌아가고 말았습니다. 우리는 은혜 받은 것을 잘 간직해야 합니다. 믿음을 계속 지켜나가야 합니다.

가룟 유다를 봅시다. 그는 영광스럽게도 주님의 12사도 중의 한 사람으로 뽑혔습니다. 그리고 그가 회계를 맡았다는 것은 주님의 신임을 받았다는 증거입니다. 회계는 아무에게나 맡기지 않습니다. 신실하고 믿음이 좋은 사람에게 맡깁니다. 그러나 그는 하나님이 주신 놀라운 자리를 지키지 못했습니다. 탐욕에 눈이 어두워 은 30에 예수님을 배반하고 말았습니다. 성령의 자리를 계속 유지하지 못하고 실패한 그는 결국 자살하고 말았습니다. 베드로는 설교에서 그의 비참한 최후를 언급하고 있습니다. "모인 무리의 수가 약 백이십 명이나 되더라 그 때에 베드로가 그 형제들 가운데 일어서서 이르되 형제들아 성령이 다윗의 입을 통하여 예수 잡는 자들의 길잡이가 된 유다를 가리켜 미리 말씀하신 성경이 응하였으니 마땅하도다 이 사람은 본래 우리 수 가운데 참여하여 이 직무의 한 부분을 맡았던 자라(이 사람이 불의의 삯으로 밭을 사고 후에 몸이 곤두박질하여 배가 터져 창자가 다 흘러나온지라"(행 1:15-18) 그의 자리, 즉 사도의 자리에 맛디아가 대신 앉았습니다. "제비 뽑아 맛디아를 얻으니 그가 열한 사도의 수에 들어 가니라"(행 1:26)

아나니아와 삽비라 부부를 봅시다. 이들 역시 초대교회의 놀라우신 하나님의 역사에 동참했습니다. 성령의 역사에 감동을 받아 열심히 교회를 섬겼습니다. 그리고 은혜를 받아 헌금도 하려고 했습니다. 그 당시에는 많은 성도들이 전 재산을 하나님의 교회에 바치는 일이 있었습니다. 초대교회에는 많은 헌금이 필요했을 것입니다. 교역자 생활비, 교회 운영비, 장소 유지비, 전도비, 음식 제공비, 구제비 등 많은 재정이 필요했을 것입니다. 성도들이 계속 증가할수록 예산도 증가하기 마련입니다. 그리고 교회 안의 가난한 사람들을 먹이는 일도 필요했습니다. 성령께서 역사하시자 많은 성도들이 재산을 바쳤습니다. 아나니아와 삽비라 부부도 재산을 바치기로 작정했는데 그만 욕심이 생겼습니다. 그 욕심은 재산과 명예에 대한 욕심이었습니다. 재산을 다 바쳤다는 칭찬을 듣고 싶었지만 다 바치자니 아까운 생각이 들었던 것입니다. 그래서 재산의 얼마를 숨겨놓고 재산을 다 가지고 왔다고 베드로 사도에게 거짓말을 했습니다. 이것은 성령을 속이는 행위입니다. 베드로가 이들을 책망했습니다. "형제들아 너희 가운데서 성령과 지혜가 충만하여 칭찬 받는 사람 일곱을 택하라 우리가 이 일을 그들에게 맡기고 우리는 오로지 기도하는 일과 말씀 사역에 힘쓰리라 하니 온 무리가 이 말을 기뻐하여 믿음과 성령이 충만한 사람 스데반과 또 빌립과 브로고로와 니가노르와 디몬과 바메나와 유대교에 입교했던 안디옥 사람 니골라를 택하여"(행 6:3-5) 재산의 반을 바쳐도 귀합니다. 문제는 그들이 성령과 교회를 속였다는데 있습니다. 결과 아나니아와 삽비라는 그 자리에서 차례로 죽임을 당하고 말았습니다. 그들은 자신들에게 주신 성령의 은혜를 지키지 못했습니다. 축복된 자리를 지키지 못했던 것입니다.

 게하시는 위대한 선지자 엘리사의 종으로 그를 수종들면서 하나님의 놀라우신 역사들을 경험했습니다. 그러나 그는 그 자리를 지키지 못했습니다. 아람 장군 나아만의 사건에서 그는 물질에 눈이 어두워 욕심을 부렸습니다. 문둥병에 걸린 나아만 장군이 엘리사를 찾아와 고쳐달라고 하자 요단강에서 일곱 번 씻으라고 했습니다. 그러자 나아만은 엘리사의 말에 순종하여 깨끗이 나았습니다. 그런데 엘리사가 나아만의 선물을 거절하자 게하시가 뒤따라가서 거짓말을 했습니다. "나아만의 뒤를 쫓아가니 나아만이 자기 뒤에 달려옴을 보고 수레에서 내려 맞이하여 이르되 평안이냐 하니 그가 이르되 평안하나이다 우리 주인께서 나를 보내시며 말씀하시기를 지금 선지자의 제자 중에 두 청년이 에브라임 산지에서부터 내게로 왔으니 청하건대 당신은 그들에게 은 한 달란트와 옷 두 벌을 주라 하시더이다 나아만이 이르되 바라건대 두 달란트를 받으라 하고 그를 강권하여 은 두 달란트를 두 전대에 넣어 매고 옷 두 벌을 아울러 두 사환에게 지우매 그들이 게하시 앞에서 지고 가니라 언덕에 이르러서는 게하시가 그 물건을 두 사환의 손에서 받아 집에 감추고 그들을 보내 가게 한 후 들어가 그의 주인 앞에 서니 엘리사가 이르되 게하시야 네가 어디서 오느냐 하니 대답하되 당신의 종이 아무데도 가지 아니하였나이다 하니라 엘리사가 이르되 한 사람이 수레에서 내려 너를 맞이할 때에 내 마음이 함께 가지 아니하였느냐 지금이 어찌 은을 받으며 옷을 받으며 감람원이나 포도원이나 양이나 소나 남종이나 여종을 받을 때이냐 그러므로 나아만의 나병이 네게 들어 네 자손에게 미쳐 영원토록 이르리라 하니 게하시가 그 앞에서 물러나오매 나병이 발하여 눈 같이 되었더라"(왕하 5:21-27) 그는 하나님이 주신 은혜의 자리를 지키지 못했습니다.

삼손은 하나님께서 그를 나실인으로 삼고 큰 능력을 주셨습니다. 힘이 너무 세어서 그를 이길 사람이 없었습니다. 그는 이스라엘을 위하여 적군 블레셋을 물리쳤습니다. 하나님의 백성을 위하여 사사로 부름을 받은 그도 역시 자신의 자리를 지키지 못했습니다. 그는 술과 여자에게 마음을 빼앗기고 말았습니다. 들릴라라는 기생에게 빠져서 술을 마신 후 하나님과의 약속을 어기고 블레셋의 사주를 받은 여인에게 자신의 비밀을 가르쳐주고 말았습니다. 즉 그의 힘의 근원은 바로 머리카락이라고 실토하고 만 것입니다. 결국 그는 잡혀서 두 눈이 뽑힌 채 사람들을 위해 재주를 부리는 조롱거리로 전락하고 말았습니다. 그의 실패의 원인은 하나님께서 주신 은혜를 간직하지 못한 데 있습니다. 하나님이 주신 성령의 자리를 지키지 못한 것입니다.

우리도 하나님이 주신 은혜를 헛되이 해서는 안 됩니다. 우리에게 주신 성령을 소멸해서는 안 됩니다. 욕심과 정욕을 버려야 합니다. 세상의 물욕과 명예를 버려야 합니다. 그러기 위해 성령의 충만함을 받아야 합니다. 하나님께 사로잡혀 하나님의 지배를 받는 사람이 되어야 합니다. 성경은 말씀합니다. "술 취하지 말라 이는 방탕한 것이니 오직 성령으로 충만함을 받으라"(엡 5:18)

어떤 사람이 기차를 타고 산악지대를 여행하고 있었습니다. 차창 밖에는 태양이 환하게 비치고 있었습니다. 기차 안에도 햇빛이 들어와 아주 훤했습니다. 그런데 그때 승무원이 들어와 전기를 다 켜놓고 나갔습니다. "지금은 전깃불이 필요 없는데 왜 불을 켤까?" 하고 생각했습니다. 잠시 후에 기차가 캄캄한 터널 속으로 들어갔습니다. 그 사람은 그때 비로소 그 승무원이 불을 켠 이유를 알게 되었습니다. 만약 불을 켜놓지 않았다면 기차 안은 아무것도 보이지 않는 암흑천지가 되고 말았을 것입니다.

우리의 인생도 항상 밝은 빛만 있고 늘 기쁨과 감사가 넘치는 것은 아닙니다. 우리에게도 어두운 터널이 옵니다. 고통과 슬픔이 찾아옵니다. 이때 무엇이 우리 인생을 밝혀줄 수 있습니까? 성령으로 충만할 때 어둠을 밝히고 모든 어려움을 극복할 수 있습니다. 지금 교회당 안을 밝히는 것은 우리 눈에는 보이지 않지만 발전소에서 공급되는 전력이 있기 때문입니다. 우리도 눈에 보이지 않는 성령의 능력을 받아야 어두움을 밝힐 수 있습니다. 우리는 성령의 자리를 지켜야 하고 은혜의 자리를 지켜야 합니다. 그러기 위해서는 성령의 능력을 받아야 합니다. 우리도 기도와 말씀으로 성령의 불을 밝히고, 성령이 충만한 곳을 사모함으로써 자리를 지켜야 합니다. 아멘.

¹다윗이 라마 나욧에서 도망하여 요나단에게 이르되 내가 무엇을 하였으며 내 죄악이 무엇이며 네 아버지 앞에서 내 죄가 무엇이기에 그가 내 생명을 찾느냐 ²요나단이 그에게 이르되 결단코 아니라 네가 죽지 아니하리라 내 아버지께서 크고 작은 일을 내게 알리지 아니하고는 행하지 아니하나니 내 아버지께서 어찌하여 이 일은 내게 숨기리요 그렇지 아니하니라 ³다윗이 또 맹세하여 이르되 내가 네게 은혜 받은 줄을 네 아버지께서 밝히 알고 스스로 이르기를 요나단이 슬퍼할까 두려운즉 그에게 이것을 알리지 아니하리라 함이니라 그러나 진실로 여호와의 살아 계심과 네 생명을 두고 맹세하노니 나와 죽음의 사이는 한 걸음 뿐이니라 ⁴요나단이 다윗에게 이르되 네 마음의 소원이 무엇이든지 내가 너를 위하여 그것을 이루리라 ⁵다윗이 요나단에게 이르되 내일은 초하루인즉 내가 마땅히 왕을 모시고 앉아 식사를 하여야 할 것이나 나를 보내어 셋째 날 저녁까지 들에 숨게 하고 ⁶네 아버지께서 만일 나에 대하여 자세히 묻거든 그 때에 너는 말하기를 다윗이 자기 성읍 베들레헴으로 급히 가기를 내게 허락하라 간청하였사오니 이는 온 가족을 위하여 거기서 매년제를 드릴 때가 됨이니이다 하라 ⁷그의 말이 좋다 하면 네 종이 평안하려니와 그가 만일 노하면 나를 해하려고 결심한 줄을 알지니 ⁸그런즉 바라건대 네 종에게 인자하게 행하라 네가 네 종에게 여호와 앞에서 너와 맹약하게 하였음이니라 그러나 내게 죄악이 있으면 네가 친히 나를 죽이라 나를 네 아버지에게로 데려갈 이유가 무엇이냐 하니라 ⁹요나단이 이르되 이 일이 결코 네게 일어나지 아니하리라 내 아버지께서 너를 해치려 확실히 결심한 줄 알면 내가 네게 와서 그것을 네게 이르지 아니하겠느냐 하니 ¹⁰다윗이 요나단에게 이르되 네 아버지께서 혹 엄하게 네게 대답하면 누가 그것을 내게 알리겠느냐 하더라 ¹¹요나단이 다윗에게 이르되 오라 우리가 들로 가자 하고 두 사람이 들로 가니라

(사무엘상 20:1-11)

14

진정한 우정

프랜시스 베이컨(Francis Bacon)은 "이 세상에서 진정한 우정을 찾아보기가 어렵다"고 말했습니다. 베들레헴 들판 에셀바위 옆에서 맺

은 다윗과 요나단의 우정은 영원히 시들 줄 모르는 아름답고 향기로운 한 송이의 꽃과 같습니다. 이 두 사람의 우정은 아버지 사울이 원수처럼 대하는 다윗이 장차 왕이 될 것을 믿는 믿음의 사람 요나단과, 자기를 죽이려는 원수 사울 왕의 아들인 요나단을 신뢰하는 다윗이 하나님을 믿는 믿음 안에서 꽃피운 아름다운 우정입니다. 또한 이들의 우정은 핍박 가운데서도 하나님의 뜻을 이루기 위해 피어난 우정의 꽃이라 할 수 있습니다.

1. 우정의 기초

"다윗이 라마 나욧에서 도망하여 요나단에게 이르되 내가 무엇을 하였으며 내 죄악이 무엇이며 네 아버지 앞에서 내 죄가 무엇이기에 그가 내 생명을 찾느냐 요나단이 그에게 이르되 결단코 아니라 네가 죽지 아니하리라 내 아버지께서 크고 작은 일을 내게 알리지 아니하고는 행하지 아니하나니 내 아버지께서 어찌하여 이 일은 내게 숨기리요 그렇지 아니하니라"(20:1-2)

다윗은 사울 왕이 자기를 체포하려고 라마 나욧에 왔다가 하나님의 신에 사로 잡혀 벌거벗은 채로 예언을 하는 동안 그곳을 무사히 빠져나올 수 있었습니다. 다윗이 요나단을 찾은 것은 사울이 자기를 죽이려고 하는 것이 단순한 광기에 의한 것인지 아닌지 궁금하기도 하고, 또 요나단의 도움도 받고 싶었기 때문입니다. 여기에 두 사람의 우정의 기초가 있습니다.

1) 다윗은 요나단에게 자신의 모든 것을 토로했습니다

"다윗이 라마 나욧에서 도망하여 요나단에게 이르되 내가 무엇을 하였으며 내 죄악이 무엇이며 네 아버지 앞에서 내 죄가 무엇이기에 그가 내 생명을 찾느냐"(20:1)

이것은 다윗 자신의 결백과 무죄를 강력히 호소하는 말입니다. 왜 자신의 생명을 노리고 샅샅이 수색하며 다니느냐는 항변입니다. 다윗은 자신의 마음과 처지를 요나단에게 다 말했습니다. 이것은 요나단을 전적으로 신뢰했기 때문입니다. 요나단은 다윗의 원수인 사울의 아들입니다. 사울은 다윗이 왕이 될 것을 알고 자신을 죽이려고 하는데 다윗은 그의 아들 요나단을 찾아 갔습니다. 우리가 보기에 참으로 위험한 일이 아닐 수 없습니다. 그러나 다윗은 요나단을 전적으로 신뢰하고 부탁했습니다. 모든 사실을 그대로 다 털어 놓았습니다. 이것은 다윗이 요나단을 전적으로 신뢰하지 않으면 불가능한 일입니다. 우정에 있어서 절대적으로 필요한 것은 신뢰입니다. 신뢰가 없이는 진정한 우정이 맺어질 수 없습니다.

2) 요나단 역시 전적으로 다윗을 신뢰하며 그를 위해 최선을 다 했습니다

"요나단이 그에게 이르되 결단코 아니라 네가 죽지 아니하리라 내 아버지께서 크고 작은 일을 내게 알리지 아니하고는 행하지 아니하나니 내 아버지께서 어찌하여 이 일은 내게 숨기리요 그렇지 아니하니라"(20:2)

아직 요나단은 사울 왕의 광기와 다윗을 죽이려는 집요함을 제대로 몰랐습니다. 아마 일시적인 광기로만 알고 있는 듯합니다. 그래서 요나단은 아버지 사울로부터 다윗을 보호할 수 있다는 확신을 심어주려고 합니다. 요나단은 아버지 사울 왕과 밀접한 관계에 있어서 사울 왕의 중요한 정책 결정에 깊이 관여할 만큼 중요한 직무를 맡았습니다. 그래서 다윗을 죽이려고 하는 일이나 군사를 동원하여 체포하려는 모든 것을 자신이 알 수 있기 때문에 다윗을 보호해 주겠다는 말을 하는 것입니다.

상대방을 이용하여 덕을 보려고 하거나 계산적으로 친하게 지내려는 것은 진정한 우정이라 할 수 없습니다. 다윗과 요나단의 우정은 신뢰에서 출발했습니다. 서로 전적으로 믿어 주었습니다. 이 두 사람의 우정은 모든 것을 초월한 우정이며, 도무지 이루어질 수 없는 상황에서 맺어진 우정입니다. 요나단의 아버지는 다윗을 찾아 죽이려고 혈안이 되어 있고, 다윗은 요나단 자신이 계승해야 될 왕위를 위협하는 존재입니다. 그런데 지금 요나단은 아버지를 배반해야 될 위치에 놓였습니다. 그들의 우정에는 모든 장애물과 환경을 초월하여 오직 서로가 서로를 신뢰하는 진실과 사랑만이 있었습니다.

오늘날 세상의 우정은 어떠합니까? 필요에 의해서 만나는 것은 진정한 우정이 아닙니다. 사기나 도둑질, 또는 죄를 짓기 일을 위하여 만나는 것은 진정한 우정이 아닙니다. 다윗과 요나단의 우정은 순수했습니다. 그들의 우정은 진실과 사랑을 바탕을 한 우정이었습니다. 전적으로 신뢰하는 우정이었습니다.

다윗과 요나단의 우정은 우리에게도 영원한 참 친구가 있음을 상징적으로 보여줍니다. 바로 주 예수 그리스도이십니다. 주 예수님은 우리의 영원한 참 친구가 되십니다. 우리는 우리의 모든 것을 주님께 믿고 맡길 수 있습니다. 주님도 우리를 전적으로 믿어 주십니다. 우리 주님은 변함이 없으신 분입니다.

"나는 포도나무요 너희는 가지라 그가 내 안에 내가 그 안에 거하면 사람이 열매를 많이 맺나니 나를 떠나서는 너희가 아무것도 할 수 없음이라"(요 15:5) 포도나무와 가지는 결코 분리될 수 없습니다. 항상 연합되어 있어야 합니다. 가지가 나무에서 떨어지면 이미 죽은 것입니다. 그때는 열매를 맺을 수 없습니다. 우리가 포도나무 되시는 주님을 떠난다면 우리는 죽은 것이나 다름이 없습니다. 그러므로 우리는 결코 주님을 떠나면 안 됩니다. 주님 안에 있어야 합니다. 전적으로 주님을 믿고 의지해야 합니다. 그러면 주님은 우리를 떠나지 않으시고 열매를 맺게 하십니다.

주님은 우리를 위하여 십자가에서 죽어 주심으로 우리를 구원하셨습니다. 자기의 생명을 주심으로 우리를 살려주신 것입니다. 그러므로 우리는 전적으로 주님을 믿고 의지함으로 주님과의 참된 우정을 회복하고, 주 안에서 성령의 열매를 풍성히 맺는 삶을 살아야 합니다.

2. 다윗의 충성심

다윗은 생명의 위협을 받으며 쫓기는 가운데서도 여전히 사울 왕에게 충성했습니다. 충성하되 끝까지 충성했습니다. "다윗이 또 맹세하여 이르되 내가 네게 은혜 받은 줄을 네 아버지께서 밝히 알고 스스로 이르기를 요나단이 슬퍼할까 두려운즉 그에게 이것을 알리지 아니하리라 함이니라 그러나 진실로 여호와의 살아 계심과 네 생명을 두고 맹세하노니 나와 죽음의 사이는 한 걸음 뿐이니라"(20:3)

다윗은 지금 아주 긴박한 상황에 놓였습니다. 그래서 그는 "나와 죽음의 사이는 한 걸음 뿐"이라는 표현을 했습니다. "요나단이 다윗에게 이르되 네 마음의 소원이 무엇이든지 내가 너를 위하여 그것을 이루리라"(20:4) 요나단은 다윗의 요청을 수락하고 돕겠다는 약속을 했습니다. 가장 어려움에 처한 다윗을 돕겠다는 것입니다.

"다윗이 요나단에게 이르되 내일은 초하루인즉 내가 마땅히 왕을 모시고 앉아 식사를 하여야 할 것이나 나를 보내어 셋째 날 저녁까지 들에 숨게 하고"(20:5) 월삭은 매월 첫날을 가리킵니다. 이때는 상번제 외에 속죄제를 드리는데 지난 한달 간 지은 죄에 대해 하나님으로부터 용서를 받으며 새 마음을 다지는 종교적 행사입니다. 아울러 이때는 민간축제도 거행되었습니다. 이 월삭 때는 가족이나 친척 단위로 함께 모여 공동식사를 한 듯합니다. 다윗도 사울의 사위였으므로 이 식사에 참여할 자격이 있었습니다. "셋째 날 저녁까지 들에 숨게 하고"라 했습니다. 관례상 월삭은 이틀 동안 계속되었기 때문에 셋째 날이 되어야 다윗에게 소식을 알려줄 수 있었습니다. 그래서 궁전 근처의 들에 숨어 있게 하라고 한 것입니다.

"네 아버지께서 만일 나에 대하여 자세히 묻거든 그 때에 너는 말하기를 다윗이 자기 성읍 베들레헴으로 급히 가기를 내게 허락하라 간청하였사오니 이는 온 가족을 위하여 거기서 매년제를 드릴 때가 됨이니이다 하라"(20:6) 다윗이 요나단에게 이 말을 하는 것은 사울이 자기에 대하여 어떤 의도를 가지고 있는지 알기 위해서였습니다. 다윗은 요나단에게 아버지 이새의 가족들과 매년제(매년 한 차례 가족 단위로 드리는 제사)를 드리기 위해 갔다고 말하라고 했습니다. 모세 율법에는 매년 세 번씩 유월절, 맥추절, 수장절에 드려야 했습니다. 그런데 매년 한 차례 드린 것은 이스라엘 백성들이 이 세 가지 절기 중에서 편리한 대로 하나를 선택하여 드린 것으로 보입니다. 이것은 일종의 편의주의적인 편법으로 보아야 합니다. 아마 다윗의 가족이 베들레헴에서 이 매년제를 드린 것으로 짐작할 수 있습니다.

"그의 말이 좋다 하면 네 종이 평안하려니와 그가 만일 노하면 나를 해하려고 결심한 줄을 알지니"(20:7) 이 말은 사울이 다윗을 기뻐하면 반응이 좋게 나타날 것이고, 만일 싫어한다면 화를 낼 것이라는 뜻입니다. 이런 방법으로 다윗은 사울의 마음을 알고 싶어 했습니다.

"그런즉 바라건대 네 종에게 인자하게 행하라 네가 네 종에게 여호와 앞에서 너와 맹약하게 하였음이니라 그러나 내게 죄악이 있으면 네가 친히 나를 죽이라 나를 네 아버지에게로 데려갈 이유가 무엇이냐"(20:8) "네 종에게 인자하게 행하라"는 말은 만약 사울이 부정적인 반응을 보일 경우를 가상해서 요나단에게 도움을 청한 말입니다. 사실 사울이 다윗을 죽이려고 한다면 다윗은 도망갈 수밖에 없는 처지였습니다. 그래서 요나단에게 인자하게 행하라고 한 것입니다. '인자'는 언약적 관계에 따라 베풀어지는 특별한 사랑 및 은총을 가리킵니다. "네가 네 종에게 여호와 앞에서 너와 맹약하게 하였음이니라"는 말은 다윗이 요나단에게 담대하게 도움을 요청할 수 있었던 근거가 됩니다. 다윗은 요나단의 주관 하에 맺어진 신실한 언약을 말하고 있습니다. 이것은 단순한 우정이 아닌 언약적 관계임을 호소합니다. 그 이유는 그 당시 이스라엘 사람들은 여호와 앞에서 맺은 언약은 반드시 지켜야 하는 것으로 알았기 때문입니다. "그러나 내게 죄악이 있으면 네가 친히 나를 죽이라 나를 네 아버지에게로 데려갈 이유가 무엇이냐"란 이 말 역시 다윗 자신의 결백과 무죄를 강조한 말입니다. 따라서 다윗의 이 말은 요나단이 자신을 돕는 것은 결코 잘못된 것이 아니며 하등의 거리낌이 없는 옳은 행위임을 강력히 시사하는 말입니다.

다윗은 사울이 원수였지만 결코 미워하지 않고 관대하게 대했습니다. 그는 사울을 죽일 수 있는 상황에서도 항상 양보했습니다. 또한 자신에 대한 적의가 없다면 언제라도 충성할 것을 다짐했습니다. 이것은 굉장한 각오입니다. 다윗은 하나님께서 원수를 갚아주실 것을 알고 자신이 직접 원수 갚는 일을 거부했습니다. 이것이 그의 믿음입니다. 그는 오직 자신이 해야 할 일에만 충성하기를 원했을 뿐 결코 다른 사람을 해치려고 하지 않았습니다. "내 사랑하는 자들아 너희가 친히 원수를 갚지 말고 하나님의 진노하심에 맡기라 기록되었으되 원수 갚는 것이 내게 있으니 내가 갚으리라고 주께서 말씀하시니라 네 원수가 주리거든 먹이고 목마르거든 마시게 하라 그리함으로 네가 숯불을 그 머리에 쌓아 놓으리라"(롬 12:19-20) 이런 사람이 최후의 승리자가 됩니다.

우리도 하나님께 모든 것을 맡기고, 오직 주님만 바라보고 주님께 충성함으로써 최후의 승리자들이 다 되어야 합니다.

3. 요나단의 의리

"요나단이 이르되 이 일이 결코 네게 일어나지 아니하리라 내 아버지께서 너를 해치려 확실히 결심한 줄 알면 내가 네게 와서 그것을 네게 이르지 아니하겠느냐 하니 다윗이 요나단에게 이르되 네 아버지께서 혹 엄하게 네게 대답하면 누가 그것을 내게 알리겠느냐 하더라" (20:9-10)

이 말은 다윗은 죄가 없을 뿐더러 결코 그에게 불행한 일이 닥치지도 않을 것이라는 말입니다. 요나단은 자기 손으로 다윗을 죽이는 일도 없을 것이며, 사울에게로 데리고 가는 불행한 일 또한 결코 일어나지 않을 것이라는 말입니다.

1) 요나단은 어떤 희생을 치르더라도 다윗을 구할 각오를 했습니다

요나단은 다윗에게 마음의 소원이 무엇이든지 그를 위하여 그것을 다 이룰 것이라는 확신의 말과 함께 위로하고 있습니다. 참된 우정에는 어떠한 단서도 붙이지 않고 전적으로 믿어주는 사랑이 있습니다. 요나단은 다윗의 신앙인격이 전적으로 진실하다는 것을 알았기 때문입니다. 참된 우정은 상대방의 인격과 신앙을 믿을 수 있다면 있는 힘껏 전적으로 밀어주는 것입니다. 그러나 불성실하고 진실성이 결여되어 믿기 어려울 때에는 거절하는 것입니다. 요나단은 전적으로 다윗을 신뢰하고 그 약속을 지키기 위해 전력을 다했습니다.

우리 주 예수 그리스도는 우리가 늘 실수하면서 약속을 어기며 배반하는 등 흠이 많은 죄인이지만 긍휼과 사랑과 은혜를 베푸시는 사랑의 주님이십니다. 베드로는 주님을 세 번이나 모른다고 부인하고 도망간 실패자였습니다. 그러나 주님은 디베랴 새벽 바다에 있는 그를 찾아오시어 그에 대한 사랑을 다시 확인시켜 주시고 사도직을 회복시켜 주셨습니다. 주님은 이미 주님을 배반한 가룟 유다에게도 성찬을 주셨습니다. 간음하다 잡혀온 여자를 돌멩이 세례에서 구해주셨습니다. 상한 갈대와 같은 신체장애인, 정신장애인, 일곱 귀신 들린 막달라 마리아도 사랑해 주셨습니다. 천대받는 사마리아 수가성의 여인을 상담해 주시고 복음으로 변화시켜 주셨습니다. 이방 여인 수로보니게 여인의 귀신들린 딸을 고쳐 주시고, 노인과 아이들, 유대인과 이방인을 비롯한 모든 사람을 사랑하심으로 그들의 친구가 되어 주셨습니다. 주님은 늘 넘어지는 우리를 버리지 않으시고 다시 불러 사용해 주십니다.

오직 우리의 영원한 친구이신 주님만이 우리의 모든 것을 아시고 해결해 주십니다.

2) 요나단은 아버지보다 하나님을 더 두려워했습니다

요나단은 어떤 희생을 치르더라도 다윗을 구할 각오를 했습니다. 상대는 아버지 사울 왕입니다. 요나단은 아버지보다 하나님을 더 두려워했습니다. 요나단이 다윗 편에 선 이유는 다윗이 진실한 하나님의 사람이었기 때문입니다. 요나단은 하나님을 두려워했으며 거짓보다 진리를 더 두려워했습니다.

3) 이제 두 사람은 구체적인 실천 방안을 찾기 위해 들로 나갔습니다

"요나단이 다윗에게 이르되 오라 우리가 들로 가자 하고 두 사람이 들로 가니라"(20:11)

다윗과 요나단은 둘 만이 아는 신호를 만들기 위해 들판으로 나갔습니다. 이 들판은 사울의 궁전 근처에 있는 들판을 말합니다. 다윗과 요나단은 말뿐 아니라 실제 연락할 수 있는 방법을 찾기 위해 나갔습니다. 신실한 약속을 위한 계단을 밟고 있는 것입니다. 말로만 하는 약속은 누구나 할 수 있습니다. 그러나 행동이 뒤따르지 않으면 그 약속은 무의미합니다. 말과 행동이 일치하는 약속만이 참된 약속입니다.

4. 두 사람의 진실한 우정에도 한계가 있습니다

서로 사랑하고 신뢰했지만 연약한 인간이기 때문에 두 사람은 헤어질 수밖에 없었습니다. 다윗은 피난을 가야만 했습니다. 그런데 이 이별이 세상에서의 마지막 이별이 되고 말았습니다. 우리가 아무리 사랑하고 신뢰하는 사이라도 이 세상에서는 헤어져야 할 때가 온다는 것을 보여줍니다. 형편상 헤어져야 할 때가 오고 영원한 이별을 할 때도 옵니다. 이것은 인간이기 때문에 어쩔 수 없습니다.

그러나 우리에게는 결코 이별이 없는 영원한 친구가 있습니다. 바로 주 예수 그리스도이십니다. 주 예수님은 언제나 우리와 함께 하시며 우리와 교제하십니다. "볼지어다 내가 문 밖에 서서 두드리노니 누구

든지 내 음성을 듣고 문을 열면 내가 그에게로 들어가 그와 더불어 먹고 그는 나와 더불어 먹으리라"(계 3:20), "내가 너희에게 분부한 모든 것을 가르쳐 지키게 하라 볼지어다 내가 세상 끝 날까지 너희와 항상 함께 있으리라"(마 28:20)

그리스도 안에 있는 진실한 성도는 말씀 위에 맺어진 아름다운 교제를 천국까지 지속할 수 있습니다. 예수 그리스도 안에 한 형제 된 우리 성도들은 예수님을 중심으로 진리와 믿음과 소망, 그리고 사랑을 바탕으로 한 아름다운 우정을 유지해 나가야 합니다. 그리고 우리의 영원한 친구이신 주 예수님과 기도와 말씀으로 아름다운 교제를 해야 합니다. 그리고 이 교제는 날마다 천국 가는 그 날까지 갈수록 깊어져야 합니다. 아멘.

¹²요나단이 다윗에게 이르되 이스라엘의 하나님 여호와께서 증언하시거니와 내가 내일이나 모레 이맘때에 내 아버지를 살펴서 너 다윗에게 대한 의향이 선하면 내가 사람을 보내어 네게 알리지 않겠느냐 ¹³그러나 만일 내 아버지께서 너를 해치려 하는데도 내가 이 일을 네게 알려 주어 너를 보내어 평안히 가게하지 아니하면 여호와께서 나 요나단에게 벌을 내리시고 또 내리시기를 원하노라 여호와께서 내 아버지와 함께 하신 것 같이 너와 함께 하시기를 원하노니 ¹⁴너는 내가 사는 날 동안에 여호와의 인자하심을 내게 베풀어서 나를 죽지 않게 할 뿐 아니라 ¹⁵여호와께서 너 다윗의 대적들을 지면에서 다 끊어 버리신 때에도 너는 네 인자함을 내 집에서 영원히 끊어 버리지 말라 하고 ¹⁶이에 요나단이 다윗의 집과 언약하기를 여호와께서는 다윗의 대적들을 치실지어다 하니라 ¹⁷다윗에 대한 요나단의 사랑이 그를 다시 맹세하게 하였으니 이는 자기 생명을 사랑함 같이 그를 사랑함이었더라 ¹⁸요나단이 다윗에게 이르되 내일은 초하루인즉 네 자리가 비므로 네가 없음을 자세히 물으실 것이라 ¹⁹너는 사흘 동안 있다가 빨리 내려가서 그 일이 있던 날에 숨었던 곳에 이르러 에셀바위 곁에 있으라 ²⁰내가 과녁을 쏘려 함 같이 화살 셋을 그 바위 곁에 쏘고 ²¹아이를 보내어 가서 화살을 찾으라 하며 내가 짐짓 아이에게 이르기를 보라 화살이 네 이쪽에 있으니 가져오라 하거든 너는 돌아올지니 여호와께서 살아 계심을 두고 맹세하노니 네가 평안 무사할 것이요 ²²만일 아이에게 이르기를 보라 화살이 네 앞쪽에 있다 하거든 네 길을 가라 여호와께서 너를 보내셨음이니라 ²³너와 내가 말한 일에 대하여는 여호와께서 너와 나 사이에 영원토록 계시느니라 하니라 ²⁴다윗이 들에 숨으니라 초하루가 되매 왕이 앉아 음식을 먹을 때에 ²⁵왕은 평시와 같이 벽 곁 자기 자리에 앉아 있고 요나단은 서 있고 아브넬은 사울 곁에 앉아 있고 다윗의 자리는 비었더라 ²⁶그러나 그 날에는 사울이 아무 말도 하지 아니하였으니 이는 생각하기를 그에게 무슨 사고가 있어서 부정한가 보다 정녕히 부정한가 보다 하였음이더니 ²⁷이튿날 곧 그 달의 둘째 날에도 다윗의 자리가 여전히 비었으므로 사울이 그의 아들 요나단에게 묻되 이새의 아들이 어찌하여 어제와 오늘 식사에 나오지 아니하느냐 하니 ²⁸요나단이 사울에게 대답하되 다윗이 내게 베들레헴으로 가기를 간청하여 ²⁹이르되 원하건대 나에게 가게 하라 우리 가족이 그 성읍에서 제사할 일이 있으므로 나의 형이 내게 오기를 명령하였으니 내가 네게 사랑을 받거든 내가 가서 내 형들을 보게 하라 하였으므로 그가 왕의 식사 자리에 오지 아니 하였나이다 하니 ³⁰사울이 요나단에게 화를 내며 그에게 이르되 패역무도한 계집의 소생아 네가 이새의 아들을 택한 것이 네 수치와 네 어미의 벌거벗은 수치 됨을 내가 어찌 알지 못하랴 ³¹이새의 아들이 땅에 사는 동안은 너와 네 나라가 든든히 서지 못하리라 그런즉 이제 사람을 보내어 그를 내게로 끌어 오라 그는 죽어야 할 자이니라 한지라 ³²요나단이 그의 아

버지 사울에게 대답하여 이르되 그가 죽을 일이 무엇이니이까 무엇을 행하였 나이까 ³³사울이 요나단에게 단창을 던져 죽이려 한지라 요나단이 그의 아버 지가 다윗을 죽이기로 결심한 줄 알고 ³⁴심히 노하여 식탁에서 떠나고 그 달 의 둘째 날에는 먹지 아니하였으니 이는 그의 아버지가 다윗을 욕되게 하였 으므로 다윗을 위하여 슬퍼함이었더라 ³⁵아침에 요나단이 작은 아이를 데리고 다윗과 정한 시간에 들로 나가서 ³⁶아이에게 이르되 달려가서 내가 쏘는 화살 을 찾으라 하고 아이가 달려갈 때에 요나단이 화살을 그의 위로 지나치게 쏘 니라 ³⁷아이가 요나단이 쏜 화살 있는 곳에 이를 즈음에 요나단이 아이 뒤에 서 외쳐 이르되 화살이 네 앞쪽에 있지 아니하냐 하고 ³⁸요나단이 아이 뒤에 서 또 외치되 지체 말고 빨리 달음질하라 하매 요나단의 아이가 화살을 주워 가지고 주인에게로 돌아왔으나 ³⁹그 아이는 아무것도 알지 못하고 요나단과 다윗만 그 일을 알았더라 ⁴⁰요나단이 그의 무기를 아이에게 주며 이르되 이것 을 가지고 성읍으로 가라 하니 ⁴¹아이가 가매 다윗이 곧 바위 남쪽에서 일어 나서 땅에 엎드려 세 번 절한 후에 서로 입 맞추고 같이 울되 다윗이 더욱 심 하더니 ⁴²요나단이 다윗에게 이르되 평안히 가라 우리 두 사람이 여호와의 이 름으로 맹세하여 이르기를 여호와께서 영원히 나와 너 사이에 계시고 내 자 손과 네 자손 사이에 계시리라 하였느니라 하니 다윗은 일어나 떠나고 요나 단은 성읍으로 들어 가니라

(사무엘상 20:12-42)

요나단의 위로

다윗과 요나단의 우정은 핍박 가운데서도 하나님의 뜻을 이루기 위해 피어난 우정의 꽃이라 할 수 있습니다. 우정에 있어서 절대적으로 필요한 것은 신뢰입니다. 신뢰가 없이는 진정한 우정이 맺어질 수 없

습니다. 상대방을 이용하여 덕을 보려고 한다거나 계산적으로 친하게 지내려는 것은 진정한 우정이라 할 수 없습니다. 다윗과 요나단의 우정은 신뢰에서 출발했습니다. 다윗과 요나단의 우정은 순수했습니다. 진실과 사랑을 바탕으로 한 우정이었습니다. 서로 전적으로 신뢰하는 우정이었습니다.

다윗과 요나단의 우정은 우리에게도 영원한 참 친구가 있음을 상징적으로 보여줍니다. 바로 주 예수 그리스도이십니다. 주 예수님은 우리의 영원한 참 친구가 되십니다. 우리는 우리의 모든 것을 주님께 믿고 맡길 수 있습니다. 주님도 우리를 전적으로 믿어 주십니다. 우리 주님은 변함이 없으신 분입니다.

다윗은 사울이 원수였지만 결코 미워하지 않고 관대하게 대했습니다. 그는 사울을 죽일 수 있는 상황에서도 양보했습니다. 또는 자신에 대한 적의가 없다면 언제라도 충성할 것을 다짐했습니다. 이것은 굉장한 각오입니다. 다윗은 하나님께서 원수를 갚아주실 것을 알고 자신이 직접 원수 갚는 일을 거부했습니다. 이것이 그의 믿음입니다. 그는 오직 자신이 할 일에만 충성하기를 원했을 뿐 결코 다른 사람을 해치려고 하지 않았습니다. 이런 사람이 최후의 승리자가 됩니다.

1. 요나단은 다윗을 위로했습니다

1) 다윗에게 편히 가도록 해 주겠다고 했습니다

"요나단이 다윗에게 이르되 이스라엘의 하나님 여호와께서 증언하시거니와 내가 내일이나 모레 이맘때에 내 아버지를 살펴서 너 다윗에게 대한 의향이 선하면 내가 사람을 보내어 네게 알리지 않겠느냐"(20:12)

다윗이 월삭 잔치에 참석하지 않은 것을 사울이 물으면 그가 매년제를 지내려고 아버지 이새의 집으로 갔다고 전하여 그의 반응이 좋으면 전령을 보내어 주겠다는 말입니다.

"그러나 만일 내 아버지께서 너를 해치려 하는데도 내가 이 일을 네게 알려 주어 너를 보내어 평안히 가게 하지 아니하면 여호와께서 나 요나단에게 벌을 내리시고 또 내리시기를 원하노라 여호와께서 내 아버지와 함께 하신 것 같이 너와 함께 하시기를 원하노니"(20:13) 그러나 사울이 다윗을 해치려고 한다는 것을 알게 되어도 역시 다윗에게 알려서 편안히 가게 하겠다는 말입니다. 만약 이 약속을 어긴다면 하나님께서 요나단 자신에게 벌을 내리시기를 원한다고 했습니다. 이것은 요나단이 반드시 다윗을 보호하며 지켜 주겠다는 강한 맹세입니다.

"여호와께서 요나단에게 벌을 내리시고 또 내리시기를 원하노라"고 했습니다. 이 말은 고대 중동지방에서는 맹세할 때 동물을 죽여 피를 흘리며 했는데, 만약 언약을 어기면 이 동물과 같이 죽임을 당하게 된다는 상징적 행위를 배경으로 합니다. 그러므로 이 맹세는 생명을 담보로 한 맹세입니다. 어기면 죽을 각오가 담긴 아주 강한 맹세입니다. 이 약속은 반드시 다윗을 지켜주겠다는 요나단의 신앙이요 위로였습니다.

"여호와께서 내 아버지와 함께 하신 것 같이 너와 함께 하시기를 원하노니"라 했는데, 이것은 과거에는 자신의 아버지 사울도 하나님께서 함께 하셨지만 지금은 그렇지 않다는 것을 의미합니다. 지금은 비록 여호와께서 아버지와 함께 하시지 않으나 다윗과 함께 하실 것을 바란다는 말입니다. 또한 아버지의 손에서 벗어나게 해 주겠다며 다윗을 안심시키는 말이기도 합니다. 지금 다윗에게 제일 필요한 것은 불안한 마음을 안심시켜 주는 것입니다. 요나단은 다윗을 책임져 주겠다며 위로하고 있습니다. 지금 다윗에게는 어려움에서 지켜주겠다는 말보다 더 큰 위로가 없습니다.

2) 다윗에게 여호와께서 함께 하시기를 원한다고 했습니다

"여호와께서 … 너와 함께 하시기를 원하노니"(20:13)

이 말은 지금부터 영원히 하나님께서 다윗과 함께 하실 것을 바라는 동시에 확신하는 말이기도 합니다. 결국 다윗이 왕이 될 것이란 말입니다. 요나단은 이스라엘의 왕권이 아버지 사울에게서 다윗에게로 넘어갈 것을 확신했습니다. 지금 다윗에게는 여호와께서 함께 하실 것이라는 말보다 더 큰 위로의 말은 없습니다. 하나님께서 함께 하시는 것보다 더 든든한 것은 없습니다. 하나님께서 함께 해 주시면 아무런 걱정이 없습니다.

평생을 중국의 선교사로 보낸 영국의 허드슨 테일러는 수많은 어려움을 겪어야 했습니다. 때로는 먹을 것이 없어 굶주려야 했고, 도둑을 맞기도 하고, 앞이 캄캄한 일을 만나기도 했습니다. 그때마다 그를 견디게 하고 용기를 얻게 한 위로의 말이 있었습니다. 바로 마태복음 28장 20절 말씀입니다. "내가 너희에게 분부한 모든 것을 가르쳐 지키게 하라 볼지어다 내가 세상 끝 날까지 너희와 항상 함께 있으리라" 리빙

스톤이 아프리카의 그 험난한 선교사역에서 승리할 수 있었던 것 역시 "내가 너와 함께 하리라"는 임마누엘의 약속이었습니다.

하나님께서 함께 하시면 누가 우리를 대적할 수 있겠습니까? 성경은 말씀합니다. "자기 아들을 아끼지 아니하시고 우리 모든 사람을 위하여 내주신 이가 어찌 그 아들과 함께 모든 것을 우리에게 주시지 아니하겠느냐 누가 능히 하나님께서 택하신 자들을 고발하리요 의롭다 하신 이는 하나님이시니 누가 정죄하리요 죽으실 뿐 아니라 다시 살아나신 이는 그리스도 예수시니 그는 하나님 우편에 계신 자요 우리를 위하여 간구하시는 자시니라"(롬 8:31-34) 하나님이 우리와 함께 하신다는 이 사실이야말로 우리에게는 가장 큰 위로가 됩니다.

우리의 가장 큰 위로는 하나님께서 함께 하신다는 사실입니다. 하나님은 항상 우리의 위로가 되시며 우리와 함께 하신다는 것을 믿으시길 바랍니다.

3) 다윗의 대적을 여호와께서 치실 것이라고 했습니다

"너는 내가 사는 날 동안에 여호와의 인자하심을 내게 베풀어서 나를 죽지 않게 할 뿐 아니라 여호와께서 너 다윗의 대적들을 지면에서 다 끊어 버리신 때에도 너는 네 인자함을 내 집에서 영원히 끊어 버리지 말라"(20:14-15)

요나단은 다윗에게 더 큰 용기와 위로를 주고 있습니다. 지금 어려움을 당하고 있는 다윗에게 자신의 형편과 가족을 부탁하고 있습니다. "너는 반드시 위험에서 벗어나 왕위에 오를 것이다. 그때 나와 우리 가족들에게 은혜를 베풀어 달라"는 부탁입니다. 지금 요나단에게 도움을 구하는 다윗에게 오히려 부탁을 하고 있습니다.

① "여호와의 인자하심을 내게 베풀어서"

고대사회에서는 왕조가 바뀌면 축출된 왕조의 가족들은 몰살당하는 풍습이 있었습니다. 요나단은 장차 다윗이 왕위에 오르면 자기와 가족들이 죽게 될 것을 알고 미리 다윗에게 은혜를 베풀어 줄 것을 부탁하고 있습니다. 이 말은 다윗이 왕이 될 것을 확신하는 말입니다. 지금은 다윗이 쫓기는 방랑자이나 후에는 반드시 왕이 될 것이며, 승리할 것을 확신하며 그의 자손을 부탁하는 것입니다. "너는 승리자가 될 것이다. 너는 왕이 될 것이다"란 말보다 더 큰 위로의 말은 없을 것입니다.

② "여호와께서는 다윗의 대적들을 치실지어다"

다윗의 대적은 바로 요나단의 아버지 사울 왕입니다. 사울은 현재의 집권자요 왕입니다. 요나단은 사울 왕이 자신의 아버지이지만 다윗을 대적함으로 인하여 멸망할 것을 확신하고 있습니다. 우리는 여기서 요나단의 신앙을 볼 수 있습니다. 그는 하나님 중심, 진리 중심, 이스라엘 나라 중심, 교회 중심이었습니다. 요나단은 이스라엘이 하나님의 선민국가임을 알았기 때문에 하나님의 뜻에 합한 믿음의 사람이 왕이 되어야 한다고 믿었습니다. 비록 자기가 왕세자이지만 자신보다 나은 다윗이 왕이 되어야 한다고 믿었습니다. 요나단은 다윗이 왕이 되어야 하나님의 이름을 더 높일 수 있고, 더 많은 영광을 하나님께 돌릴 수 있고, 이스라엘이 더 부흥하고 발전할 것이란 확신이 있었습니다.

그의 판단은 신앙적이며 옳았습니다. 그는 정확하게 하나님의 뜻을 알고 순종했습니다. 사울 왕이 아버지라 할지라도 다윗을 죽이려는 것은 하나님을 거역하는 일임을 알았습니다. 그것은 하나님의 일을 방해하는 일이며, 하나님의 나라와 하나님의 교회를 대적하는 일이기 때문입니다. 다윗은 살아야 하고 사울은 망해야 했습니다. 아버지를 대적해서라도 다윗을 살리는 것이 하나님의 뜻을 이루는 길이라고 믿었습니다. 요나단은 세례 요한의 신앙자세를 보여줍니다. 많은 사람들이 요한에게서 예수님께로 몰려가자 그의 제자가 요한에게 가서 말했습니다. "그들이 요한에게 가서 이르되 랍비여 선생님과 함께 요단 강 저편에 있던 이 곧 선생님이 증언하시던 이가 세례를 베풀매 사람이 다 그에게로 가더이다"(요 3:26) 그러자 요한이 말했습니다. "만일 하늘에서 주신 바 아니면 사람이 아무것도 받을 수 없느니라 내가 말한 바 나는 그리스도가 아니요 그의 앞에 보내심을 받은 자라고 한 것을 증언할 자는 너희니라 신부를 취하는 자는 신랑이나 서서 신랑의 음성을 듣는 친구가 크게 기뻐하나니 나는 이러한 기쁨으로 충만하였노라 그는 흥하여야 하겠고 나는 쇠하여야 하리라"(요 3:27-30)

하나님은 하나님의 뜻을 거스리는 대적자들을 심판하시고 주의 백성들을 원수로부터 보호하십니다. 이것이 바로 하나님의 위로입니다.

2. 요나단은 약속을 이행했습니다

1) 다윗과의 약속을 신실하게 지켰습니다

요나단이 다윗과 한 약속을 신실하게 지킨 이유는 자기 생명을 사랑함 같이 그를 사랑했기 때문입니다. "다윗에 대한 요나단의 사랑이 그를 다시 맹세하게 하였으니 이는 자기 생명을 사랑함 같이 그를 사람함이었더라 요나단이 다윗에게 이르되 내일은 초하루인즉 네 자리가 비므로 네가 없음을 자세히 물으실 것이라 너는 사흘 동안 있다가 빨리 내려가서 그 일이 있던 날에 숨었던 곳에 이르러 에셀바위 곁에 있으라 내가 과녁을 쏘려 함 같이 화살 셋을 그 바위 곁에 쏘고 아이를 보내어 가서 화살을 찾으라 하며 내가 짐짓 아이에게 이르기를 보라 화살이 네 이쪽에 있으니 가져오라 하거든 너는 돌아올지니 여호와께서 살아 계심을 두고 맹세하노니 네가 평안 무사할 것이요 만일 아이에게 이르기를 보라 화살이 네 앞쪽에 있다 하거든 네 길을 가라 여호와께서 너를 보내셨음이니라 너와 내가 말한 일에 대하여는 여호와께서 너와 나 사이에 영원토록 계시느니라 하니라 다윗에 대한 요나단의 사랑이 그를 다시 맹세하게 하였으니 이는 자기 생명을 사랑함 같이 그를 사랑함이었더라"(20:17-23)

2) 구체적으로 약속을 실천했습니다

서로 신호를 약속한 것은 다윗에게 확신을 심어주기 위해서입니다. 다윗은 요나단과의 약속대로 들에 숨어서 기다렸습니다. 요나단은 신실하게 다윗과의 약속을 지켰습니다. "다윗이 들에 숨으니라 초하루가 되매 왕이 앉아 음식을 먹을 때에 왕은 평시와 같이 벽 곁 자기 자리에 앉아 있고 요나단은 서 있고 아브넬은 사울 곁에 앉아 있고 다윗의 자리는 비었더라 그러나 그 날에는 사울이 아무 말도 하지 아니하였으니 이는 생각하기를 그에게 무슨 사고가 있어서 부정한가 보다 정녕히 부정한가 보다 하였음이더니 이튿날 곧 그 달의 둘째 날에도 다윗의 자리가 여전히 비었으므로 사울이 그의 아들 요나단에게 묻되 이새의 아들이 어찌하여 어제와 오늘 식사에 나오지 아니하느냐 하니 요나단이 사울에게 대답하되 다윗이 내게 베들레헴으로 가기를 간청하여 이르되 원하건대 나에게 가게 하라 우리 가족이 그 성읍에서 제사할 일이 있으므로 나의 형이 내게 오기를 명령하였으니 내가 네게 사랑을 받거든 내가 가서 내 형들을 보게 하라 하였으므로 그가 왕의 식사 자리에 오지 아니하였나이다 하니 사울이 요나단에게 화를 내며 그에게 이르되 패역무도한 계집의 소생아 네가 이새의 아들을 택한 것이 네 수치와 네 어미의 벌거벗은 수치 됨을 내가 어찌 알지 못하랴 이새의 아들이 땅에 사는 동안은 너와 네 나라가 든든히 서지 못하리라 그런즉 이제 사람을 보내어 그를 내게로 끌어 오라 그는 죽어야 할 자이니라"(20:24-31)

3) 이때 요나단은 아버지에게 다윗을 옹호하며 변호했습니다

"요나단이 그의 아버지 사울에게 대답하여 이르되 그가 죽을 일이 무엇이니이까 무엇을 행하였나이까"(20:32)

그가 죽을 이유가 무엇이며 죽어야 할 만큼 어떤 잘못을 했느냐고 항변하는 것입니다. 이것은 다윗의 결백을 주장하는 말입니다.

4) 요나단의 말에 사울의 광기가 나타났습니다

"사울이 요나단에게 단창을 던져 죽이려 한지라 요나단이 그의 아버지가 다윗을 죽이기로 결심한 줄 알고"(20:33)

이것은 잘못된 분노, 악의에 찬 분노입니다. 결코 의로운 분노가 아닙니다. 예수님께서 성전을 청결케 하실 때 하신 분노가 의분입니다.

5) 요나단이 다윗과의 약속을 지키기 위한 자세가 확고함을 보여 줍니다

"심히 노하여 식탁에서 떠나고 그 달의 둘째 날에는 먹지 아니하였으니 이는 그의 아버지가 다윗을 욕되게 하였으므로 다윗을 위하여 슬퍼함이었더라"(20:34)

6) 요나단은 끝까지 다윗과의 약속을 지키려고 행동에 옮겼습니다

"아침에 요나단이 작은 아이를 데리고 다윗과 정한 시간에 들로 나가서 아이에게 이르되 달려가서 내가 쏘는 화살을 찾으라 하고 아이가 달려갈 때에 요나단이 화살을 그의 위로 지나치게 쏘니라 아이가 요나단이 쏜 화살 있는 곳에 이를 즈음에 요나단이 아이 뒤에서 외쳐 이르되 화살이 네 앞쪽에 있지 아니하냐 하고 요나단이 아이 뒤에서 또 외치되 지체 말고 빨리 달음질하라 하매 요나단의 아이가 화살을 주워 가지고 주인에게로 돌아왔으나 그 아이는 아무것도 알지 못하고 요나단과 다윗만 그 일을 알았더라 요나단이 그의 무기를 아이에게 주며 이르되 이것을 가지고 성읍으로 가라"(20:35-40)

우리는 약속에 신실한 요나단을 본받아야 합니다. 그리고 요나단은 약속에 신실하신 주 예수 그리스도의 모델이었습니다. 우리 주님은 약속에 신실하십니다. 언제나 변함이 없으십니다. 주님은 반드시 우리에게 약속하신 것을 이루십니다.

하나님은 이스라엘 백성을 애굽에서 구원하시겠다고 아브라함에게 하신 약속을 지키셨습니다. 모세와 아론을 통하여 이스라엘 백성을 광야로 인도하시고 결국 여호수아 때에 젖과 꿀이 흐르는 가나안을 정복케 하셨습니다. 사무엘을 통하여 다윗의 머리에 기름을 부어 다윗을 왕으로 세우셨습니다. 메시아를 보내시겠다고 하신 창세기 3장 15절의 약속의 말씀대로 유대 땅 베들레헴에서 그리스도가 탄생하셨습니다. 또한 무엇이든 믿고 기도하면 응답하시겠다고 약속하신 대로 주님은 우리의 모든 기도에 응답하십니다. 내가 너를 버리지도 않고 떠나지도 않으리라고 약속하신 주님은 결코 우리를 버리지도 않으시고 떠나지도 않으시고 세상 끝 날까지 우리와 항상 함께 하십니다.

3. 마지막 이별

1) 다윗이 세 번 절했습니다

"아이가 가매 다윗이 곧 바위 남쪽에서 일어나서 땅에 엎드려 세 번 절한 후에 서로 입 맞추고 같이 울되 다윗이 더욱 심하더니"(20:41)

존경과 감사의 표시였습니다. 생명을 구해 준 우정에 대한 예의였습니다. 약속에 신실한 친구에게 경의를 표한 것입니다. 우리는 이런 신앙의 친구가 있어야 합니다. 그리고 우리는 존경과 감사를 표할 수 있는 친구가 되어야 합니다. 친구에게도 예의를 갖추어야 합니다

2) 여호와의 이름으로 맹세했습니다

"요나단이 다윗에게 이르되 평안히 가라 우리 두 사람이 여호와의 이름으로 맹세하여 이르기를 여호와께서 영원히 나와 너 사이에 계시고 내 자손과 네 자손 사이에 계시리라 하였느니라 하니 다윗은 일어나 떠나고 요나단은 성읍으로 들어가니라"(20:42)

여호와는 이들의 증인이 되십니다. 그들은 자손에 이르기까지 약속했습니다. 대를 이은 약속이요 대를 이은 우정입니다.

다윗은 이 약속을 신실하게 지켰습니다. "다윗이 이르되 사울의 집에 아직도 남은 사람이 있느냐 내가 요나단으로 말미암아 그 사람에게 은총을 베풀리라 하니라 사울의 집에는 종 한 사람이 있으니 그의 이름은 시바라 그를 다윗의 앞으로 부르매 왕이 그에게 말하되 네가 시바냐 하니 이르되 당신의 종이니이다 하니라 왕이 이르되 사울의 집에 아직도 남은 사람이 없느냐 내가 그 사람에게 하나님의 은총을 베풀고자 하노라 하니 시바가 왕께 아뢰되 요나단의 아들 하나가 있는데 다리 저는 자니이다 하니라 왕이 그에게 말하되 그가 어디 있느냐 하니 시바가 왕께 아뢰되 로드발 암미엘의 아들 마길의 집에 있나이다 하니라 다윗 왕이 사람을 보내어 로드발 암미엘의 아들 마길의 집에서 그를 데려오니 사울의 손자 요나단의 아들 므비보셋이 다윗에게 나아와 그 앞에 엎드려 절하매 다윗이 이르되 므비보셋이여 하니 그가 이르기를 보소서 당신의 종이니이다 다윗이 그에게 이르되 무서워하지 말라 내가 반드시 네 아버지 요나단으로 말미암아 네게 은총을 베풀리라 내가 네 할아버지 사울의 모든 밭을 다 네게 도로 주겠고 또 너는 항상 내 상에서 떡을 먹을지니라 하니 그가 절하여 이르되 이 종이 무엇이기에 왕께서 죽은 개 같은 나를 돌아보시나이까 하니라 왕이 사울의 시종 시바를 불러 그에게 이르되 사울과 그의 온 집에 속한 것은 내가 다 네 주인의 아들에게 주었노니 너와 네 아들들과 네 종들은 그를 위하여 땅을 갈고 거두어 네 주인의 아들에게 양식을 대주어 먹게 하라 그러나 네 주인의 아들 므비보셋은 항상 내 상에서 떡을 먹으리라"(삼하 9:1-10)

요나단이 죽은 후 다윗이 왕이 되자 그는 요나단과의 약속을 지켰습니다. 다윗은 요나단의 아들 절뚝발이 므비보셋을 찾아 보호해 주었습니다. 그리고 조부 사울 왕의 밭을 다 돌려주었을 뿐 아니라 왕자와 같이 궁에서 먹게 해 주었습니다. 다윗은 자손에 이르기까지 요나단과의 약속을 지켰습니다. 다윗과 요나단의 우정은 자손에 이르기까지 이어졌습니다.

3) 다윗은 떠나고 요나단은 성으로 돌아왔습니다

이것이 다윗과 요나단의 마지막 이별이었습니다. 이 세상에서의 영원한 이별입니다. 하나님의 사람 다윗이 궁을 떠난 것은 사울뿐 아니라 국가적인 손해이기도 했습니다. 이스라엘의 구원자요 하나님의 종인 다윗이 떠난 것은 치명적인 일이었습니다. 결국 다윗이 떠난 후 이스라엘은 전쟁에서 패하고 사울과 요나단은 전사하고 말았습니다.

이 세상의 친구는 다 떠납니다. 언젠가는 헤어질 수밖에 없습니다. 우리의 사랑하는 자들도 우리와 이별을 합니다. 이것이 인생입니다. 그러나 우리에게는 영원히 함께 하는 친구가 있습니다. 바로 주 예수 그리스도이십니다. 주님은 항상 우리와 함께 하십니다. 세상 끝 날까지 항상 함께 하십니다. 그러므로 우리에게서 주 예수님이 떠나시면 안 됩니다.

찬송가 446장입니다.

1. 주 음성 외에는 참 기쁨 없도다 날 사랑하신 주 늘 계시옵소서
2. 나 주께 왔으니 복 주시옵소서 주 함께 계시면 큰 시험이기네
3. 주 떠나가시면 내 생명 헛되네 기쁘나 슬플 때 늘 계시옵소서
4. 그 귀한 언약을 이루어 주시고 주 명령 따를 때 늘 계시옵소서
후렴〉 기쁘고 기쁘도다 항상 기쁘도다 나 주께 왔사오니 복 주옵소서
―아멘

우리는 항상 주님과 함께 있어야 합니다. 우리의 위로자는 주 예수 그리스도이십니다. 하나님의 말씀은 우리에게 큰 위로가 됩니다. 주님은 늘 우리와 함께 하심으로 언제나 위기에서 구해 주십니다. 그러므로 우리는 오직 주님만 바라보고 주님의 말씀만 의지하고 살아야 합니다. 아멘.

¹다윗이 놉에 가서 제사장 아히멜렉에게 이르니 아히멜렉이 떨며 다윗을 영접하여 그에게 이르되 어찌하여 네가 홀로 있고 함께 하는 자가 아무도 없느냐 하니 ²다윗이 제사장 아히멜렉에게 이르되 왕이 내게 일을 명령하고 이르시기를 내가 너를 보내는 것과 네게 명령한 일은 아무것도 사람에게 알리지 말라 하시기로 내가 나의 소년들을 이러이러한 곳으로 오라고 말하였나이다 ³이제 당신의 수중에 무엇이 있나이까 떡 다섯 덩이나 무엇이나 있는 대로 내 손에 주소서 하니 ⁴제사장이 다윗에게 대답하여 이르되 보통 떡은 내 수중에 없으나 거룩한 떡은 있나니 그 소년들이 여자를 가까이만 하지 아니하였으면 주리라 하는지라 ⁵다윗이 제사장에게 대답하여 이르되 우리가 참으로 삼 일 동안이나 여자를 가까이 하지 아니 하였나이다 내가 떠난 길이 보통 여행이라도 소년들의 그릇이 성결하겠거든 하물며 오늘 그들의 그릇이 성결하지 아니 하겠나이까 하매 ⁶제사장이 그 거룩한 떡을 주었으니 거기는 진설병 곧 여호와 앞에서 물려 낸 떡 밖에 없었음이라 이 떡은 더운 떡을 드리는 날에 물려 낸 것이더라 ⁷그 날에 사울의 신하 한 사람이 여호와 앞에 머물러 있었는데 그는 도엑이라 이름하는 에돔 사람이요 사울의 목자장이었더라 ⁸다윗이 아히멜렉에게 이르되 여기 당신의 수중에 창이나 칼이 없나이까 왕의 일이 급하므로 내가 내 칼과 무기를 가지지 못하였나이다 하니 ⁹제사장이 이르되 네가 엘라 골짜기에서 죽인 블레셋 사람 골리앗의 칼이 보자기에 싸여 에봇 뒤에 있으니 네가 그것을 가지려거든 가지라 여기는 그것 밖에 다른 것이 없느니라 하는지라 다윗이 이르되 그같은 것이 또 없나니 내게 주소서 하더라 ¹⁰그 날에 다윗이 사울을 두려워하여 일어나 도망하여 가드 왕 아기스에게로 가니 ¹¹아기스의 신하들이 아기스에게 말하되 이는 그 땅의 왕 다윗이 아니니이까 무리가 춤추며 이 사람의 일을 노래하여 이르되 사울이 죽인 자는 천천이요 다윗은 만만이로다 하지 아니 하였나이까 한지라 ¹²다윗이 이 말을 그의 마음에 두고 가드 왕 아기스를 심히 두려워하여 ¹³그들 앞에서 그의 행동을 변하여 미친 체하고 대문짝에 그적거리며 침을 수염에 흘리매 ¹⁴아기스가 그의 신하에게 이르되 너희도 보거니와 이 사람이 미치광이로다 어찌하여 그를 내게로 데려왔느냐 ¹⁵내게 미치광이가 부족하여서 너희가 이 자를 데려다가 내 앞에서 미친 짓을 하게 하느냐 이 자가 어찌 내 집에 들어오겠느냐 하니라

(사무엘상 21:1-15)

16

다윗의 유랑생활 1

다윗에게는 자신의 생명과 같이 사랑하던 친구 요나단이 있었습니다. 요나단의 아버지 사울 왕의 미움으로 위험을 당할 때마다 그의 도움을 받았습니다. 그러던 그도 이제는 더 이상 도와줄 수가 없습니다. 그것은 사울 왕이 다윗을 죽이고자 하는 의지가 너무도 강하다는 것을 알았기 때문입니다. 그래서 다윗은 친구 요나단과 헤어져 유랑생활을 할 수밖에 없었습니다. 자기를 추격하는 사람들로 인하여 도피생활을 하는 것입니다.

그 당시 다윗의 나이를 약 25세로 본다면 그가 30세에 왕이 되었으니 그의 유랑생활은 약 5년간이었음을 알 수 있습니다. 다윗이 처음으로 간 곳은 놉 땅이었습니다.

'놉'은 '작은 산', '언덕', '산당'이란 뜻입니다. 위치는 예루살렘에서 동남쪽으로 약 4km 지점으로 추정됩니다. 이곳에는 여호와의 성막이 있었습니다. 실로에 있던 성막이 블레셋의 공격으로 파괴되자 제사장의 성읍인 놉으로 옮긴 것입니다.

1. 다윗이 놉으로 간 이유

1) 제사장이 가지고 있는 우림과 둠밈으로 자신의 도피생활에 대한 하나님의 뜻을 묻고자 함이었습니다

"아히멜렉이 그를 위하여 여호와께 묻고 그에게 음식도 주고 블레셋 사람 골리앗의 칼도 주더이다"(22:10)

2) 도피생활에 당장 필요한 양식을 구하기 위해서였습니다

지금 그들은 너무 배가 고팠습니다. "이제 당신의 수중에 무엇이 있나이까 떡 다섯 덩이나 무엇이나 있는 대로 내 손에 주소서"(21:3)

3) 다윗은 당장 무기가 필요했기 때문입니다

"다윗이 아히멜렉에게 이르되 여기 당신의 수중에 창이나 칼이 없나이까 왕의 일이 급하므로 내가 내 칼과 무기를 가지지 못하였나이다 하니 제사장이 이르되 네가 엘라 골짜기에서 죽인 블레셋 사람 골리앗의 칼이 보자기에 싸여 에봇 뒤에 있으니 네가 그것을 가지려거든 가지라 여기는 그것 밖에 다른 것이 없느니라 하는지라 다윗이 이르되 그같은 것이 또 없나니 내게 주소서 하더라"(21:8-9)

그곳에는 제사장 아히멜렉이 있었습니다. '아히멜렉'의 뜻은 '왕의 형제'입니다. 아히멜렉은 엘리 제사장의 혈통으로 놉의 제사장이었고 아히둡의 아들이었습니다. 다윗이 에셀바위 곁에서 요나단과 헤어진 뒤 놉으로 피신하여 아히멜렉 제사장을 찾아 갔습니다. 다윗은 정신적으로 몹시 피로했을 뿐 아니라 음식을 먹지 못해 매우 지쳐 있었기

때문에 먼저 아히멜렉에게 떡을 요구했습니다. 아히멜렉은 그의 겉모습으로 보아 사울에게 쫓기고 있음을 알 수 있었습니다. 그러므로 두려운 마음으로 다윗을 맞았고 다윗의 요구를 거절할 수도 없었습니다. 아히멜렉에게 식용으로 사용하는 떡은 없었으나 성소에 더운 떡을 드리는 날에 거둬 내린 거룩한 진설병이 있었습니다. 이때에 다윗은 사흘 동안이나 부녀를 가까이 하지 않았다고 강조한 후 진설병을 먹었습니다.

또한 다윗은 다급한 왕의 명령으로 창과 병기를 가지고 나올 겨를이 없었다며 거짓말을 하고 창이나 칼을 요구했습니다. 그래서 아히멜렉은 보자기에 싸서 에봇 뒤에 숨겨두었던 전승 기념물인 골리앗의 칼을 내주게 되었습니다. 그러나 놉의 성막에 머물던 사울의 목자장 도엑이 아히멜렉과 다윗 사이에 있었던 일을 사울에게 고함으로써 아히멜렉을 비롯한 제사장 85명이 살해되는 결과를 초래하게 되었습니다.

2. 다윗의 믿음이 연약했음을 볼 수 있습니다

다윗은 제사장 앞에서 거짓말을 하고 있습니다. "다윗이 놉에 가서 제사장 아히멜렉에게 이르니 아히멜렉이 떨며 다윗을 영접하여 그에게 이르되 어찌하여 네가 홀로 있고 함께 하는 자가 아무도 없느냐 하니 다윗이 제사장 아히멜렉에게 이르되 왕이 내게 일을 명령하고 이르시기를 내가 너를 보내는 것과 네게 명령한 일은 아무것도 사람에게 알리지 말라 하시기로 내가 나의 소년들을 이러이러한 곳으로 오

라고 말하였나이다"(21:1-2)

그는 지금 사울의 추격을 받으며 도피생활을 하고 있습니다. 아히멜렉 제사장은 다윗이 갑자기 나타나자 두려워하였습니다. 그것은 사울 왕이 아주 포악한 것을 알기 때문에 혹시 다윗이 사울의 명령을 받아 자기들을 해치려고 온 것으로 착각할 수도 있었습니다. 그런데 이상한 것은 호위병을 대동하지 않고 다윗 혼자 왔다는 것입니다. 다윗이 호위병들을 숨기고 혼자 나타난 것은 자신의 처지를 은폐시키기 위해서였습니다.

그리고 다윗은 거짓말을 했습니다. "다윗이 제사장 아히멜렉에게 이르되 왕이 내게 일을 명령하고 이르시기를 내가 너를 보내는 것과 네게 명령한 일은 아무것도 사람에게 알리지 말라 하시기로 내가 나의 소년들을 이러이러한 곳으로 오라고 말하였나이다"(21:2)

자신이 마치 사울의 특명을 받은 자처럼 행동했습니다. 이것은 아히멜렉을 위협하는 말이나 다름이 없습니다. 다윗은 이처럼 제사장을 속여 자신의 목적을 달성했습니다. 이 일로 인해 놉의 제사장이 집단 죽음을 당하는 비극을 초래하고 말았습니다. 다시 갚을 수 없는 큰 빚을 진 것입니다.

우리는 여기서 신앙인의 자세를 살펴보아야 합니다. 사실 다윗이라면 제사장에게 거짓말을 할 것이 아니라 사실대로 고한 후 도움을 구했어야 했습니다. 그런데 그는 거짓말을 했습니다.

그러면 다윗이 거짓말을 한 이유가 무엇입니까?

① 제사장이 자신의 말을 믿지 못할 것 같았기 때문입니다.

② 제사장이 자신의 처지를 동정해서 도와주면 나중에 화를 당할까

해서 거짓말을 했을 가능성도 있습니다.

그러나 제사장을 속이고 그를 보호해 주려고 했었지만 결국은 그 일로 인해 죽임을 당하고 말았습니다. 그러므로 어떠한 경우에도 거짓말을 하거나 그 거짓말을 정당화하면 안 됩니다. 성경은 말씀합니다. "네 이웃에 대하여 거짓 증거하지 말라"(출 20:16) 거짓말의 결과는 좋지 않습니다. 다윗이 거짓말을 한 결과가 얼마 후에 나타났습니다. "왕이 도엑에게 이르되 너는 돌아가서 제사장들을 죽이라 하매 에돔 사람 도엑이 돌아가서 제사장들을 쳐서 그 날에 세마포 에봇 입은 자 팔십오 명을 죽였고 제사장들의 성읍 놉의 남녀와 아이들과 젖 먹는 자들과 소와 나귀와 양을 칼로 쳤더라"(22:18-19) 거짓말의 결과가 이처럼 엄청납니다. 누가 예수님을 십자가에 달았습니까? 바로 제사장, 서기관, 바리새인, 그리고 백성들의 거짓말입니다.

다윗이 거짓말을 하게 된 것은 하나님을 의지하는 믿음이 약했기 때문입니다. 믿음이 약해지면 거짓말을 하게 됩니다. 그는 지금 불안에 휩싸여 평화를 잃었습니다. 그가 하나님의 능력을 믿을 때에는 담대했었습니다. 거장 골리앗도 거뜬히 물리쳤습니다. 싸움마다 백전백승한 그였지만 그는 지금 비겁하게 거짓말을 하고 있습니다. 그 이유는 하나님을 의지하는 믿음이 약해졌기 때문입니다.

베드로가 예수님을 세 번이나 부인한 것 역시 그의 믿음이 약해져 두려움이 엄습했기 때문입니다. 그러나 성령의 충만을 받은 후에는 담대하게 '주는 그리스도' 이심을 증거했습니다. 우리도 믿음이 약해지면 변명하며 거짓말을 하게 됩니다.

그런데 현대인들은 거짓말을 습관적으로, 그리고 아주 편리한 생활의 도구로 이용하고 있습니다. 한 번이라도 거짓말을 잘 하면 인생을 편하게 살 수 있다는 그릇된 생각과 판단 때문에 상습적으로 거짓말을 하게 되는 것입니다. 어떤 이는 사업상 거짓말을 할 수밖에 없다고 합니다. 정치가들은 거짓말을 사교상으로 하고, 국민의 여론 호도라는 미명 하에 사회 공기로 자처하는 신문이나 방송도 종종 거짓말을 합니다. 교육자는 물론 심지어 성직자까지 거짓말을 하는 무서운 사회가 되어 버렸습니다. 이와 같이 거짓말을 하게 된 원인을 분석해 보면 ―다양한 이유들이 있겠지만― 본질적으로 하나님을 떠난 죄 때문입니다. 그러므로 하나님은 거짓말 하는 자를 싫어하십니다. 그 이웃을 허는 자를 하나님은 멸하겠다고 하셨습니다. 거짓말, 위증, 중상, 과장된 말, 아첨의 말, 허위 유포, 험담, 말의 뜻을 악용하는 것 등은 거듭난 자의 입에서 사라져야 합니다.

  우리는 정직한 삶을 살아야 합니다. 구청에서 건물 사용 허가를 받으려고 담당 직원이 구청을 찾아갔는데 시청으로 보냈습니다. 시청에서는 다시 구청으로 가라고 했습니다. 이런 일이 반복되어 이유를 물었더니 담당 여직원이 '인사'를 해야 한다고 했습니다. 그 직원은 다른 방법이 없어서 거의 매일 구청으로 출근하여 물질 대신 마음과 몸으로 예의바르게 인사한 후 계속 앉아 있었습니다. 이런 일이 두 달 가까이 계속되자 결국 입장이 난처해진 구청 측에서 허가를 해주었습니다. 사회 전반적으로 뇌물이 없이 일을 한다는 것이 쉽지는 않지만 아마 가장 어렵다고 여겨지는 곳이 관공서일 것입니다. 그러나 관공서와도 정직하게 일할 수 있습니다. 하나님은 일할 방법도 주시지 않고 하라시는 분이 아니기 때문입니다.

관청과 정직하게 일하는 방법을 소개합니다.

① 공무원의 입장에서 생각할 필요가 있습니다. 공무원들은 민원인들이 "미리 겁을 먹고 간다"고 말합니다. 문제의 공무원들도 있지만 상당수의 공무원은 나름대로 자부심을 가지고 주어진 일에 최선을 다합니다. 결정권을 가진 공무원들 모두가 무언가를 바라고 있다고 생각하는 것은 지나친 편견입니다.

② 공무원들 중에도 올바르게 사는 분들이 많습니다. 많은 분들이 뇌물을 받거나 부정에 가담하는 것에 부담을 느끼며 이런 일들이 사라지기를 바랍니다. 이런 분들에게 먼저 예의 바른 태도와 자신의 입장에 대해 용기 있는 태도를 보이면 잘 협조하게 됩니다.

③ 존경심과 감사 정신이 필요합니다. 나의 태도에 따라 상대방의 태도가 결정되는 일이 많습니다. 그리고 나의 태도는 내 마음의 생각에 따라 결정됩니다. 존경심과 감사하는 마음은 공무원에 대해 바람직한 태도를 갖게 하는데 반드시 필요합니다. 그리스도인은 국가 공무원들이 하나님께로부터 권력을 위임받았다는 것을 믿는 사람들이므로 그들을 위해 기도해야 할 책임이 있습니다(롬 13:1-5, 딤전 2:2-4).

④ 뇌물 대신에 보이지 않는 귀중한 것을 전달할 필요가 있습니다. 업무상 관련이 있는 공무원에게 성탄카드나 생일카드, 또는 편지를 보낼 필요가 있습니다. 그리고 내용을 쓸 때는 잘 아는 사람에게 쓰는 것처럼 감정이 담긴 내용을 써야 합니다. 학교 선생님에게도 봉투나 선물을 보내기보다 따뜻한 마음이 담긴 편지를 보내는 것이 크리스천다운 선물이 될 것입니다. 자녀의 학년이 끝난 다음해 스승의 날에 보내는 감사의 편지는 그 선생님의 마음에 오래도록 깊이 남을 것입니

다. 자주 만날 수 있다면 자주 인사하는 것도 좋은 방법입니다. 가까워질 필요가 있습니다. 가까워진 후에 그에게 도움이 될 만한 책을 선물하는 것은 뇌물이 아닌 선물이 될 것입니다. 이런 가운데 복음을 전할 기회를 얻을 수도 있습니다. 용기 있게 정직한 길을 가려면 내가 먼저 정직해지려고 노력해야 합니다. 그런 다음에 이런 환경을 주시고 모든 것을 다 아시는 하나님을 신뢰하고 나가면 뇌물을 사용하지 않고도 바람직한 길을 갈 수 있습니다.

다윗은 어려움을 당했을 때 거짓말을 할 것이 아니라 먼저 하나님의 도우심을 구했어야 했습니다. 하나님과 의논하고 그 분께 간구하는 일이 우선되어야 했습니다. 결코 놉으로의 도피가 그의 안식처가 될 수 없습니다. 우리도 어려운 일을 당할 때에는 먼저 하나님의 도우심을 구해야 합니다. 우리의 안식처는 오직 하나님뿐입니다. "여호와는 나의 반석이시요 나의 요새시요 나를 건지시는 이시요 나의 하나님이시요 내가 그 안에 피할 나의 바위시요 나의 방패시요 나의 구원의 뿔이시요 나의 산성이시로다 내가 찬송 받으실 여호와께 아뢰리니 내 원수들에게서 구원을 얻으리로다"(시 18:2-3)

그런데 왜 하나님은 다윗을 도와주셨습니까? 다윗은 모든 행동이 선하지 않았습니다. 결점과 흠도 많았고 실수와 거짓말도 했습니다. 그런데도 하나님이 다윗을 도와주신 것은 그의 중심을 잘 아셨기 때문입니다. 그리고 그를 장차 귀하게 사용하시기 위해서였습니다. 다윗은 믿음이 좋았으며 누구보다도 하나님을 사랑했습니다. 비록 그가 실수하고 죄를 지었으나 하나님을 향한 중심은 그 누구보다도 좋았습니다. 지금 순간적으로 잘못을 범했지만 진실로 주님을 사랑한 믿음의 사람이었습니다. 골리앗을 물리칠 때도 하나님의 이름을 모독하는 그의 무례를 가만히 보고만 있을 수 없었습니다. 그래서 모든 이스라엘 사람들이 숨어서 벌벌 떨며 달아날 때에도 그는 당당하게 혼자 나가서 싸웠습니다. 그는 전적으로 오직 하나님의 능력을 믿고 나가 승리한 것입니다. 하나님의 언약궤를 예루살렘으로 옮길 때에는 너무 기쁜 나머지 왕의 체면도 잊은 채 힘을 다하여 춤을 추었습니다. 이것을 본 그의 아내 미갈이 흠을 보았습니다. 그러자 하나님은 그녀에게 평생 자녀를 낳지 못하는 벌을 주셨습니다. 이것은 하나님을 사랑하며 공경하는 다윗의 중심을 아신 주님이 다윗의 편을 들어주신 것입니다. 하나님은 다윗의 중심을 보시고 그를 용서하시고 사용하신 것입니다.

우리에게도 많은 흠이 있습니다. 어려운 일을 당하면 먼저 하나님을 찾지 못하며 곧잘 거짓말도 잘 합니다. 그리고 자신의 거짓말을 정당화시키며 합리화하려고 합니다. 그러나 우리의 연약함을 잘 아시는 주님은 여전히 우리를 사랑하시고 사용해 주셨습니다. 그것은 우리가 주님을 사랑하고, 주님을 위해 살려고 하는 그 중심을 잘 아시기 때문에 끝까지 버리지 않고 사용해 주시는 것입니다. 그러므로 우리는 잘못을 범했을 때 즉시 회개해야 합니다. 회개함으로 하나님과 우리와의 관계를 회복해야 합니다.

회개란 생각이 바뀌는 것입니다. 예수님을 믿지만 옛 생각 그대로 교회를 들락거린다면 구원은 받아도 하나님의 깊은 역사는 체험할 수 없습니다. 나아가 감정도 바뀌어야 합니다. 주 안에서 항상 기뻐하며, 고난 중에도 희망을 버리지 않고, 항상 긍정적이며 적극적으로 되는 것이 감정의 회개입니다. 우리의 신앙은 종착역에 도착할 때까지 회개의 연속이어야 합니다. 예수님을 믿고 예수님을 삶의 원리로 삼아 회개하는 것은 일차적인 영원한 회개입니다. 그 다음에는 하나님 앞에서 인격과 말씀을 좇아 사는 윤리적·도덕적 성장을 향한 회개가 평생 계속되어야 합니다. 그래서 늘 죄를 회개함으로 깨끗함을 받아 점점 그리스도의 형상으로 닮아가야 합니다. 또한 설교를 듣고, 성경을 읽고, 신앙서적을 읽음으로써 마음과 생각과 감정이 달라지도록 신앙 성장의 회개를 계속해야 합니다. 하나님은 회개하는 자를 용서하십니다. 그리고 그 중심이 하나님을 온전히 향하는 자를 사랑하십니다.

우리는 결코 하나님 앞에서 거짓으로 행하지 맙시다. 우리는 전능하신 하나님의 능력을 믿음으로 강한 사람이 되어야 합니다. 강한 사람이 되려면 항상 믿음의 자리에 있어야 합니다. 말씀과 믿음에서 떠나면 약해지고 거짓말을 하게 됩니다. 그러므로 우리는 언제나 주님 안에, 말씀 안에 있어야 합니다. 혹시 연약하여 넘어질 때에는 지체하지 말고 회개하여 주님의 용서를 받아야 합니다. 그래야 하나님과의 관계가 회복됩니다.

믿음의 사람 다윗은 그의 영혼이 항상 하나님 앞에서 정결케 되기를 원했습니다. 다윗의 회개의 시를 통해 우리의 심령도 늘 정결하고 깨끗함을 유지하도록 노력해야 하겠습니다. "하나님이여 주의 인자를 따라 내게 은혜를 베푸시며 주의 많은 긍휼을 따라 내 죄악을 지워 주소서 나의 죄악을 말갛게 씻으시며 나의 죄를 깨끗이 제하소서 무릇 나는 내 죄과를 아오니 내 죄가 항상 내 앞에 있나이다 내가 주께만 범죄 하여 주의 목전에 악을 행하였사오니 주께서 말씀하실 때에 의로

우시다 하고 주께서 심판하실 때에 순전하시다 하리이다 내가 죄악 중에서 출생하였음이여 어머니가 죄 중에서 나를 잉태하였나이다 보소서 주께서는 중심이 진실함을 원하시오니 내게 지혜를 은밀히 가르치시리이다 우슬초로 나를 정결하게 하소서 내가 정하리이다 나의 죄를 씻어 주소서 내가 눈보다 희리이다 내게 즐겁고 기쁜 소리를 들려 주시사 주께서 꺾으신 뼈들도 즐거워하게 하소서 주의 얼굴을 내 죄에서 돌이키시고 내 모든 죄악을 지워 주소서 하나님이여 내 속에 정한 마음을 창조하시고 내 안에 정직한 영을 새롭게 하소서"(시 51:1-10) 아멘.

¹다윗이 놉에 가서 제사장 아히멜렉에게 이르니 아히멜렉이 떨며 다윗을 영접하여 그에게 이르되 어찌하여 네가 홀로 있고 함께 하는 자가 아무도 없느냐 하니 ²다윗이 제사장 아히멜렉에게 이르되 왕이 내게 일을 명령하고 이르시기를 내가 너를 보내는 것과 네게 명령한 일은 아무것도 사람에게 알리지 말라 하시기로 내가 나의 소년들을 이러이러한 곳으로 오라고 말하였나이다 ³이제 당신의 수중에 무엇이 있나이까 떡 다섯 덩이나 무엇이나 있는 대로 내 손에 주소서 하니 ⁴제사장이 다윗에게 대답하여 이르되 보통 떡은 내 수중에 없으나 거룩한 떡은 있나니 그 소년들이 여자를 가까이만 하지 아니하였으면 주리라 하는지라 ⁵다윗이 제사장에게 대답하여 이르되 우리가 참으로 삼 일 동안이나 여자를 가까이 하지 아니하였나이다 내가 떠난 길이 보통 여행이라도 소년들의 그릇이 성결하겠거든 하물며 오늘 그들의 그릇이 성결하지 아니하겠나이까 하매 ⁶제사장이 그 거룩한 떡을 주었으니 거기는 진설병 곧 여호와 앞에서 물려 낸 떡 밖에 없었음이라 이 떡은 더운 떡을 드리는 날에 물려 낸 것이더라 ⁷그 날에 사울의 신하 한 사람이 여호와 앞에 머물러 있었는데 그는 도엑이라 이름하는 에돔 사람이요 사울의 목자장이었더라 ⁸다윗이 아히멜렉에게 이르되 여기 당신의 수중에 창이나 칼이 없나이까 왕의 일이 급하므로 내가 내 칼과 무기를 가지지 못하였나이다 하니 ⁹제사장이 이르되 네가 엘라 골짜기에서 죽인 블레셋 사람 골리앗의 칼이 보자기에 싸여 에봇 뒤에 있으니 네가 그것을 가지려거든 가지라 여기는 그것 밖에 다른 것이 없느니라 하는지라 다윗이 이르되 그 같은 것이 또 없나니 내게 주소서 하더라 ¹⁰그 날에 다윗이 사울을 두려워하여 일어나 도망하여 가드 왕 아기스에게로 가니 ¹¹아기스의 신하들이 아기스에게 말하되 이는 그 땅의 왕 다윗이 아니니이까 무리가 춤추며 이 사람의 일을 노래하여 이르되 사울이 죽인 자는 천천이요 다윗은 만만이로다 하지 아니하였나이까 한지라 ¹²다윗이 이 말을 그의 마음에 두고 가드 왕 아기스를 심히 두려워하여 ¹³그들 앞에서 그의 행동을 변하여 미친 체하고 대문짝에 그적거리며 침을 수염에 흘리매 ¹⁴아기스가 그의 신하에게 이르되 너희도 보거니와 이 사람이 미치광이로다 어찌하여 그를 내게로 데려왔느냐 ¹⁵내게 미치광이가 부족하여서 너희가 이 자를 데려다가 내 앞에서 미친 짓을 하게 하느냐 이 자가 어찌 내 집에 들어오겠느냐 하니라

(사무엘상 21:1-15)

17

다윗의 유랑생활 2

다윗은 사울 왕이 자신을 죽이고자 하는 의지가 매우 강하다는 것을 알게 된 때부터 그의 유랑생활이 시작되었습니다. 특히 자신을 생명처럼 사랑한 친구 요나단과 헤어져야만 했습니다. 그 당시 다윗의 나이를 약 25세로 본다면, 그가 30세에 왕이 되었으니 그의 유랑생활은 약 5년간이었음을 알 수 있습니다. 다윗이 처음으로 간 곳은 놉 땅이었습니다.

1. 놉 땅으로 피신

1) 다윗이 놉으로 간 이유

① 제사장이 가지고 있는 우림과 둠밈으로 자신의 도피생활에 대한 하나님의 뜻을 묻고자 함이었습니다.
② 도피생활에 당장 필요한 양식을 구하기 위해서였습니다.
③ 다윗은 당장 무기가 필요했기 때문입니다.

그곳에는 제사장 아히멜렉이 있었습니다. 아히멜렉은 엘리 제사장의 혈통으로 놉의 제사장이었고 아히둡의 아들이었습니다. 또한 다윗은 다급한 왕의 명령으로 창과 병기를 가지고 나올 겨를이 없었다며 거짓말을 하고 창이나 칼을 요구했습니다. 그래서 아히멜렉은 보자기에 싸서 에봇 뒤에 숨겨두었던 전승 기념물인 골리앗의 칼을 내주게 되었습니다. 그러나 놉의 성막에 머물던 사울의 목자장 도엑이 아히멜렉과 다윗 사이에 있었던 일을 사울에게 고함으로써 아히멜렉을 비롯한 제사장 85명이 살해되는 결과를 초래하게 되었습니다.

2) 다윗의 믿음이 연약했음을 알 수 있습니다

다윗은 제사장 앞에서 거짓말을 하고 있습니다. 자신이 마치 사울의 특명을 받은 자처럼 행동했습니다. 우리는 여기서 신앙인의 자세를 살펴보아야 합니다. 사실 다윗이라면 제사장에게 거짓말을 할 것이 아니라 사실대로 고한 후 도움을 구했어야 했습니다. 그런데 그는 거짓말을 했습니다.

그러면 다윗이 거짓말을 한 이유가 무엇입니까?

① 제사장이 자신의 말을 믿지 못할 것 같았기 때문입니다.

② 아니면 제사장이 자신의 처지를 동정해서 도와주면 나중에 화를 당할까 해서 거짓말을 했을 가능성도 있습니다. 그러나 제사장을 속이고 그를 보호해 주려고 했지만 결국은 그 일로 인해 죽임을 당하고 말았습니다. 그러므로 어떠한 경우에도 거짓말을 하거나 그 거짓말을 정당화하면 안 됩니다.

그런데 왜 하나님은 다윗을 도와 주셨습니까? 다윗은 모든 행동이 선하지 않았습니다. 결점과 흠도 많았고 실수와 거짓말도 했습니다. 그런데도 하나님이 다윗을 도와주신 것은 그의 중심을 잘 아셨기 때문입니다. 그리고 그를 장차 귀하게 사용하시기 위해서였습니다. 다윗은 믿음이 좋았으며 누구보다도 하나님을 사랑했습니다. 비록 그가 실수하고 죄를 지었으나 하나님을 향한 중심은 그 누구보다도 좋았습니다. 지금 순간적으로 잘못을 범했지만 참으로 주님을 사랑한 믿음의 사람이었습니다. 골리앗을 물리칠 때도 하나님의 이름을 모독하는 그의 무례를 가만히 보고만 있을 수 없었습니다. 하나님의 언약궤를 예루살렘으로 옮길 때에는 너무 기쁜 나머지 왕의 체면도 잊은 채 힘을 다하여 춤을 추었습니다. 하나님은 다윗의 중심을 보시고 그를 용서하시고 사용하신 것입니다.

2. 골리앗의 칼을 찾음

다윗은 놉에서 골리앗의 칼을 찾았습니다. 군인에게 있어 칼은 매우 중요한 것입니다. 칼은 제2의 생명입니다. 다윗은 칼이 필요했습니다. 이 시대에는 군인은 어디를 가나 총을 가지고 가야 합니다.

칼은 십자가의 군병인 우리 성도들에게도 필요합니다. 칼은 하나님의 말씀입니다. "모든 것 위에 믿음의 방패를 가지고 이로써 능히 악한 자의 모든 불화살을 소멸하고 구원의 투구와 성령의 검 곧 하나님의 말씀을 가지라"(엡 6:16-17)

골리앗의 칼은 어떤 의미가 있습니까?

1) 승리의 상징입니다

이 칼은 다윗이 골리앗과의 전쟁에서 승리하고 빼앗은 칼입니다. 그 칼은 다윗의 승리의 상징입니다. 다윗이 이스라엘을 침공한 골리앗을 죽이고 빼앗은 칼이므로 바로 승리의 칼입니다. 그가 승리한 것은 하나님께서 함께 하셨기 때문입니다. 그런 이유에서 다윗이 다시 그 골리앗의 칼을 되돌려 받았을 때 그는 이미 하나님께서 자기와 함께 하실 것을 확신하고 힘을 얻었습니다.

2) 하나님께 바쳐진 칼입니다

다윗은 골리앗과의 싸움에서 승리한 후 그 칼을 하나님께 바쳤습니다. 그는 자랑하지 않고 모든 공로를 하나님께 돌렸습니다. 그리고 여호와 하나님을 찬양했습니다.

3) 다윗의 성장을 나타냅니다

다윗이 골리앗을 죽일 당시에는 아직 소년이었습니다. 그래서 그는 전장에 나갈 때 사울 왕의 갑옷도 입지 못하고 다른 무기도 가지지 못했습니다. 그러나 하나님의 도우심으로 승리를 거두었습니다. 그리고 승리한 후에도 골리앗의 큰 칼을 사용할 수가 없었습니다. 그런데 세월이 흘러 당당한 장수가 된 지금은 골리앗의 칼을 자유자제로 사용할 수 있게 되었습니다.

4) 감사함으로 바친 칼을 다시 돌려 받았습니다

이전에 하나님께 감사함으로 바친 그 칼을 이제 하나님께서 다시 다윗에게 돌려주신 것입니다. 주님은 감사하는 자에게 반드시 보상해 주십니다. 다윗이 하나님께 드린 것을 다시 돌려 주셨습니다. 다윗이 가장 필요로 할 때, 가장 어려울 때 다시 돌려 주셨습니다. 하나님께 바치면 반드시 보상해 주십니다.

벳세다 들판에서 한 아이가 오병이어를 바쳤을 때 주님이 축사하신 후 5천 명이 배부르게 먹고도 남은 것이 열 두 바구니에 가득했습니다. 주님은 바치는 자에게 기적으로 축복하셨습니다.

우리는 항상 주님께 감사하는 삶을 살아야 합니다. 그런데 다윗은 사정이 급하게 되자 이스라엘을 떠나 가드로 도피하고 말았습니다. 그러나 이것은 잘못된 피난이었습니다.

3. 잘못된 피난 – 가드로 도피한 다윗

다윗이 가드 왕 아기스에게로 도피한 것은 잘못된 길이었습니다. "그 날에 다윗이 사울을 두려워하여 일어나 도망하여 가드 왕 아기스에게로 가니"(21:10) 그는 그곳에서 창피를 당하고 생명의 위협까지 받았습니다. '아기스'는 블레셋 지경에 있는 가드 왕으로 다윗이 사울을 피해 다닐 때 여러 차례 보호를 받았습니다(21:10, 27:2, 왕상 2:39).

1) 본국을 떠났습니다

하나님의 나라를 떠난 것은 다윗의 큰 실수였습니다. 이스라엘은 선민국가입니다. 하나님의 약속이 있는 민족입니다. 하나님의 성전이 있는 나라요, 하나님을 섬기는 예배가 있고 하나님의 말씀이 있는 나라입니다. 다윗은 조국을 떠나 가드를 향해 갔습니다.

성도는 어려움이 있다고 해서 하나님을 떠나면 안 됩니다. 환난이 온다고 해서 교회를 떠나면 안 됩니다. 끝까지 인내할 줄 알아야 합니다.

베들레헴에 흉년이 왔을 때 엘리멜렉과 나오미의 가족은 베들레헴을 떠나 이방 땅 모압으로 갔습니다. 거기서 그들은 하나님을 떠난 대가를 혹독하게 받았습니다. 모든 재산을 잃고 남편 엘리멜렉과 두 아들마저 죽었습니다. 결국 나오미는 빈손으로 베들레헴으로 돌아오게 되었습니다.

우리는 어려움이 온다고 해서 하나님과 교회를 떠나 불신자들을 의지하면 안 됩니다.

2) 사람을 의지했습니다

다윗이 가드로 도피한 것은 하나님보다 아기스 왕을 더 의지했다는 것을 의미합니다. 이것은 다윗의 큰 실수였습니다. 우리의 피난처는 오직 하나님뿐입니다. 다윗은 순간적으로 잘못 판단하여 하나님보다 세상의 왕을 더 의지하게 되었습니다.

우리는 사람을 의지하면 안 됩니다. 우리는 전능하신 하나님만을 의지해야 합니다. 세상의 왕들도 하나님 앞에서는 무기력한 죄인일 뿐입니다. 오직 우리는 전능하신 하나님만을 의지해야 합니다.

3) 새로운 위기가 닥쳐왔습니다

아기스에게로 도피한 후에 생각지 못한 위기가 닥쳤습니다. 출발이 잘못된 결과입니다. "아기스의 신하들이 아기스에게 말하되 이는 그 땅의 왕 다윗이 아니니이까 무리가 춤추며 이 사람의 일을 노래하여 이르되 사울이 죽인 자는 천천이요 다윗은 만만이로다 하지 아니하였나이까 한지라"(21:11)

아기스의 신하들이 다윗을 어려움으로 몰고 갔습니다. 다윗이 골리앗을 물리치고 개선할 때 이스라엘의 여인들이 그를 환영하며 불렀던 바로 그 노래를 아기스의 신하들이 인용했습니다. 이것은 다윗을 죽이고자 한 말입니다. 하나님을 의지한 결과 예상 밖의 어려움이 닥쳐왔습니다. 생각지도 못한 위기였습니다. 이제 꼼짝하지 못하고 죽게 되었습니다. 적국의 나라에서 위기에 빠지고 말았습니다. 호랑이 굴에 들어간 꼴이 되고 말았습니다. 기름통을 지고 불 속으로 들어간 꼴입니다. 하나님을 의지하지 않고 사람을 의지한 결과입니다. 우리는 어떤 어려움이 와도 하나님보다 사람을 더 의지하면 안 됩니다. 오직 주님만을 의지해야 합니다.

4) 망신스런 행동으로 위기를 극복했습니다

"다윗이 이 말을 그의 마음에 두고 가드 왕 아기스를 심히 두려워하여 그들 앞에서 그의 행동을 변하여 미친 체하고 대문짝에 그적거리며 침을 수염에 흘리매 아기스가 그의 신하에게 이르되 너희도 보거니와 이 사람이 미치광이로다 어찌하여 그를 내게로 데려왔느냐 내게 미치광이가 부족하여서 너희가 이 자를 데려다가 내 앞에서 미친 짓을 하게 하느냐 이 자가 어찌 내 집에 들어오겠느냐 하니라"(21:12-15)

다윗은 생명을 구걸하기 위하여 미친 시늉을 해야만 했습니다.
전설에 의하며 다윗에게 세 가지가 필요했다고 합니다. ①모기입니다. 사울 왕의 창을 빼앗기 위해 동굴에 들어갔을 때 사울은 자신의 다리 아래에 창을 깔고 자고 있었기 때문에 창을 빼앗을 수 없었습니다. 그런데 모기가 그의 다리를 물어 순간적으로 다리를 들 때에 다리 아래에 있던 창을 빼낼 수 있었습니다. ②거미입니다. 사울에게 쫓겨 동굴에 숨어있을 때 동굴 입구에 거미줄이 필요했습니다. ③미친 사람입니다. 오늘 본문의 위기에서 탈출하기 위해서 필요했습니다. 다윗은 연기력이 뛰어난 사람입니다. 그러나 다윗은 장차 이스라엘의 왕이 될 사람입니다. 그런 그가 생명을 보전하기 위해 미친 시늉을 한다는 것은 부끄러운 일입니다. 믿음의 사람은 당당하게 나가야 합니다.

다니엘은 사자굴 앞에서도 당당했습니다. 사드락, 메삭, 아벳느고도 풀무불 앞에서 당당했습니다. 그들은 하나님의 능력으로 승리했습니다. 그가 하나님을 의지하고 당당하게 나갔다면 하나님은 오히려 다른 방법으로 승리하게 하셨을 것입니다. 베드로가 계집 종 앞에서 세 번이나 부인한 것은 비겁한 처신이었습니다. 정정당당하게 나갔다면 하나님은 그를 보호하셨을 것입니다.

하나님은 그를 보호할 능력이 있으신 분입니다. 하나님은 다윗을 향한 위대한 계획을 가지고 있으셨습니다. 이스라엘의 왕으로 세우시고, 후에 메시아의 조상이 될 계획을 세워 두셨습니다. 그런데도 다윗이 이렇게 된 것은 그가 하나님을 의지하지 않았기 때문입니다.

성도는 하나님을 위해 고난 받을 줄 알아야 합니다. 수치를 당하더라도 하나님 앞에서 인내할 줄 알아야 합니다. 정정당당하게 고난도 받을 줄 알아야 합니다.

우리는 어떤 어려움을 당해도 하나님만을 의지해야 합니다. 어떤 경우에도 하나님의 교회를 떠나고 말씀을 떠나면 안 됩니다. 당당하게 믿음으로 나가야 합니다. 그때 하나님은 그의 능력으로 우리를 보호하시고 인도하실 것입니다. "여호와의 천사가 주를 경외하는 자를 둘러 진 치고 그들을 건지시는도다 너희는 여호와의 선하심을 맛보아 알지어다 그에게 피하는 자는 복이 있도다 너희 성도들아 여호와를 경외하라 그를 경외하는 자에게는 부족함이 없도다 젊은 사자는 궁핍하여 주릴지라도 여호와를 찾는 자는 모든 좋은 것에 부족함이 없으리로다"(시 34:7-10) 아멘.

¹그러므로 다윗이 그 곳을 떠나 아둘람 굴로 도망하매 그의 형제와 아버지의 온 집이 듣고 그리로 내려가서 그에게 이르렀고 ²환난 당한 모든 자와 빚진 모든 자와 마음이 원통한 자가 다 그에게로 모였고 그는 그들의 우두머리가 되었는데 그와 함께 한 자가 사백 명 가량이었더라 ³다윗이 거기서 모압 미스베로 가서 모압 왕에게 이르되 하나님이 나를 위하여 어떻게 하실지를 내가 알기까지 나의 부모가 나와서 당신들과 함께 있게 하기를 청하나이다 하고 ⁴부모를 인도하여 모압 왕 앞에 나아갔더니 그들은 다윗이 요새에 있을 동안에 모압 왕과 함께 있었더라 ⁵선지자 갓이 다윗에게 이르되 너는 이 요새에 있지 말고 떠나 유다 땅으로 들어가라 다윗이 떠나 헤렛 수풀에 이르니라 ⁶사울이 다윗과 그와 함께 있는 사람들이 나타났다 함을 들으니라 그 때에 사울이 기브아 높은 곳에서 손에 단창을 들고 에셀나무 아래에 앉았고 모든 신하들은 그의 곁에 섰더니 ⁷사울이 곁에 선 신하들에게 이르되 너희 베냐민 사람들아 들으라 이새의 아들이 너희에게 각기 밭과 포도원을 주며 너희를 천부장 백부장을 삼겠느냐 ⁸너희가 다 공모하여 나를 대적하며 내 아들이 이새의 아들과 맹약하였으되 내게 고발하는 자가 하나도 없고 나를 위하여 슬퍼하거나 내 아들이 내 신하를 선동하여 오늘이라도 매복하였다가 나를 치려 하는 것을 내게 알리는 자가 하나도 없도다 하니 ⁹그 때에 에돔 사람 도엑이 사울의 신하 중에 섰더니 대답하여 이르되 이새의 아들이 놉에 와서 아히둡의 아들 아히멜렉에게 이른 것을 내가 보았는데 ¹⁰아히멜렉이 그를 위하여 여호와께 묻고 그에게 음식도 주고 블레셋 사람 골리앗의 칼도 주더이다 ¹¹왕이 사람을 보내어 아히둡의 아들 제사장 아히멜렉과 그의 아버지의 온 집 곧 놉에 있는 제사장들을 부르매 그들이 다 왕께 이른지라 ¹²사울이 이르되 너 아히둡의 아들아 들으라 대답하되 내 주여 내가 여기 있나이다 ¹³사울이 그에게 이르되 네가 어찌하여 이새의 아들과 공모하여 나를 대적하여 그에게 떡과 칼을 주고 그를 위하여 하나님께 물어서 그에게 오늘이라도 매복하였다가 나를 치게 하려 하였느냐 하니 ¹⁴아히멜렉이 왕에게 대답하여 이르되 왕의 모든 신하 중에 다윗 같이 충실한 자가 누구인지요 그는 왕의 사위도 되고 왕의 호위대장도 되고 왕실에서 존귀한 자가 아니니이까 ¹⁵내가 그를 위하여 하나님께 물은 것이 오늘이 처음이니이까 결단코 아니니이다 원하건대 왕은 종과 종의 아비의 온 집에 아무것도 돌리지 마옵소서 왕의 종은 이 모든 크고 작은 일에 관하여 아는 것이 없나이다 하나라 ¹⁶왕이 이르되 아히멜렉아 네가 반드시 죽을 것이요 너와 네 아비의 온 집도 그러하리라 하고 ¹⁷왕이 좌우의 호위병에게 이르되 돌아가서 여호와의 제사

장들을 죽이라 그들도 다윗과 합력하였고 또 그들이 다윗이 도망한 것을 알고도 내게 알리지 아니하였음이니라 하나 왕의 신하들이 손을 들어 여호와의 제사장들 죽이기를 싫어한지라 [18]왕이 도엑에게 이르되 너는 돌아가서 제사장들을 죽이라 하매 에돔 사람 도엑이 돌아가서 제사장들을 쳐서 그 날에 세마포 에봇 입은 자 팔십오 명을 죽였고 [19]제사장들의 성읍 놉의 남녀와 아이들과 젖 먹는 자들과 소와 나귀와 양을 칼로 쳤더라 [20]아히둡의 아들 아히멜렉의 아들 중 하나가 피하였으니 그의 이름은 아비아달이라 그가 도망하여 다윗에게로 가서 [21]사울이 여호와의 제사장들 죽인 일을 다윗에게 알리매 [22]다윗이 아비아달에게 이르되 그 날에 에돔 사람 도엑이 거기 있기로 그가 반드시 사울에게 말할 줄 내가 알았노라 네 아버지 집의 모든 사람 죽은 것이 나의 탓이로다 [23]두려워하지 말고 내게 있으라 내 생명을 찾는 자가 네 생명도 찾는 자니 네가 나와 함께 있으면 안전하리라 하니라

(사무엘상 22:1-23)

18

두개의 가능성

성경 본문에서 보듯 다윗은 아둘람 동굴에서 하나님을 선택했고, 사울은 에셀나무 아래에서 하나님을 대적했습니다. 우리에게도 두 개의 가능성이 있습니다. 우리가 어느 곳을 선택하느냐에 따라서 그 결과가 달라집니다. 우리는 아둘람 동굴입니까, 아니면 에셀나무 아래입니까?

1. 아둘람 굴로 피한 다윗

'아둘람'은 '피난처', '보호처'란 말입니다. 가드와 베들레헴 중간 지점, 곧 가드 남동쪽에서 약 14km 떨어진 지점으로 원래 유다의 영토였으나 그 당시에는 블레셋의 지배하에 있었습니다. 최근 고고학자들이 이 아둘람 성의 한 산 중턱에서 약 400명 정도가 살기에 적합한 동굴을 발견했다고 합니다. "그러므로 다윗이 그 곳을 떠나 아둘람 굴로 도망하매 그의 형제와 아버지의 온 집이 듣고 그리로 내려가서 그에게 이르렀고 환난 당한 모든 자와 빚진 모든 자와 마음이 원통한 자가 다 그에게로 모였고 그는 그들의 우두머리가 되었는데 그와 함께 한 자가 사백 명 가량이었더라"(22:1-2)

①다윗이 숨어 있는 곳에 많은 사람들이 몰려 들었습니다. 먼저 그 형제와 아비의 온 집이 찾아 왔습니다. 고대사회에서 역모에 가담한 가족은 모두 처벌을 받았기 때문에 다윗의 가족도 사울의 보복을 피하여 온 것입니다.

②그리고 환난 당한 모든 자와 빚진 자와 마음이 원통한 자가 다 그에게로 모였습니다. 환난을 당한 자는 사울의 학정으로 상당한 고통을 당하던 사람들입니다.

③빚진 자는 사울 왕국의 부당한 세정으로, 또는 채주의 강압적인 고리(高利)로 인하여 경제적으로 억눌리며 고통을 당하던 자들입니다.

④마음이 원통한 자는 사울 왕국의 비도덕성, 또는 비종교성으로 인하여 심적·영적으로 상처를 받아 고통을 느끼던 사람들입니다.

이들 가운데는 많은 용사들과 선지자들과 지사들이 있었습니다.

"다윗이 기스의 아들 사울로 말미암아 시글락에 숨어 있을 때에 그에게 와서 싸움을 도운 용사 중에 든 자가 있었으니 그들은 활을 가지며 좌우 손을 놀려 물매도 던지며 화살도 쏘는 자요 베냐민 지파 사울의 동족인데 그 이름은 이러하니라 그 우두머리는 아히에셀이요 다음은 요아스이니 기브아 사람 스마아의 두 아들이요 또 아스마웻의 아들 여시엘과 벨렛과 또 브라가와 아나돗 사람 예후와 기브온 사람 곧 삼십 명 중에 용사요 삼십 명의 우두머리가 된 이스마야이며 또 예레미야와 야하시엘과 요하난과 그데라 사람 요사밧과 엘루새와 여리못과 브아랴와 스마랴와 하룹 사람 스바댜와 고라 사람들 엘가나와 잇시야와 아사렐과 요에셀과 야소브암이며 그돌 사람 여로함의 아들 요엘라와 스바댜더라 갓 사람 중에서 광야에 있는 요새에 이르러 다윗에게 돌아온 자가 있었으니 다 용사요 싸움에 익숙하여 방패와 창을 능히 쓰는 자라 그의 얼굴은 사자 같고 빠르기는 산의 사슴 같으니 그 우두머리는 에셀이요 둘째는 오바댜요 셋째는 엘리압이요 넷째는 미스만나요 다섯째는 예레미야요 여섯째는 앗대요 일곱째는 엘리엘이요 여덟째는 요하난이요 아홉째는 엘사밧이요 열째는 예레미야요 열한째는 막반내라 이 갓 자손이 군대 지휘관이 되어 그 작은 자는 백부장이요 그 큰 자는 천부장이더니 정월에 요단 강 물이 모든 언덕에 넘칠 때에 이 무리가 강물을 건너서 골짜기에 있는 모든 자에게 동서로 도망하게 하였더라 베냐민과 유다 자손 중에서 요새에 이르러 다윗에게 나오매 다윗이 나가서 맞아 그들에게 말하여 이르되 만일 너희가 평화로이 내게 와서 나를 돕고자 하면 내 마음이 너희 마음과 하나가 되려니와 만일 너희가 나를 속여 내 대적에게 넘기고자 하면 내 손에 불의

함이 없으니 우리 조상들의 하나님이 감찰하시고 책망하시기를 원하노라 하매 그 때에 성령이 삼십 명의 우두머리 아마새를 감싸시니 이르되 다윗이여 우리가 당신에게 속하겠고 이새의 아들이여 우리가 당신과 함께 있으리니 원하건대 평안하소서 당신도 평안하고 당신을 돕는 자에게도 평안이 있을지니 이는 당신의 하나님이 당신을 도우심이니이다 한지라 다윗이 그들을 받아들여 군대 지휘관을 삼았더라"(대상 12:1-18), "선지자 갓이 다윗에게 이르되 너는 이 요새에 있지 말고 떠나 유다 땅으로 들어가라 다윗이 떠나 헤렛 수풀에 이르니라"(22:5)

이들은 하나님을 거역하고 타락해 가는 사울 왕국에서 침묵하고 안주하기보다는 이스라엘을 새롭게 할 자로 부름 받은 다윗과 더불어 고난 받기를 기뻐하여 모여든 사람들입니다.

1) 이들은 같은 운명에 놓인 사람들입니다

이들은 뜻을 같이 한 사람들입니다. 그래서 그들은 서로 위로하면서 생명을 보호하기 위하여 서로 협력하고 단결했습니다. 공동전선을 폈던 것입니다.

청교도들이 그러했습니다. 그들은 같은 신앙과 같은 목적, 즉 신앙의 자유를 찾아서 모였기 때문에 서로 협력하며 단결했습니다. 공동체를 이루며 공동전선을 폈습니다. 교포교회도 마찬가지입니다. 그들은 모두 같은 처지에 놓인 사람들입니다. 그들은 고국을 떠난 나그네들입니다. 그러므로 서로 위로하고 단결하고 협력합니다.

하나님의 교회는 하나의 공동체입니다. 그러므로 서로 협력하고 뜻을 모아야 합니다. 그리고 같은 목적을 위해 달려가야 합니다.

2) 다윗을 장관으로 세웠습니다

그들에게는 다윗이 지도자였습니다. 다윗을 찾아 왔고, 그를 중심으로 모였기 때문에 이제 그가 장관이 되어야 했습니다. 다윗이 장관으로 세움을 받은 것은,

① 다윗은 하나님을 믿는 신앙인이기 때문입니다.

사울이 악신에 사로 잡혀 다윗을 죽이려고 했습니다. 그래서 지금 다윗이 망명생활을 하고 있습니다. 악신에 사로잡힌 사울은 하나님께서 다윗과 함께 하시는 것을 미워했습니다. 하나님께서 다윗에게 기름 부으신 것을 질투하여 하나님의 뜻을 좇아 사는 다윗을 죽이려고 했습니다. 지금 다윗에게로 모여든 무리는 모두 믿음으로 새롭게 살아보려는 사람들입니다. 다윗은 신앙의 사람입니다. 골리앗을 죽일 때도 여호와의 이름을 위하여 싸워서 여호와의 도우심으로 승리했습니다. 천부장으로 백성을 돌아볼 때도 그는 신앙으로 했습니다. 하나님 앞에서 범사에 믿음으로 신앙양심에 어긋남이 없이 말씀의 원리대로만 행하였습니다. 그는 정직하고 공의로운 정치를 했습니다. 이것이 백성들로부터 존경을 받게 된 원인입니다. 그들은 다윗이 믿음으로 올바르게 행할 때 장관으로 세웠습니다. 하나님은 믿음으로 정직하게 자기의 맡은 일에 최선을 다할 때 그를 사용하시고 높여 주십니다.

모르드개는 믿음으로 바르게 행하였습니다. 악에 가담하지 않고 역모를 고발하여 왕을 구했습니다. 악하고 교만한 하만과 함께 어울리지 않았습니다. 그 일로 하만의 노여움을 받아 죽게 되었으나 오히려 하나님께 금식하며 매달리자 하나님은 그의 믿음을 보시고 위험에서

구해 주셨습니다. 그리고 하나님은 악한 하만을 심판하시고 하만이 앉았던 총리 자리에 모르드개를 앉혀 주셨습니다. 정직하고 바르게 믿음으로 살았기 때문입니다.

어느 교통 경찰관이 고 김용기 장로님의 집회에 참석했다가 대화 중에 충고를 듣고 믿음으로 행한 내용을 책에서 읽어 보았습니다. 장로님은 이 경찰관에게 승진하고 싶으면 5분 일찍 출근하여 5분 늦게 퇴근하며 성실하게 살라고 했습니다. 그러다 보니 자연스럽게 그의 생활이 건전해져 후에는 그의 성실함을 인정받게 되었습니다. 4·19 때에는 고위직이 다 물러나게 되자 이 경찰관이 그 자리에 승진하게 되었고, 후에는 치안경찰 최고직까지 오르게 되었다고 합니다. 믿음으로 살면 승진하게 됩니다.

② 하나님께서 다윗과 함께 하심을 보았기 때문입니다.

다윗이 골리앗을 이긴 것은 하나님께서 그와 함께 하셨기 때문입니다. 모든 전쟁에서 그가 백전백승하게 된 것도 하나님이 함께 하셨다는 증거입니다. 사울 왕의 불의에 굴복하지 않고 믿음을 지킨 것도 하나님께서 그와 함께 하셨기 때문입니다. 그래서 그들은 하나님께서 다윗을 왕으로 세우실 줄 믿었기 때문에 장관으로 세운 것입니다. 하나님께서 함께 하시는 사람은 반드시 쓰임을 받게 됩니다.

요셉은 형들의 미움을 받아 애굽으로 팔려가서 종이 되어 누명을 쓰고 감옥까지 갔습니다. 그러나 하나님이 그와 함께 하셨기 때문에 총리가 되어 아버지와 형제들을 편히 살도록 해 주었습니다. 하나님이 함께 하시면 반드시 쓰임을 받게 됩니다.

다니엘은 이방 나라 바벨론에 포로로 끌려갔지만 하나님의 약속대로 하루에 세 번씩 예루살렘 성전을 향하여 기도했습니다. 왕 외에 누구에게든 절을 하거나 기도하면 사자굴에 넣을 것이라는 대적들의 계교를 알면서도 그는 변함없이 기도했습니다. 결과 하나님은 사자굴에서 다니엘을 살리셔서 으뜸 총리로 세우셨습니다.

다윗, 요셉, 다니엘, 이들의 공통점은 주님을 위하여 고난을 받았다는 것입니다. 그들은 생명까지도 주를 위하여 바칠 수 있는 믿음의 사람들이었습니다. 하나님은 하나님을 위하여 기꺼이 고난도 감수한 그들을 사용하셨습니다. 우리도 기꺼이 주님을 위하여, 그리고 주의 복음과 주의 교회를 위하여 고난도 기쁨으로 감당하여 하나님께 쓰임 받아야 하겠습니다.

2. 부모에게 효성을 다하는 다윗

"다윗이 거기서 모압 미스베로 가서 모압 왕에게 이르되 하나님이 나를 위하여 어떻게 하실지를 내가 알기까지 나의 부모가 나와서 당신들과 함께 있게 하기를 청하나이다 하고 부모를 인도하여 모압 왕 앞에 나아갔더니 그들은 다윗이 요새에 있을 동안에 모압 왕과 함께 있었더라"(22:3-4)

다윗의 무리가 많아 자신의 신분과 움직임이 노출되었기 때문에 모압 왕에게로 가서 도움을 청했습니다. 다윗이 모압 왕에게 간 이유는

①다윗의 증조모 룻이 모압 여인이었으므로 혈연관계에 있었기 때문입니다. "나오미가 모압 지방에서 그의 며느리 모압 여인 룻과 함께

돌아왔는데 그들이 보리 추수 시작할 때에 베들레헴에 이르렀더라"(룻 1:22)

②당시 사울 왕과 적대관계에 있던 모압으로서는 사울의 경쟁자인 다윗을 후원할 것으로 기대했기 때문입니다. "사울이 이스라엘 왕위에 오른 후에 사방에 있는 모든 대적 곧 모압과 암몬 자손과 에돔과 소바의 왕들과 블레셋 사람들을 쳤는데 향하는 곳마다 이겼고"(14:47)

③일단 피신했다가 이스라엘로 돌아오기에 적당한 거리에 있었기 때문입니다.

다윗은 그의 부모를 모압 왕에게 부탁한 것으로 보아 다윗의 효성을 짐작할 수 있습니다. 다윗은 지금 자신의 생명도 보장할 수 없는 상황이었지만 우선 부모부터 안전한 곳으로 피신시켰습니다. 이것은 자녀로서 마땅히 해야 할 일입니다. 어떤 면에서 보면 다윗은 부모로부터 특별한 대우는커녕 막내 천덕꾸러기로 취급받았을 수도 있습니다. 사무엘이 왕을 세우려고 베들레헴을 방문했을 때에도 다른 일곱 형제들은 모두 준비시켜서 선을 보게 했지만 거기에도 다윗은 제외되었습니다. 그때 그는 들판에서 양을 치고 있었습니다. 아버지로부터 외면을 당한 것입니다. 그러나 다윗은 부모를 공경해야만 했습니다. 그것은 하나님의 명령이요 당연한 의무이기 때문입니다.

그러나 요즈음은 부모는 자신을 희생하면서까지 자녀에게는 모든 것을 주지만 자녀들은 그렇지 않은 것이 현실입니다. 이것은 성경적이지 않습니다. 아무리 시대가 변해도 부모 공경은 변할 수 없습니다. 그것은 하나님의 계명이기 때문입니다.

요셉은 아버지 야곱에게 효성을 다했습니다. 룻도 시어머니 나오미를 최선을 다하여 모셨습니다. 예수님도 십자가상에서 어머니 마리아를 요한에게 부탁하셨습니다.

우리도 다윗과 같이 부모를 공경하며 최선을 다하여 모셔야 합니다.

3. 두 개의 길

1) 에셀나무 밑의 사울

사울이 지금 무엇을 하고 있습니까? "사울이 다윗과 그와 함께 있는 사람들이 나타났다 함을 들으니라 그 때에 사울이 기브아 높은 곳에서 손에 단창을 들고 에셀나무 아래에 앉았고 모든 신하들은 그의 곁에 섰더니 사울이 곁에 선 신하들에게 이르되 너희 베냐민 사람들아 들으라 이새의 아들이 너희에게 각기 밭과 포도원을 주며 너희를 천부장 백부장을 삼겠느냐 너희가 다 공모하여 나를 대적하며 내 아들이 이새의 아들과 맹약하였으되 내게 고발하는 자가 하나도 없고 나를 위하여 슬퍼하거나 내 아들이 내 신하를 선동하여 오늘이라도 매복하였다가 나를 치려 하는 것을 내게 알리는 자가 하나도 없도다 하니 그 때에 에돔 사람 도엑이 사울의 신하 중에 섰더니 대답하여 이르되 이새의 아들이 놉에 와서 아히둡의 아들 아히멜렉에게 이른 것을 내가 보았는데 아히멜렉이 그를 위하여 여호와께 묻고 그에게 음식도 주고 블레셋 사람 골리앗의 칼도 주더이다"(22:6-10)

①높은 곳에 앉았습니다. 이것은 군사적으로 요새를 확보했다는 뜻입니다. 그러나 그것은 교만한 모습입니다. ②단창을 들었습니다. 사

울은 살기가 있고 거짓 위엄을 가졌습니다. ③ "베냐민 사람들아"하며 지역감정을 조장했습니다. 자기네 지파만 챙겼다는 것은 인본주의요 당파주의입니다.

그리고 그는 결정적인 잘못을 범했습니다. 바로 제사장을 집단 살육한 사건입니다. "왕이 사람을 보내어 아히둡의 아들 제사장 아히멜렉과 그의 아버지의 온 집 곧 놉에 있는 제사장들을 부르매 그들이 다 왕께 이른지라 사울이 이르되 너 아히둡의 아들아 들으라 대답하되 내 주여 내가 여기 있나이다 사울이 그에게 이르되 네가 어찌하여 이새의 아들과 공모하여 나를 대적하여 그에게 떡과 칼을 주고 그를 위하여 하나님께 물어서 그에게 오늘이라도 매복하였다가 나를 치게 하려 하였느냐 하니 아히멜렉이 왕에게 대답하여 이르되 왕의 모든 신하 중에 다윗 같이 충실한 자가 누구인지요 그는 왕의 사위도 되고 왕의 호위대장도 되고 왕실에서 존귀한 자가 아니니이까 내가 그를 위하여 하나님께 물은 것이 오늘이 처음이니이까 결단코 아니니이다 원하건대 왕은 종과 종의 아비의 온 집에 아무것도 돌리지 마옵소서 왕의 종은 이 모든 크고 작은 일에 관하여 아는 것이 없나이다 하니라 왕이 이르되 아히멜렉아 네가 반드시 죽을 것이요 너와 네 아비의 온 집도 그러하리라 하고 왕이 좌우의 호위병에게 이르되 돌아가서 여호와의 제사장들을 죽이라 그들도 다윗과 합력하였고 또 그들이 다윗이 도망한 것을 알고도 내게 알리지 아니하였음이니라 하나 왕의 신하들이 손을 들어 여호와의 제사장들 죽이기를 싫어한지라 왕이 도엑에게 이르되 너는 돌아가서 제사장들을 죽이라 하매 에돔 사람 도엑이 돌아가서 제사장들을 쳐서 그 날에 세마포 에봇 입은 자 팔십오 명을 죽였고 제

사장들의 성읍 놉의 남녀와 아이들과 젖 먹는 자들과 소와 나귀와 양을 칼로 쳤더라"(22:11-19)

  85명의 제사장을 죽인 일은 이스라엘 역사에 없는 일입니다. 그뿐 아니라 놉에 있는 남녀, 아이들, 젖 먹는 아이, 소와 나귀와 양까지 다 죽였습니다. 하나님의 사람 다윗을 고발하지 않았다는 것이 바로 사울이 제사장들을 죽인 이유입니다. 죄 없는 하나님의 종인 제사장들을 무려 85명이나 죽였습니다. 게다가 제사장의 가족들까지 모두 죽였습니다. 이것은 마귀의 짓입니다. 사울의 이율배반적인 행동입니다. 아멜렉 전투 때 하나님은 남녀노소는 물론 짐승까지 다 죽이라고 명령하셨지만 자기를 위해서 여인들과 살찐 생축을 살렸습니다. 사울은 이처럼 하나님을 위해서는 인색한 비신앙인입니다. 에셀나무 아래서 그는 권력을 이용하여 큰 죄를 지었습니다. 이것은 육신적인 일이요 망하는 일입니다. 우리는 이 길을 경계해야 합니다. 비신앙의 길을 경계하고 육신을 위한 일을 멀리해야 합니다.

2) 다윗은 아둘람 굴에 머물렀습니다

  다윗은 여기에서 신앙을 회복하여 새로운 믿음의 역사를 준비하고 있습니다. 용사들이 그에게 모여 들었습니다. 다윗은 더욱 하나님을 의지하며 순종했습니다. 행동하기 전에 먼저 하나님께 기도했습니다. 그리고 하나님께서 가라고 하시면 가고 머물라 하시면 머물렀습니다. 그는 하나님의 뜻에 전적으로 순종했습니다. 다윗은 아둘람 굴에서 내일을 위해 준비했습니다. 승리를 바라보며 하나님의 약속을 믿고 내일을 위해 준비했습니다.

이 길은 하나님과 함께 가는 길입니다. 결국 승리의 길이요, 축복의 길입니다. 우리는 이 길을 가야 합니다. 지금 어렵다 하더라도 반드시 승리하게 되는 믿음의 길을 가야 합니다. 이것이 신앙인이 가야 할 축복의 길입니다.

4. 하나님은 필요한 자를 구해 내십니다

"아히둡의 아들 아히멜렉의 아들 중 하나가 피하였으니 그의 이름은 아비아달이라 그가 도망하여 다윗에게로 가서 사울이 여호와의 제사장들 죽인 일을 다윗에게 알리매 다윗이 아비아달에게 이르되 그 날에 에돔 사람 도엑이 거기 있기로 그가 반드시 사울에게 말할 줄 내가 알았노라 네 아버지 집의 모든 사람 죽은 것이 나의 탓이로다 두려워하지 말고 내게 있으라 내 생명을 찾는 자가 네 생명도 찾는 자니 네가 나와 함께 있으면 안전하리라"(22:20-23)

하나님은 사울이 제사장들을 대학살하는 그 와중에도 아비아달을 보호하셨습니다. 하나님은 그의 사역에 필요한 자를 어떤 위험에서도 반드시 건져 내십니다. 하나님의 일을 위해, 하나님의 영광과 하나님의 역사를 위해, 그리고 하나님의 교회를 위해서 구해 주십니다. 믿음의 증인으로 구해 주십니다.

아하시야의 모친 아달랴가 아들이 죽자 자신이 여왕으로 등극하기 위해 손자들을 다 죽이고 권력을 잡았습니다. 그러나 하나님은 그런 무시무시한 학살 가운데서도 어린 왕자 요아스를 남겨 주셨습니다.

아하시야의 누이 여호세바가 요아스를 빼어내어 6년간 숨겨 두었습니다. 나중에 요아스는 아달랴를 물리치고 왕으로 즉위하여 이스라엘에 개혁운동을 일으켰습니다.

하나님은 모세를 예비해 두셨습니다. 모세가 태어났을 때 남자 아이를 다 죽이라는 바로 왕의 명령에도 모세의 부모는 3개월 동안 보호하다가 나일강에 띄워 보냈습니다. 그때 바로의 공주가 이 상자를 건져내어 살 수 있었습니다. 하나님은 이스라엘의 구원을 위해 모세를 보호해 주셨습니다.

하나님은 요셉을 구덩이에서 건지시고, 애굽에 종으로 팔려가 감옥에서 억울하게 죽을 수밖에 없는 상황에서도 살려 주셨습니다. 이스라엘 민족을 출애굽시켜 큰 민족으로 구원하시기 위한 계획이 있으셨기 때문입니다.

하나님은 사울이 모든 제사장을 죽이는 살육 가운데서도 아비아달을 살려 주심으로 다윗과 합류하게 하셨습니다.

우리 하나님은 결코 실패하지 않으십니다. 그럼에도 믿음의 사람 다윗이나 하나님의 백성인 우리에게 고난을 주시는 것은 우리를 연단시켜 더 귀하게 사용하시기 위해서입니다. 더 많이 더 잘 준비해서 주의 나라를 위하여 유용하게 사용하시기 위해서입니다.

우리는 어느 편에 서야 합니까? 우리는 결코 인본주의적이며 육체적이며 사탄적인 사울의 편에 서지 말아야 합니다. 오직 하나님을 전적으로 의지한 다윗의 편에 서야 합니다. 우리가 설 곳은 사울의 에셀나무가 아니라 다윗의 아둘람 굴입니다. 여기에 은혜가 있고, 최후의 승리가 있고, 임마누엘이 있습니다. 아멘.

¹사람들이 다윗에게 전하여 이르되 보소서 블레셋 사람이 그일라를 쳐서 그 타작 마당을 탈취하더이다 하니 ²이에 다윗이 여호와께 묻자와 이르되 내가 가서 이 블레셋 사람들을 치리이까 여호와께서 다윗에게 이르시되 가서 블레셋 사람들을 치고 그일라를 구원하라 하시니 ³다윗의 사람들이 그에게 이르되 보소서 우리가 유다에 있기도 두렵거든 하물며 그일라에 가서 블레셋 사람들의 군대를 치는 일이리이까 한지라 ⁴다윗이 여호와께 다시 묻자온대 여호와께서 대답하여 이르시되 일어나 그일라로 내려가라 내가 블레셋 사람들을 네 손에 넘기리라 하신지라 ⁵다윗과 그의 사람들이 그일라로 가서 블레셋 사람들과 싸워 그들을 크게 쳐서 죽이고 그들의 가축을 끌어 오니라 다윗이 이와 같이 그일라 주민을 구원하니라 ⁶아히멜렉의 아들 아비아달이 그일라 다윗에게로 도망할 때에 손에 에봇을 가지고 내려 왔더라 ⁷다윗이 그일라에 온 것을 어떤 사람이 사울에게 알리매 사울이 이르되 하나님이 그를 내 손에 넘기셨도다 그가 문과 문빗장이 있는 성읍에 들어갔으니 갇혔도다 ⁸사울이 모든 백성을 군사로 불러 모으고 그일라로 내려가서 다윗과 그의 사람들을 에워싸려 하더니 ⁹다윗은 사울이 자기를 해하려 하는 음모를 알고 제사장 아비아달에게 이르되 에봇을 이리로 가져오라 하고 ¹⁰다윗이 이르되 이스라엘 하나님 여호와여 사울이 나 때문에 이 성읍을 멸하려고 그일라로 내려오기를 꾀한다 함을 주의 종이 분명히 들었나이다 ¹¹그일라 사람들이 나를 그의 손에 넘기겠나이까 주의 종이 들은 대로 사울이 내려 오겠나이까 이스라엘의 하나님 여호와여 원하건대 주의 종에게 일러 주옵소서 하니 여호와께서 이르시되 그가 내려오리라 하신지라 ¹²다윗이 이르되 그일라 사람들이 나와 내 사람들을 사울의 손에 넘기겠나이까 하니 여호와께서 이르시되 그들이 너를 넘기리라 하신지라 ¹³다윗과 그의 사람 육백 명 가량이 일어나 그일라를 떠나서 갈 수 있는 곳으로 갔더니 다윗이 그일라에서 피한 것을 어떤 사람이 사울에게 말하매 사울이 가기를 그치니라 ¹⁴다윗이 광야의 요새에도 있었고 또 십 광야 산골에도 머물렀으므로 사울이 매일 찾되 하나님이 그를 그의 손에 넘기지 아니하시니라 ¹⁵다윗이 사울이 자기의 생명을 빼앗으려고 나온 것을 보았으므로 그가 십 광야 수풀에 있었더니 ¹⁶사울의 아들 요나단이 일어나 수풀에 들어가서 다윗에게 이르러 그에게 하나님을 힘 있게 의지하게 하였는데 ¹⁷곧 요나단이 그에게 이르기를 두려워하지 말라 내 아버지 사울의 손이 네게 미치지 못할 것이요 너는 이스라엘 왕이 되고 나는 네 다음이 될 것을 내 아버지 사울도 안다 하니라 ¹⁸두 사람이 여호와 앞에서 언약하고 다윗은 수풀에 머물고 요나단은 자기 집으로 돌아가니라 ¹⁹그 때에 십 사람들이 기브아에 이르러 사울에게 나아와 이르되 다윗이 우리와 함께 광야 남쪽 하길라 산 수풀 요새에 숨지 아니하였나이까 ²⁰그러하온즉 왕은 내려오시기를 원하시는 대로 내려오소서 그를 왕의 손에 넘길 것

이 우리의 의무니이다 하니 ²¹사울이 이르되 너희가 나를 긍휼히 여겼으니 여호와께 복 받기를 원하노라 ²²어떤 사람이 내게 말하기를 그는 심히 지혜롭게 행동한다 하나니 너희는 가서 더 자세히 살펴서 그가 어디에 숨었으며 누가 거기서 그를 보았는지 알아보고 ²³그가 숨어 있는 모든 곳을 정탐하고 실상을 내게 보고하라 내가 너희와 함께 가리니 그가 이 땅에 있으면 유다 몇 천 명 중에서라도 그를 찾아내리라 하더라 ²⁴그들이 일어나 사울보다 먼저 십으로 가니라 다윗과 그의 사람들이 광야 남쪽 마온 광야 아라바에 있더니 ²⁵사울과 그의 사람들이 찾으러 온 것을 어떤 사람이 다윗에게 아뢰매 이에 다윗이 바위로 내려가 마온 황무지에 있더니 사울이 듣고 마온 황무지로 다윗을 따라가서는 ²⁶사울이 산 이쪽으로 가매 다윗과 그의 사람들은 산 저쪽으로 가며 다윗이 사울을 두려워하여 급히 피하려 하였으니 이는 사울과 그의 사람들이 다윗과 그의 사람들을 에워싸고 잡으려 함이었더라 ²⁷전령이 사울에게 와서 이르되 급히 오소서 블레셋 사람들이 땅을 침노하나이다 ²⁸이에 사울이 다윗 뒤쫓기를 그치고 돌아와 블레셋 사람들을 치러 갔으므로 그 곳을 셀라하마느곳이라 칭하니라 ²⁹다윗이 거기서 올라가서 엔게디 요새에 머무니라

(사무엘상 23:1-29)

19

악인의 계교를 실패케 하시는 하나님

본문은 악인은 결국 실패하고 만다는 내용입니다. 왜냐하면 하나님께서 악인의 계교를 실패케 하시기 때문입니다. 악한 왕 사울은 하나

님의 종 다윗을 죽이려고 온갖 계교를 꾸몄습니다. 그러나 상황이 자기에게 유리하게 돌아가는 것 같았지만 결국은 실패하고 말았습니다.

1. 조국을 구한 다윗

망명 중에 있던 다윗은 조국 이스라엘의 그일라 지방에 블레셋 군대가 침입했다는 소식을 듣고 그일라를 구원하기로 결심했습니다.

1) 먼저 하나님께 기도했습니다

"이에 다윗이 여호와께 묻자와 이르되 내가 가서 이 블레셋 사람들을 치리이까 여호와께서 다윗에게 이르시되 가서 블레셋 사람들을 치고 그일라를 구원하라 하시니"(23:2)

다윗은 하나님의 뜻을 물었습니다. 하나님은 전쟁을 일으키시기도 하고 승리케도 하신다는 것을 믿었습니다. 자신의 생각대로 하지 않고 먼저 하나님의 뜻을 물었습니다. 이것이 믿음의 사람이 취할 자세입니다. 중요한 일이 발생했을 때 하나님의 뜻보다 앞서 움직이지 말고 먼저 하나님께 물어야 합니다.

2) 백성을 위해 자신의 생명을 내놓고 싸웠습니다

이것이 다윗의 믿음입니다. 이 일은 하나님께서 기뻐하시는 일입니다. 다윗은 조국 이스라엘을 사랑했습니다. 하나님의 백성을 지극히 사랑했습니다. 교회를 사랑하고 성도를 사랑한 것입니다. 다윗은 자기의 생명을 내놓을 만큼 조국을 사랑했습니다. 그는 애국자요 참 신자였습니다.

3) 하나님의 뜻에 따라 끝까지 신뢰하고 나아갔습니다

"다윗의 사람들이 그에게 이르되 보소서 우리가 유다에 있기도 두렵거든 하물며 그일라에 가서 블레셋 사람들의 군대를 치는 일이리이까 한지라"(23:3)

다윗이 하나님께 기도하여 응답을 받았습니다. 그런데 자기와 함께 하며 도와줄 사람들이 반대를 했습니다. "왜 유다에 들어가려고 하느냐? 유다 땅에 머물기도 두려운데 왜 그일라까지 가서 블레셋을 치려고 하느냐?" 하는 것입니다. 일리가 있는 말입니다. 신중하게 생각하고 염려가 되어 하는 말입니다. 그런데 이것은 신앙이 없는 말입니다. 하나님께서 그일라로 가라고 명령하셨는데 이것을 반대하는 것은 인간적인 생각이요 불신앙입니다.

그러나 다윗은 사람들의 말을 듣지 않고 하나님의 뜻에 따르기로 작정하였습니다. 그래서 다시 하나님께 물었습니다. "다윗이 여호와께 다시 묻자온대 여호와께서 대답하여 이르시되 일어나 그일라로 내려가라 내가 블레셋 사람들을 네 손에 넘기리라 하신지라"(23:4) 그는 하나님의 뜻을 확실히 알고 추진했습니다. 이것이 순종이요 믿음입니다. 다윗은 하나님께서 그일라를 구원하실 것을 믿었습니다. 그는 조국을 사랑하는 마음에 위험을 무릅쓰고 들어가려고 했습니다. 교회를 사랑하고 성도들을 사랑하기 때문에 위험한 일도 무릅쓰고 하려는 것입니다. 이것이 믿음의 사람이 취할 자세입니다.

참된 신앙은 어려움이 올 때 더욱 빛이 납니다. 시련이 닥칠 때 주님을 사랑하는 자가 드러나게 됩니다. 비록 위험하고 어려운 일이더라도 주님의 일이라면 순종할 수 있어야 합니다. 다윗은 하나님의 뜻을 알고 끝까지 순종했습니다. 우리도 다윗의 신앙을 본받아야 합니다.

2. 실패한 악인의 계교

1) 실패한 사울의 계교

"다윗이 그일라에 온 것을 어떤 사람이 사울에게 알리매 사울이 이르되 하나님이 그를 내 손에 넘기셨도다 그가 문과 문빗장이 있는 성읍에 들어갔으니 갇혔도다 사울이 모든 백성을 군사로 불러 모으고 그일라로 내려가서 다윗과 그의 사람들을 에워싸려 하더니"(23:7-8)

다윗이 그일라에 있다는 정보를 들은 사울이 기뻐했습니다. 성 안으로 들어왔으니 이제는 독 안에 든 쥐라고 생각했을 것입니다. 그러나 그것은 순간적인 착각이었습니다. 하나님은 악인의 계교를 물리치고 어리석게 하셨습니다. 다윗은 하나님께 뜻을 묻고 피해 있었기 때문에 다윗을 죽이려고 했던 사울의 계교는 실패하고 말았습니다. 하나님께서 실패하게 만드신 것입니다. 불신앙의 사람 사울이 하나님의 사람을 죽이려고 하는 것은 하나님을 대적하는 일이며 죄악입니다. 그래서 하나님께서 사울의 계교를 실패하게 만드신 것입니다.

압살롬이 반역을 일으켜 아비 다윗을 쫓아내었습니다. 이어서 작전 회의를 하는데 당대 최고의 모사인 아히도벨이 좋은 계략을 내놓았습니다. 그것은 지금 다윗이 있는 곳을 추적하여 밤에 기습작전을 벌이면 지쳐 있는 다윗의 군대가 섬멸되어 완전히 정권을 잡을 수 있을 것이란 내용이었습니다. 이때 다윗의 친구인 후새가 방해를 했습니다. 이것은 하나님의 역사입니다. "지금 다윗 왕과 그의 용사들이 독이 가득 올라 있으므로 오히려 불리하다. 그러므로 전열을 완전히 정비해서 정면대결을 하라. 그리하여 일거에 물리치면 승리할 수 있을 것이다"라는 내용이었습니다. 이것은 다윗에게 시간을 주기 위한 작전이었습니다. 하나님께서 압살롬의 계교를 물리치고자 주신 계획입니다. 결국 후새의 의견을 채택함으로써 모사 아히도벨의 계략이 실패하고 말았습니다. 아히도벨은 고향으로 돌아가 자살하고 다윗은 승리를 거두었습니다.

악인들은 계교를 써도 실패하게 됩니다. 하나님은 사울의 계교를 실패케 하셨습니다. 사울은 자신의 욕망대로 악한 일을 도모했기 때문입니다. 사울은 사탄의 뜻에 따라 움직이지만 다윗은 하나님의 뜻을 묻고 하나님의 뜻대로 움직이기 때문입니다. 믿음의 사람 다윗은 자신의 생각대로 움직이지 않고 하나님의 뜻을 찾았습니다. "다윗은 사울이 자기를 해하려 하는 음모를 알고 제사장 아비아달에게 이르되 에봇을 이리로 가져오라 하고 다윗이 이르되 이스라엘 하나님 여호와여 사울이 나 때문에 이 성읍을 멸하려고 그일라로 내려오기를 꾀한다 함을 주의 종이 분명히 들었나이다 그일라 사람들이 나를 그의 손에 넘기겠나이까 주의 종이 들은 대로 사울이 내려오겠나이까 이스라엘의 하나님 여호와여 원하건대 주의 종에게 일러 주옵소서 하니 여호와께서 이르시되 그가 내려오리라 하신지라"(23:9-11) 다윗은 계속

기도로 하나님의 뜻을 물었습니다. 하나님은 다윗의 기도에 응답해 주셨습니다.

우리는 여기서 그일라 사람의 배반을 보게 됩니다.

2) 그일라 사람들의 배반

"다윗이 이르되 그일라 사람들이 나와 내 사람들을 사울의 손에 넘기겠나이까 하니 여호와께서 이르시되 그들이 너를 넘기리라 하신지라"(23:12)

다윗은 자기가 구해 준 그일라 사람들이 자신을 배반할 것을 이미 알았습니다. 다윗에게 은혜를 입은 사람들이 배반을 한 것입니다. 배은망덕한 사람들입니다. 은혜를 원수로 갚은 것입니다. 사악한 인간의 마음입니다. 생명을 걸고 블레셋 군대를 물리쳐 자기들을 지켜 준 사람을 죽이려고 하는 것입니다. 이것이 인간의 부패한 악한 마음입니다.

토사구팽(兎死狗烹)이란 말이 있습니다. 초패왕(楚覇王) 항우(項羽)를 멸하고 한(漢)나라의 고조(高祖)가 된 유방(劉邦)은 소하(蕭何), 장량(張良)과 더불어 한나라의 창업삼걸(創業三傑) 중 한 사람인 한신(韓信)을 초왕(楚王)에 책봉했습니다(BC 200). 그런데 이듬해 항우의 맹장(猛將)이었던 종리매(鍾離昧)가 한신에게 몸을 의탁하고 있다는 사실을 안 고조(高祖)는 지난날 종리매에게 고전했던 악몽이 되살아나 크게 노했습니다. 그래서 한신에게 당장 압송하라고 명했으나 종리매와 오랜 친구인 한신은 고조의 명을 어기고 오히려 그를 숨겨 주었습니다. 그러자 고조(高祖)에게 '한신이 반심(反心)을 품고 있다'는 상소가 올라왔습니다. 진노한 고조는 참모 진평(陳平)의 헌책(獻策)에 따라 제후들에게 명했습니다. "모든 제후(諸侯)들은 초(楚) 땅의 진(陳: 河南省 內)에서 대기하다가 운몽호(雲夢湖)로 유행(遊幸)하는 짐을 따르도록 하라." 한신이 나오면 진(陳)에서 포박하고, 만약 나오지 않으면 진에 집결한 다른 제후들의 군사로 한신을 주살(誅殺)할 계획이었습니다. 고조의 명을 받자 한신은 예삿일이 아님을 직감했습니다. 그래서 '아예 반기(反旗)를 들까' 하고 생각해 보았지만 '죄가 없으니 별일 없을 것'으로 믿고 순순히 고조를 배알(拜謁)하기로 했습니다. 그러나 불안이 싹 가신 것은 아니었습니다. 그래서 한신은 자결한 종리매의 목을 가지고 고조를 배알했으나 역적으로 포박되어 분개하여 말했습니다. "교활한 토끼를 사냥하고 나면 좋은 사냥개는 삶아 먹히고, 하늘을 높이 나는 새를 다 잡고나면 좋은 활은 곳간에 처박히며, 적국을 쳐부수고 나면 지혜 있는 신하는 버림을 받는다고 하더니 이번에는 한나라를 세우기 위해 분골쇄신(粉骨碎身)한 내가 고조의 손에 죽게 되는구나!"

세상 사람들의 마음은 이렇게 변합니다. 군중심리는 물이나 바람과 같아서 방향이 없습니다. 그러므로 민심이나 여론조사를 통해서 무엇을 얻으려고 매달리는 것은 어리석은 일입니다. 민심은 대세에 따라 수시로 변합니다. 사울이 베냐민지파 사람들을 의지했습니다. 소위 지역감정에 호소하여 이용하려고 했으나 결국 실패하고 말았습니다. 그런데 다윗은 그일라 사람들을 구원해 주었지만 오히려 사울 왕이 온다고 하자 실세 권력을 무서워하여 다윗을 배반하고 말았습니다. 이것이 인심입니다. 그러나 하나님은 그일라 사람들의 악한 마음을 아시고 그의 종 다윗을 피신시켜 주셨습니다.

하나님은 다윗의 중심을 보셨습니다. 다윗은 오직 하나님만을 의지했을 뿐 사람들의 어떤 대가나 인정을 바라지 않았습니다. 배반을 하든 않든 하나님 앞에서 자기의 사명을 감당했습니다. 자신에게 주어진 일에 최선을 다했습니다. 다윗은 자기의 유익을 위해서 싸운 것이 아니라 하나님의 백성과 하나님의 나라를 위하여 싸웠습니다. 사람들은 배반하고 돌아섭니다. 배은망덕하기 그지없습니다. 그러나 다윗은 이런 일에 신경을 쓰지 않았습니다. 다윗에게 더 중요한 것은 오직 하나님의 영광이기 때문입니다. 하나님의 말씀에 순종하며 하나님의 뜻을 이루는 것이었습니다. 다윗은 하나님의 교회와 그의 백성들을 위하여 충성을 다했습니다. 이것이 진실한 믿음의 사람의 모습입니다.

우리도 사람을 의지하지 말고 오직 하나님만을 의지해야 합니다. 사람의 평가를 바라지 말고 오직 하나님의 인정을 바라야 합니다. 그리고 하나님의 영광을 위하여 믿음으로 순종해야 합니다.

3. 요나단의 믿음

이때 요나단이 다윗을 찾아와 위로했습니다.

1) 다윗을 위로했습니다

"사울의 아들 요나단이 일어나 수풀에 들어가서 다윗에게 이르러 그에게 하나님을 힘 있게 의지하게 하였는데"(23:16)

요나단은 사울의 아들입니다. 발각되면 자신도 위험하게 됩니다. 그러나 요나단은 위험을 무릅쓰고 다윗을 찾아와 격려했습니다. 다윗에게 하나님을 더욱 더 의지하도록 격려했습니다. 우리가 환난을 이길 방법은 오직 하나님을 의지하는 길임을 요나단은 알았습니다. 하나님을 의지하도록 위로한 요나단 역시 믿음의 사람이었습니다.

2) 다윗은 왕이 되고 사울의 손이 해치 못할 것이라고 했습니다

"요나단이 그에게 이르기를 두려워하지 말라 내 아버지 사울의 손이 네게 미치지 못할 것이요 너는 이스라엘 왕이 되고 나는 네 다음이 될 것을 내 아버지 사울도 안다"(23:17)

요나단은 다윗이 왕이 될 것을 믿었습니다. 그것이 하나님의 뜻이라는 것도 잘 알았습니다. 자신보다 다윗이 왕이 되어야 원수를 물리치고 나라가 더 견고해지고 발전할 것을 믿었습니다. 요나단은 이것을 잘 알았기 때문에 생명의 위험을 무릅쓰고 다윗을 찾아와 위로하고 격려한 것입니다. 요나단은 자기보다 다윗이 더 왕으로서의 적임자임을 잘 알았습니다.

하나님의 교회도 여러 가지 그릇이 있습니다. 금, 은, 나무, 질그릇이 있습니다. 문제는 어떻게 사용되느냐가 중요합니다. 자기의 능력대로 최선을 다하는 것이 중요합니다. 자기의 위치를 바로 알고 지키는 것이 중요합니다. 요나단은 자신의 능력을 바로 알고 자기의 위치를 잘 지켰습니다. 그리고 요나단은 다윗을 도우며 격려했습니다.

우리 하나님은 자기에게 주어진 일에 최선을 다하는 사람을 원하십니다. 즉 작은 일에 충성하는 사람을 귀하게 보시고 더 큰일을 맡기십니다. 우리도 내게 주신 은사를 잘 지키고 내게 주신 직분을 잘 감당하는 믿음의 성도들이 되어야 합니다.

사울은 기를 쓰고 다윗을 잡으려고 추격했습니다.

4. 위기를 면케 하시는 하나님

1) 사울의 집요한 추격

"어떤 사람이 내게 말하기를 그는 심히 지혜롭게 행동한다 하나니 너희는 가서 더 자세히 살펴서 그가 어디에 숨었으며 누가 거기서 그를 보았는지 알아보고 그가 숨어 있는 모든 곳을 정탐하고 실상을 내게 보고하라 내가 너희와 함께 가리니 그가 이 땅에 있으면 유다 몇 천 명 중에서라도 그를 찾아내리라"(23:22-23)

사울의 결의가 대단합니다. 어떻게 하든지 다윗을 죽이겠다는 강한 의지가 보입니다. 그러나 하나님은 그의 의지와 계교를 꺾어 버리셨습니다. 블레셋 군대를 보내어 침공하게 하신 것입니다.

2) 블레셋의 침입

"전령이 사울에게 와서 이르되 급히 오소서 블레셋 사람들이 땅을 침노하나이다 이에 사울이 다윗 뒤쫓기를 그치고 돌아와 블레셋 사람들을 치러 갔으므로 그 곳을 셀라하마느곳이라 칭하니라 다윗이 거기서 올라가서 엔게디 요새에 머무니라"(23:27-29)

결국 사울은 다윗을 추격하던 일을 멈추고 블레셋 군대를 막기 위해 철수를 할 수밖에 없었습니다. 지금까지 해오던 모든 것이 순간에 수포로 돌아가고 말았습니다. 우리는 여기서 하나님께서 지켜 주시면 아무런 염려가 없다는 것을 알게 됩니다. 성경은 말씀합니다. "사람이 마음으로 자기의 길을 계획할지라도 그의 걸음을 인도하시는 이는 여호와시니라"(잠 16:9)

우리의 할 일은 하나님을 믿는 믿음을 잘 지키는 것입니다. 다윗처럼 끝까지 하나님만 의지하는 것입니다.

하나님은 악인의 계교를 실패케 하십니다. 그러므로 우리는 오직 하나님만을 사랑하고 의지하고 섬기는 믿음의 길을 가야 합니다. 아멘.

¹사울이 블레셋 사람을 쫓다가 돌아오매 어떤 사람이 그에게 말하여 이르되 보소서 다윗이 엔게디 광야에 있더이다 하니 ²사울이 온 이스라엘에서 택한 사람 삼천 명을 거느리고 다윗과 그의 사람들을 찾으러 들염소 바위로 갈새 ³길 가 양의 우리에 이른즉 굴이 있는지라 사울이 뒤를 보러 들어 가니라 다윗과 그의 사람들이 그 굴 깊은 곳에 있더니 ⁴다윗의 사람들이 이르되 보소서 여호와께서 당신에게 이르시기를 내가 원수를 네 손에 넘기리니 네 생각에 좋은 대로 그에게 행하라 하시더니 이것이 그 날이니이다 하니 다윗이 일어나서 사울의 겉옷 자락을 가만히 베니라 ⁵그리한 후에 사울의 옷자락 벰으로 말미암아 다윗의 마음이 찔려 ⁶자기 사람들에게 이르되 내가 손을 들어 여호와의 기름 부음을 받은 내 주를 치는 것은 여호와께서 금하시는 것이니 그는 여호와의 기름 부음을 받은 자가 됨이니라 하고 ⁷다윗이 이 말로 자기 사람들을 금하여 사울을 해하지 못하게 하니라 사울이 일어나 굴에서 나가 자기 길을 가니라

(사무엘상 24:1-7)

20

다윗의 군주관

드디어 다윗이 숨어 있는 동굴까지 찾아와 그곳에서 용변을 보고 있습니다. 다윗은 사울을 죽일 수 있는 절호의 기회를 얻었으나 다윗은 사울을 죽이지 않고 살려 보냈습니다. 자기 스스로 원수를 갚지 않고

하나님께 모든 것을 맡기는 다윗의 믿음을 통해 우리는 다윗의 군주관을 배울 수 있습니다.

1. 무서운 악인의 집념

사울 왕은 세상 끝까지라도 다윗을 찾아가 반드시 죽이겠다는 각오를 할 만큼 다윗에 대한 집념이 강했습니다. 이것은 악인의 전형적인 모습입니다. "사울이 블레셋 사람을 쫓다가 돌아오매 어떤 사람이 그에게 말하여 이르되 보소서 다윗이 엔게디 광야에 있더이다 하니 사울이 온 이스라엘에서 택한 사람 삼천 명을 거느리고 다윗과 그의 사람들을 찾으러 들염소 바위로 갈새"(24:1-2)

다윗이 엔게디 황무지에 있다는 정보를 들은 사울은 군사 3천 명을 이끌고 다윗을 찾으러 갔습니다. 사울의 집착력은 가히 놀랍습니다. 사람은 무엇인가에 집착하는 속성이 있습니다. 그러나 무엇에 집착하느냐가 중요합니다. 나쁜 일에 집착하는 것은 결국 손해를 보고 비참하게 끝나고 맙니다. 죄를 짓거나 악한 일에 집착하면 그 결과는 뻔합니다. 그러나 좋은 일에 집착하면 그 열매가 있습니다. 공부에 집착하고, 선행에 열심을 내고, 주의 일에 최선을 다하면 분명히 좋은 결과가 나타납니다. 그런데 사울은 충신이요 하나님의 종인 다윗을 죽이려는 일에 집착했습니다. 이것은 분명히 악한 일입니다. 군사를 삼천 명이나 이끌고 왔습니다. 그것도 블레셋과의 전쟁이 끝난 후 피로가 가시지 않은 상태에서 추격을 해왔습니다. 굉장한 증오심입니다. 증오는 더 큰 죄를 낳게 되어 결국은 멸망으로 이끌고 갑니다.

악한 여왕 이세벨을 봅시다. 갈멜산에서 송아지를 제물로 바친 제단에 하늘에서 불이 떨어지게 하자는 바알 선지자와의 기도 시합에서 엘리야 선지자가 이겼습니다. 그래서 850명의 거짓 선지자들이 다 죽었습니다. 그들은 바로 악한 여왕 이세벨의 선지자들이었습니다. 그러자 독이 오른 이세벨이 증오심에 불타 군사를 풀어서 엘리야를 죽이려고 했습니다. 그러자 하나님은 엘리야를 보호하시기 위해 그 자리를 피하도록 해 주셨습니다. 그러나 악한 이세벨은 어떻게 되었습니까? 이세벨이 눈화장을 하고 있을 때 아합 왕의 수하에 있던 장수 예후가 일어나 쳐들어 왔습니다. 예후는 내시들에게 "내 편이 될 자가 누구냐? 그녀를 집어 던지라"고 소리쳤습니다. 이세벨을 끌어내 바깥으로 던졌습니다. 그러자 시신은 온통 산산조각이 나고 두골과 발과 손바닥 외에는 찾지 못했습니다. 개들이 와서 그 시신을 다 먹어 치웠습니다. 이것이 악한 자의 최후입니다.

악한 왕 바로는 하나님을 대항하고 이스라엘을 괴롭힌 죄로 열 가지 재앙을 받았습니다. 결과 애굽은 황폐화되고 바로는 이스라엘을 보낼 수밖에 없었습니다. 엄청난 재앙 후에 내린 결정이었습니다. 그러나 잠시 후 바로 왕 특유의 증오심이 나타났습니다. 복수심에 불탄 바로가 모든 군사를 이끌고 이스라엘을 추격해 왔습니다. 하나님은 구름 기둥으로 그들의 추격으로부터 이스라엘을 보호해 주셨습니다. 흑암과 구름이 그들을 막고 있을 때 이스라엘 진영은 밤새도록 광명이 있었습니다. 바로 왕은 이때 깨달아야 했습니다. 하나님의 역사를 보고 철수했어야만 했습니다. 그러나 그는 끝까지 추격하다가 홍해까지 들어갔고 마침내 모두 물에 빠져 죽고 말았습니다. 증오심을 가진 자의 말로가 이처럼 비참하게 끝났습니다.

미워하거나 증오심을 품고 있는 사람이 있다면 다 버려야 합니다. 우리는 분을 품으면 안 됩니다. 다 용서하고 하나님 앞에 내려놓아야 합니다. 우리는 결코 악을 도모하면 안 됩니다. 악한 일을 위해 모의하거나 당을 만들거나 거역하면 안 됩니다. 왜냐하면 하나님은 그 악을 심판하시기 때문입니다. 하나님의 경고는 항상 깨어라, 근신하라, 기도하라는 것입니다. 우리는 시편의 말씀을 마음속에 깊이 새깁시다. "복 있는 사람은 악인들의 꾀를 따르지 아니하며 죄인들의 길에 서지 아니하며 오만한 자들의 자리에 앉지 아니하고 오직 여호와의 율법을 즐거워하여 그의 율법을 주야로 묵상하는도다 그는 시냇가에 심은 나무가 철을 따라 열매를 맺으며 그 잎사귀가 마르지 아니함 같으니 그가 하는 모든 일이 다 형통하리로다"(시 1:1-3).

2. 사울을 선대하는 다윗

이제 다윗을 추격하던 사울이 다윗의 손에 죽게 될 위기에 놓였습니다. 그러나 다윗은 사울을 죽일 수 있는 절호의 기회를 사용하지 않았습니다. 완전히 무방비 상태에 있는 사울이지만 다윗은 그의 몸에 손도 대지 않았습니다. "길 가 양의 우리에 이른즉 굴이 있는지라 사울이 뒤를 보러 들어 가니라 다윗과 그의 사람들이 그 굴 깊은 곳에 있더니 다윗의 사람들이 이르되 보소서 여호와께서 당신에게 이르시기를 내가 원수를 네 손에 넘기리니 네 생각에 좋은 대로 그에게 행하라 하시더니 이것이 그 날이니이다 하니 다윗이 일어나서 사울의 겉옷 자락을 가만히 베니라 그리한 후에 사울의 옷자락 벰으로 말미암아 다윗의 마음이 찔려 자기 사람들에게 이르되 내가 손을 들어 여호와의 기름 부음을 받은 내 주를 치는 것은 여호와께서 금하시는 것이니 그는 여호와의 기름 부음을 받은 자가 됨이니라 하고 다윗이 이 말로 자기 사람들을 금하여 사울을 해하지 못하게 하니라 사울이 일어나 굴에서 나가 자기 길을 가니라"(24:3-7)

"뒤를 보러 들어가니라"는 말은 용변을 보기 위해 갔다는 말입니다. 사울 왕이 생리현상을 해결하려고 동굴 안에서 쭈그리고 있을 때는 완전 무방비 상태입니다. 그런데 다윗 일행이 사울과 함께 그 안에 있었는데도 다윗은 그를 죽이지 않았습니다. 그 이유는 여러 가지가 있습니다.

1) 사울은 왕이기 때문입니다

사울은 나라의 주권자이며 통치자입니다. 백성의 지도자입니다. 백성은 지도자를 존경하며 섬겨야 하고, 그 권위에 순종해야 합니다. 만일 왕이 시해되거나 쿠데타가 일어나면 나라에 큰 혼란이 오게 됩니다. 그렇게 되면 많은 사람들이 희생을 당하고, 정치 보복이 일어나고, 결국 백성들이 고통을 당하게 됩니다. 지도자가 그 만큼 중요한 것입니다. 그래서 사울 왕에게 손을 대지 않은 것입니다.

사도 바울은 국가관에 대하여 로마서 13장 1-7절에서 이렇게 말씀합니다. "각 사람은 위에 있는 권세들에게 굴복하라 권세는 하나님께로 나지 않음이 없나니 모든 권세는 다 하나님의 정하신 바라 그러므로 권세를 거스리는 자는 하나님의 명을 거스림이니 거스리는 자들은 심판을 자취하리라 관원들은 선한 일에 대하여 두려움이 되지 않고 악한 일에 대하여 되나니 네가 권세를 두려워하지 아니 하려느냐 선을 행하라 그리하면 그에게 칭찬을 받으리라 그는 하나님의 사자가 되어 네게 선을 이루는 자니라 그러나 네가 악을 행하거든 두려워하라 그가 공연히 칼을 가지지 아니하였으니 곧 하나님의 사자가 되어 악을 행하는 자에게 진노하심을 위하여 보응하는 자니라 그러므로 굴복하지 아니할 수 없으니 노를 인하여만 할 것이 아니요 또한 양심을 인하여 할 것이라 너희가 공세를 바치는 것도 이를 인함이라 저희가 하나님의 일꾼이 되어 바로 이 일에 항상 힘쓰느니라 모든 자에게 줄 것을 주되 공세를 받을 자에게 공세를 바치고 국세받을 자에게 국세를 바치고 두려워할 자를 두려워하며 존경할 자를 존경하라" 이 말씀을 요약하면 "①권세자들에게 굴복하라. ②권세자는 악의 심판자이다. 권세자는 악한 사람을 심판하여 공익을 도모하고 사회질서를 세운다. ③세금을 내라. ④존경하라"는 내용입니다. 그리고 디모데후서 2장 1-2절에서는 "예수 그리스도의 종 바울은 사도로 부르심을 받아 하나님의 복음을 위하여 택정함을 입었으니 이 복음은 하나님이 선지자들을 통하여 그의 아들에 관하여 성경에 미리 약속하신 것이라"고 말씀합니다. 한 마디로 기도하라는 말입니다.

  기독교는 폭력을 반대했습니다. 요한 칼빈의 국가관도 비폭력주의였습니다. 사도 바울의 시대에도 로마 군주 독재시대였습니다. 폭군들이 기독교인들을 핍박하는 시대였습니다. 그러나 폭력을 사용하지 않고 오히려 먼저 회개하라고 했습니다. 지도자는 하나님께서 세우시는 일반은총이기 때문입니다. 만약 폭군을 만났다면 하나님으로부터 지도자의 축복을 받지 못한 것이므로 우리가 이 일을 회개해야 한다는 말입니다. 그리고 기도해야 합니다. 도저히 참을 수 없다면 차라리 망명하라고 합니다. 그러므로 우리는 좋은 지도자를 주시도록, 그리고 지도자가 좋은 정치를 하고 선정을 베풀도록 기도해야 합니다.

2) 사울은 다윗의 장인이기 때문입니다

아내의 아버지는 육신의 아버지입니다. 어떻게 장인을 죽일 수 있겠습니까? 비록 자기를 죽이려고 혈안이 되어 있다 하더라도 장인을 죽일 수는 없는 일입니다.

3) 가장 중요한 이유는 사울은 하나님의 기름 부음을 받은 종이기 때문입니다

"자기 사람들에게 이르되 내가 손을 들어 여호와의 기름 부음을 받은 내 주를 치는 것은 여호와께서 금하시는 것이니 그는 여호와의 기름 부음을 받은 자가 됨이니라"(24:6)

당시에 왕을 세울 때에는 하나님의 성령과 하나님의 능력이 임한다는 상징으로 머리에 기름을 부었습니다. 왕은 하나님의 지상 대리자였습니다. 단순한 지도자가 아니라 하나님으로부터 기름 부음을 받아 선민을 통치하는 지도자로 부름 받은 사람입니다. 사울이 다윗을 죽이려고 하지만 엄연히 하나님이 기름을 부으신 종입니다. 그래서 다윗은 오히려 자신이 사울에게 충성해야 할 종으로 알았기 때문에 그를 해치지 않은 것입니다.

우리는 여기서 다윗의 군주관을 볼 수 있습니다.

① 하나님이 세우신 종은 하나님의 소관입니다. 왕은 하나님이 특별히 세운 사람이므로 하나님께서 보호하십니다. 그리고 왕이 잘못할 때는 하나님이 직접 처리하십니다. 그러므로 이 일은 다윗 자신이 처리할 일이 아니라는 것을 알았습니다.

② 겉옷만 벤 것도 마음아파 했습니다. "다윗의 사람들이 이르되 보소서 여호와께서 당신에게 이르시기를 내가 원수를 네 손에 넘기리니 네 생각에 좋은 대로 그에게 행하라 하시더니 이것이 그 날이니이다 하니 다윗이 일어나서 사울의 겉옷 자락을 가만히 베니라 그리한 후에 사울의 옷자락 벰으로 말미암아 다윗의 마음이 찔려"(24:4-5) 다윗은 동굴에 들어온 지가 오래 되어 동굴의 어두움에 적응이 되었지만, 사울은 이제 들어왔기 때문에 다윗이 가까이 접근해도 알아채지 못했습니다. 물론 이것도 하나님께서 다윗을 도우신 것임이 분명합니다. 그러면 왜 겉옷자락만 베었습니까?

③ 원수에 대한 복수는 인간이 아닌 하나님만이 하실 일이라는 것을 확신했기 때문입니다.

④ 죽일 수 있었지만 죽이지 않았다는 것을 증거함으로써 다윗이 사울을 죽이려고 한다는 오해를 풀기 위해서였습니다. 그러나 마음이 찔렸습니다. 혹시 여호와의 기름 부음을 받은 종의 인격을 조롱한 행위로 비쳐지지는 않았는지 괴로웠던 것입니다. 아무튼 겉옷자락만 베었어도 그 일은 여호와의 기름 부음을 받은 종에게 결례라 생각되어 마음에 걸렸던 것입니다. 이때 다윗의 신앙은 아주 민감하고 옳았습

니다.

⑤ 부하들에게도 제지시켰습니다. "다윗이 이 말로 자기 사람들을 금하여 사울을 해하지 못하게 하니라"(24:7) 부하들은 이 절호의 기회에 사울을 죽이자고 했습니다. "금하여"란 말은 '째다', '찢다', '끊다', '자르다' 라는 뜻입니다. 그러나 다윗은 강력히 제지했습니다. 다윗은 아랫사람에게 철저히 하나님의 기름 부음을 받은 종에게 어떻게 대해야 하는지에 대해 가르쳐 주었습니다. 사울은 이미 존경받을 자격을 잃었지만 존경했습니다.

대구의 어느 목사님이 성도들에게 이런 말씀을 했습니다. "하나님이 세우신 주의 종들이 잘못할 수도 있습니다. 그러나 성도들은 기도하며 기다려야 합니다. 하나님께서 성도들의 마음이 멀어지게 하시거나 사랑이 식어지게 하여 그 교회를 옮기게 하십니다. 그런데 이때 목사를 내보내기 위하여 앞장서는 사람이 있는데 결코 그런 자리에 있으면 안 됩니다. 왜냐하면 부모는 자식이 잘못하여 매를 치고 나면 마음이 아프기 때문에 그 매를 없애버립니다. 이와 같이 하나님도 자신이 세우신 종을 치실 때에는 마음이 아프십니다. 그래서 그 종을 치실 때 사용된 사람은 반드시 버리십니다. 그 사람은 더욱 비참하게 됩니다."

주의 종들은 하나님의 기름 부음을 받은 사람입니다. 그들도 인격적으로나 생활면에서 부족한 점이 나타날 때가 있습니다. 그러나 그들은 하나님께서 교회를 지도하도록 세우신 종들입니다. "여러분은 자기를 위하여 또는 온 양떼를 위하여 삼가라 성령이 그들 가운데 여러분을 감독자로 삼고 하나님이 자기 피로 사신 교회를 보살피게 하셨느니라"(행 20:28) 그러므로 성도는 존경하며 순종해야 합니다. "잘 다스리는 장로들은 배나 존경할 자로 알되 말씀과 가르침에 수고하는 이들에게는 더욱 그리할 것이니라"(딤전 5:17) 성도들은 주의 종을 존경하고 공연히 그들을 비난하는 일을 절대 삼가야 합니다. 주의 종을 비판하고 불순종하는 것은 하나님의 교회를 파괴하려는 일이기 때문입니다. 하나님은 그 일을 기뻐하지 않으십니다.

하나님의 때를 기다리는 다윗의 신앙을 볼 수 있습니다. 다윗은 원수인 사울을 죽일 수 있는 좋은 기회였으나 해치지 않았습니다. 다윗은 하나님의 때, 즉 하나님께서 하실 때까지 기다렸습니다. 하나님께서 다윗의 복수를 해 주실 때까지, 하나님께서 심판하실 때까지 기다렸습니다. 복수하는 것은 하나님께서 하실 일이었습니다. 다윗은 하나님께서 하실 일을 월권하지 않고 조용히 믿음으로 기다렸습니다. 그는 하나님의 때를 믿음으로 기다린 믿음의 사람이었습니다.

우리도 힘들고 어려운 일을 당할 때 하나님의 때를 믿음으로 인내하며 기다려야 합니다. 우리를 괴롭히고 힘들게 하는 사람이 있을 때 우리가 직접 보복하거나 해결하려고 하지 말고, 기도하면서 하나님의 때를 기다리면 하나님은 정확한 시간에 깔끔하게 해결해 주십니다.

결국 다윗은 원수를 사랑한 것입니다. 그는 여호와 하나님께서 심판자가 되심을 믿었습니다. "그런즉 여호와께서 재판장이 되어 나와 왕 사이에 심판하사 나의 사정을 살펴 억울함을 풀어 주시고 나를 왕의 손에서 건지시기를 원하나이다"(24:15) 다윗이 사울에게 손을 대지 않은 것은 결국 하나님을 사랑했기 때문입니다. 즉 하나님이 기름 부어 세우신 종을 손대지 않은 것은 하나님을 두려워했기 때문입니다. 이것은 하나님께 모든 것을 맡기는 행위입니다.

다윗의 신앙은 오직 하나님 중심이었습니다. 하나님의 명령에 순종하는 신앙이었습니다. 모든 것을 하나님의 주권에 맡기고 하나님의 인도하심을 받는 신앙이었습니다. 성경은 말씀합니다. "내 사랑하는 자들아 너희가 친히 원수를 갚지 말고 하나님의 진노하심에 맡기라 기록되었으되 원수 갚는 것이 내게 있으니 내가 갚으리라고 주께서 말씀하시니라 네 원수가 주리거든 먹이고 목마르거든 마시게 하라 그리함으로 네가 숯불을 그 머리에 쌓아 놓으리라 악에게 지지 말고 선으로 악을 이기라"(롬 12:19-21)

우리는 오직 하나님의 영광을 위해 살아야 합니다. 전적으로 하나님의 주권과 섭리에 복종해야 합니다. 우리 모두 하나님만 바라보는 믿음으로 살아감으로써, 다윗과 같이 하나님의 사랑을 받으며 주님의 구원 역사에 쓰임 받아야 하겠습니다. 아멘.

⁸그 후에 다윗도 일어나 굴에서 나가 사울의 뒤에서 외쳐 이르되 내 주 왕이여 하매 사울이 돌아보는지라 다윗이 땅에 엎드려 절하고 ⁹다윗이 사울에게 이르되 보소서 다윗이 왕을 해하려 한다고 하는 사람들의 말을 왕은 어찌하여 들으시나이까 ¹⁰오늘 여호와께서 굴에서 왕을 내 손에 넘기신 것을 왕이 아셨을 것이니이다 어떤 사람이 나를 권하여 왕을 죽이라 하였으나 내가 왕을 아껴 말하기를 나는 내 손을 들어 내 주를 해하지 아니하리니 그는 여호와의 기름 부으심을 받은 자이기 때문이라 하였나이다 ¹¹내 아버지여 보소서 내 손에 있는 왕의 옷자락을 보소서 내가 왕을 죽이지 아니하고 겉옷 자락만 베었은즉 내 손에 악이나 죄과가 없는 줄을 오늘 아실지니이다 왕은 내 생명을 찾아 해하려 하시나 나는 왕에게 범죄한 일이 없나이다 ¹²여호와께서는 나와 왕 사이를 판단하사 여호와께서 나를 위하여 왕에게 보복하시려니와 내 손으로는 왕을 해하지 않겠나이다 ¹³옛 속담에 말하기를 악은 악인에게서 난다 하였으니 내 손이 왕을 해하지 아니하리이다 ¹⁴이스라엘 왕이 누구를 따라 나왔으며 누구의 뒤를 쫓나이까 죽은 개나 벼룩을 쫓음이니이다 ¹⁵그런즉 여호와께서 재판장이 되어 나와 왕 사이에 심판하사 나의 사정을 살펴 억울함을 풀어 주시고 나를 왕의 손에서 건지시기를 원하나이다 하니라 ¹⁶다윗이 사울에게 이같이 말하기를 마치매 사울이 이르되 내 아들 다윗아 이것이 네 목소리냐 하고 소리를 높여 울며 ¹⁷다윗에게 이르되 나는 너를 학대하되 너는 나를 선대하니 너는 나보다 의롭도다 ¹⁸네가 나 선대한 것을 오늘 나타냈나니 여호와께서 나를 네 손에 넘기셨으나 네가 나를 죽이지 아니하였도다 ¹⁹사람이 그의 원수를 만나면 그를 평안히 가게 하겠느냐 네가 오늘 내게 행한 일로 말미암아 여호와께서 네게 선으로 갚으시기를 원하노라 ²⁰보라 나는 네가 반드시 왕이 될 것을 알고 이스라엘 나라가 네 손에 견고히 설 것을 아노니 ²¹그런즉 너는 내 후손을 끊지 아니하며 내 아버지의 집에서 내 이름을 멸하지 아니할 것을 이제 여호와의 이름으로 내게 맹세하라 하니라 ²²다윗이 사울에게 맹세하매 사울은 집으로 돌아가고 다윗과 그의 사람들은 요새로 올라가니라

(사무엘상 24:8-22)

21
다윗의 결백과 사울의 후회

다윗은 자기를 죽이려고 추격해 온 사울을 죽일 수 있는 절호의 기회가 왔지만 그를 해치지 않았습니다. 이유는 사울은 하나님의 기름 부음을 받은 종이기 때문입니다. 이제 다윗은 사울을 향해 자신의 결백을 주장하고, 사울은 순간적으로 자신의 잘못을 깨달아 다윗에게 사과하는 내용이 나옵니다. 다윗의 결백과 사울의 사과에서 우리에게 주시는 교훈을 찾아봅시다.

1. 다윗의 결백

1) 다윗은 사울에게 예의를 갖추었습니다

"그 후에 다윗도 일어나 굴에서 나가 사울의 뒤에서 외쳐 이르되 내 주 왕이여 하매 사울이 돌아보는지라 다윗이 땅에 엎드려 절하고" (24:8)

다윗은 사울에게 예의를 갖추었습니다. 사울에게 "내 주 왕이여"라고 했습니다. 이 호칭은 깊은 존경과 전적인 복종의 뜻이 포함되어 있는 말입니다. "다윗이 땅에 엎드려 절하고"라고 했습니다. 다윗은 그 당시 주위의 이방국가에 이르기까지 지략과 용감성이 널리 알려진 두려움의 대상이었습니다. 그럼에도 불구하고 다윗은 사울이 하나님의 기름 부음을 받은 종이라는 사실 앞에 겸손히 엎드렸습니다. 양처럼 온순하고 충실한 종처럼 겸손했습니다. 자기를 죽이려고 쫓아다니는 원수에게 이렇게 대할 수 있겠습니까? 다윗의 이러한 모습이 진정한 성도의 자세입니다.

그러면 왜 다윗이 자기를 죽이려고 혈안이 되어 있는 사울에게 이처럼 예를 갖추었습니까? 그 이유는 ①그는 여전히 이스라엘의 왕이기 때문입니다. 지도자를 공경하는 자세입니다. ②자신보다 나이가 많은 선배이기 때문입니다. ③자신의 장인이기 때문입니다. ④가장 중요한 것은 하나님의 기름 부음을 받은 종이기 때문입니다. 그래서 다윗은 자기를 죽이려는 원수 사울에게 깍듯이 예의를 갖추었습니다.

오늘은 예의가 실종되어 가고 있습니다. 예부터 우리나라를 동방예의지국이라 불렀지만 과연 지금도 그런 말을 들을 수 있을까 싶습니다. 부모님이나 나이 많은 분들을 공경해야 되는 것은 말할 필요도 없습니다. 부모님에 대하여 공경하는 마음을 가지고 있습니까? 인생의 선배들에 대한 기본적인 예의는 갖추고 있습니까? 가르치는 분들에 대한 예의는 어떠합니까? 영적 지도자, 학교 선생님과 교회 선생님 등에 대한 예의도 갖추어야 합니다. 스승의 날에는 교회 선생님께 감사의 마음이 담긴 카드라도 한 장 보내는 예의를 갖추어 봅시다. 그리고 평소 생활 중에서도 다른 사람에게 피해가 되는 일은 삼가는 예의부터 지켜야 합니다. 교통신호를 지키는 것은 가장 기본입니다. 신호등은 물론 차선을 잘 지켜야 하고, 방향 신호기는 항상 바르게 넣어야 합니다. 그리고 휴대폰 사용에도 예의가 있습니다. 예배 중에는 물론 차 안에서도 매너 모드로 전환하거나 꺼야 합니다. 우리는 다윗과 같이 예의를 갖추어야 합니다.

2) 사울에게 악한 자의 말을 듣지 말라고 했습니다

"다윗이 사울에게 이르되 보소서 다윗이 왕을 해하려 한다고 하는 사람들의 말을 왕은 어찌하여 들으시나이까"(24:9)

여기서도 다윗은 예의를 갖추고 있습니다. 사실 사울 옆에서 다윗을 죽이라고 부추기는 간신들도 있었을 것입니다. 그러나 사울이 먼저 다윗을 죽이려고 하는 비뚤어진 생각과 성격을 다윗은 물론 모든 추종자들을 비롯한 이스라엘 백성들이 잘 알고 있었습니다. 그러나 다윗은 악한 자의 말을 듣지 말라는 완곡한 표현으로 그의 마음을 돌이키려고 합니다. 다윗은 사울의 마음을 자극하지 않고 부드럽게 하려고 애를 쓰고 있습니다. 우리도 가능하면 충돌하지 않고 이해시키려고 하는 노력이 필요합니다. 이것 역시 성도의 성숙한 인격입니다.

3) 사울을 죽일 수 있었으나 해치지 않았습니다

"오늘 여호와께서 굴에서 왕을 내 손에 넘기신 것을 왕이 아셨을 것이니이다 어떤 사람이 나를 권하여 왕을 죽이라 하였으나 내가 왕을 아껴 말하기를 나는 내 손을 들어 내 주를 해하지 아니하리니 그는 여호와의 기름 부음을 받은 자이기 때문이라 하였나이다 내 아버지여 보소서 내 손에 있는 왕의 옷자락을 보소서 내가 왕을 죽이지 아니하고 겉옷 자락만 베었은즉 내 손에 악이나 죄과가 없는 줄을 오늘 아실

지니이다 왕은 내 생명을 찾아 해하려 하시나 나는 왕에게 범죄한 일이 없나이다"(24:10-11)

다윗은 사울을 죽일 수 있는 절호의 기회를 사용하지 않았습니다. 주위에서는 사울을 죽이라고 적극적으로 권고했으나 다윗은 죽이지 않았습니다. 사울의 옷자락을 벤 것은 그를 죽일 의사가 없으며 다윗 자신은 결백하다는 것을 증명한 것이 됩니다. 그 이유는 하나님의 기름 부음을 받은 종이기 때문이라고 말합니다. 다윗이 결백하다는 증거는 바로 옷자락입니다. 그는 "옷자락을 보소서" 하고 외쳤습니다. 다윗은 전혀 사울을 죽일 의사가 없었기 때문에 사울의 겉옷 자락만 칼로 베었던 것입니다. 이것이 다윗의 결백입니다. 사울은 다윗을 죽이려고 군사를 동원하여 찾아다녔으나, 다윗은 사울을 죽일 기회가 왔지만 사용하지 않았습니다. 그래서 그는 범죄한 일이 없습니다. 사울은 죄 없는 다윗을 죽이려고 쫓아다녔으나 다윗은 범죄하지 않았습니다.

우리도 사울과 같이 죄를 짓는 곳으로 가면 안 됩니다. 죄를 짓는 일에 정력을 소모하거나 시간을 헛되이 보내면 안 됩니다. 우리는 다윗처럼 죄가 없다고, 나는 결백하다고 고백할 수 있어야 합니다.

4) 여호와께서 판단하시고 보복해 주실 것을 확신했습니다

"여호와께서는 나와 왕 사이를 판단하사 여호와께서 나를 위하여 왕에게 보복하시려니와 내 손으로는 왕을 해하지 않겠나이다 옛 속담에 말하기를 악은 악인에게서 난다 하였으니 내 손이 왕을 해하지 아니 하리이다"(24:12-13)

원수 갚는 것은 오직 하나님께만 있다는 것이 다윗의 철학이요 신앙입니다. 다윗은 원수 갚는 일을 하나님께 맡겼습니다. 성경은 말씀합니다. "악에게 지지 말고 선으로 악을 이기라"(롬 12:21)," 원수 갚는 것이 내게 있으니 내가 갚으리라 하시고 또 다시 주께서 그의 백성을 심판하리라 말씀하신 것을 우리가 아노니"(히 10:30) 원수 갚는 것을 하나님께 맡기는 것이야말로 진정 이웃을 사랑하는 것이며 하나님을 믿는 신앙입니다.

우리도 하나님 앞에 모든 것을 맡기는 신앙을 가져야 합니다. 먼저 다윗과 같이 떳떳하고 부끄럽지 않은 신앙생활을 해야 합니다. 그러면 사람들에게 구태여 변명하지 않아도 전적으로 모든 것을 하나님께 맡길 수 있습니다. 우리는 전능하신 여호와 하나님께서 해결해 주시고 심판하실 것을 믿어야 합니다. 그래서 다윗은 이렇게 다짐합니다. "악은 악인에게서 난다 하였으니 내 손이 왕을 해하지 아니하리이다"(24:13) 그러므로 우리가 직접 원수를 해칠 필요가 없습니다. 우리 하나님은 결코 실수하지도 않으시고 잊지도 않으십니다.

요셉의 형들은 요셉을 죽이고 없애려고 했지만 하나님은 오히려 그를 높이 들어 사용하셨습니다. 다니엘의 대적들은 그를 사자굴에 던져 넣어 죽이려고 했으나 하나님은 오히려 다니엘을 더 귀하게 사용하셨습니다. 그러므로 우리도 하나님께서 해결해 주실 것을 믿고 원수 갚는 것을 하나님께 맡겨야 합니다.

5) 다윗은 겸손했습니다

"이스라엘 왕이 누구를 따라 나왔으며 누구의 뒤를 쫓나이까 죽은 개나 벼룩을 쫓음이니이다 그런즉 여호와께서 재판장이 되어 나와 왕 사이에 심판하사 나의 사정을 살펴 억울함을 풀어 주시고 나를 왕의 손에서 건지시기를 원하나이다"(24:14-15)

다윗은 스스로를 '죽은 개나 벼룩'이라고 표현함으로써 자신을 아주 보잘 것 없는 존재로 비하시키고 있습니다. 이것이 다윗의 겸손입니다. 다윗은 여호와의 주권을 인정했습니다. "여호와께서 재판장이 되어 나와 왕 사이에 판결하사 나의 사정을 살펴 신원하시고 나를 왕의 손에서 건지시기를 원하나이다"(24:15) 그리고 다윗은 자신의 결백을 주장했습니다. 이제 하나님께서 모든 것을 공의로 판결하시어 다윗의 무죄함을 입증해 주시고, 이제 이 매임에서 벗어나게 해 달라고 부르짖었습니다.

다윗은 결백하고 진실했습니다. 그리고 하나님을 온전히 의지하면서 모든 것을 하나님의 주권에 맡겼습니다. 우리는 이런 다윗의 신앙을 본받아야 합니다.

2. 사울의 후회

다윗의 진실하고도 간절한 고백에 사울이 감동을 받아 후회하는 내용이 나옵니다.

1) 감동을 받아 울었습니다

"다윗이 사울에게 이같이 말하기를 마치매 사울이 이르되 내 아들

다윗아 이것이 네 목소리냐 하고 소리를 높여 울며"(24:16)

사울이 소리를 높여 울었습니다. 진실 앞에는 약한 법입니다. 악한 왕 사울도 다윗의 진실 앞에 감동하고 말았습니다. 진실은 가장 큰 무기입니다. 다윗의 진실과 사랑이 승리를 거둔 것입니다. 그런데 과연 사울은 진실한 회개를 한 것입니까? 눈물을 흘렸지만 이것은 일시적일 뿐 곧 다시 다윗을 죽이려고 합니다. 회개는 전 인격적이야 합니다. 순간적으로 울며 잘못을 고백한다고 해서 그것이 회개가 될 수 없습니다. 진정한 회개는 삶이 변화되어야 합니다.

압살롬이 동생을 죽이고 도망쳤다가 잘못을 뉘우치고 돌아왔습니다. 그러나 그것은 일시적일 뿐 나중에 반역을 일으켜 아비 다윗을 쫓아내고 왕이 되려고 했습니다. 이처럼 사울의 눈물도 일시적인 것입니다. 우리는 여기에 많이 속게 됩니다.

어떤 청년이 다른 사람에게서 계속 돈을 빌리더니 끝내 갚지 않았습니다. 그래서 권면했더니 울면서 뉘우쳤습니다. 그런데 그것도 잠시뿐 다시 그런 짓을 시작하더니 결국 종적을 감추었습니다. 진실한 회개는 전 인격적인 변화가 있어야 합니다.

2) 자신을 평가했습니다

이제 사울은 자신을 평가했습니다. "다윗에게 이르되 나는 너를 학대하되 너는 나를 선대하니 너는 나보다 의롭도다 네가 나 선대한 것을 오늘 나타냈나니 여호와께서 나를 네 손에 넘기셨으나 네가 나를 죽이지 아니 하였도다"(24:17-18)

사울은 자신을 "나는 너를 학대하되 너는 나를 선대하니 너는 나보다 의롭도다"라고 평가했습니다. 다윗은 성령의 사람인 반면 사울은 악령의 사람입니다. 다윗은 믿음의 사람인 반면 사울은 불신의 사람입니다. 다윗은 승리자인 반면 사울은 패배자입니다. 사울은 "너는 나보다 의롭다. 나는 죄인이다"라는 고백은 하지 않고 다윗의 칭찬만으로 끝납니다. 자신을 악인이라고는 고백하지 않았습니다. 사울은 자기중심적인 사람입니다. 그러나 그가 이 정도의 고백을 하는 것만으로도 의가 승리했음을 보여 줍니다. 진리와 겸손이 승리했습니다.

우리는 우리 자신을 어떻게 평가할 수 있겠습니까?

사울의 고백이 계속됩니다. "사람이 그의 원수를 만나면 그를 평안히 가게 하겠느냐 네가 오늘 내게 행한 일로 말미암아 여호와께서 네게 선으로 갚으시기를 원하노라"(24:19) 사울은 갈등을 느끼며 양심의 가책을 받고 있습니다. 다윗이 자기를 놓아 주어 평안히 가게 한 일을 인정합니다. 그러나 "네가 오늘날 내게 행한 일을 인하여 여호와께서 네게 선으로 갚으시기를 원하노라"며 말로만 고백하고 끝났습니다. 그리고 그는 다시 고백합니다. "보라 나는 네가 반드시 왕이 될 것을 알고 이스라엘 나라가 네 손에 견고히 설 것을 아노니"(24:20) 사울은 다윗이 왕이 될 것과 하나님이 자신을 떠났다는 것도 알았습니다. 그리고 하나님께서 다윗과 함께 하시는 것도 인정했습니다. 그런데 그의 이 고백이 말로만 끝났다는 데 아쉬움이 있습니다. 말로만 인정할 것이 아니라 참된 회개의 열매를 맺었어야 했습니다. 우리는 참된 회개의 열매를 맺어야 합니다.

3) 사울에게 부탁했습니다

"그런즉 너는 내 후손을 끊지 아니하며 내 아버지의 집에서 내 이름을 멸하지 아니할 것을 이제 여호와의 이름으로 내게 맹세하라 하니라 다윗이 사울에게 맹세하매 사울은 집으로 돌아가고 다윗과 그의 사람들은 요새로 올라 가니라"(24:21-22)

사울의 후손을 부탁한다는 말입니다. 왕조가 바뀌면 이전의 왕족은 다 멸절시켰습니다. 그래서 자신의 후손을 보호해 줄 것과 자신의 이름이 끊어지지 않도록 해달라는 부탁을 하는 것입니다. 이때는 그가 제 정신이었다고 볼 수 있습니다.

다윗이 사울에게 맹세했습니다. 원수에 대한 사랑을 보여준 것입니다. 더 중요한 것은 다윗은 요나단과의 맹세를 기억했다는 사실입니다. 사울의 맹세는 믿을 수 없으나 요나단과의 맹세는 믿을 수 있고 지켜야 했습니다. 요나단과의 약속은 하나님 앞에서의 서원이었습니다. 감정적이거나 일시적인 것이 아니라 하나님 앞에서 진실을 바탕으로 한 신앙적인 맹세였기 때문입니다. 다윗은 하나님과의 약속을 지켰습니다. 나중에 왕이 되어서도 요나단의 후손을 보호해 주며 왕자와 같이 대접을 했습니다.

"사울은 집으로 돌아가고 다윗과 그의 사람들은 요새로 올라 가니라" 사울과 화해한 다윗은 요새로 갔습니다. 다윗은 사울과 함께 궁으로 가지 않았습니다. 그것은 사울의 회개를 믿지 못했기 때문입니다. 이것은 지혜로운 방법입니다. 회개했다고 원수를 지나치게 믿을 수는 없습니다. 우리 예수님도 말씀하셨습니다. "예수는 그의 몸을 그들에게 의탁하지 아니하셨으니 이는 친히 모든 사람을 아심이요"(요 2:24)

그래서 말씀하셨습니다. "보라 내가 너희를 보냄이 양을 이리 가운데로 보냄과 같도다 그러므로 너희는 뱀 같이 지혜롭고 비둘기 같이 순결하라"(마 10:16)

우리가 온전히 믿을 수 있는 분은 오직 주님뿐입니다. 다윗은 원수를 사랑했습니다. 원수 갚는 것을 주님께 온전히 맡겼습니다. 우리가 의지할 분은 오직 주님뿐입니다. 그러므로 주님만 바라보고, 주님께 모든 것을 맡기고 기도하여 주의 능력으로 해결하는 '오직 주님, 오직 말씀' 중심의 삶이 되어야 합니다. 아멘.

¹사무엘이 죽으매 온 이스라엘 무리가 모여 그를 두고 슬피 울며 라마 그의 집에서 그를 장사한지라 다윗이 일어나 바란 광야로 내려 가니라 ²마온에 한 사람이 있는데 그의 생업이 갈멜에 있고 심히 부하여 양이 삼천 마리요 염소가 천 마리이므로 그가 갈멜에서 그의 양털을 깎고 있었으니 ³그 사람의 이름은 나발이요 그의 아내의 이름은 아비가일이라 그 여자는 총명하고 용모가 아름다우나 남자는 완고하고 행실이 악하며 그는 갈렙 족속이었더라 ⁴다윗이 나발이 자기 양털을 깎는다 함을 광야에서 들은지라 ⁵다윗이 이에 소년 열 명을 보내며 그 소년들에게 이르되 너희는 갈멜로 올라가 나발에게 이르러 내 이름으로 그에게 문안하고 ⁶그 부하게 사는 자에게 이르기를 너는 평강하라 네 집도 평강하라 네 소유의 모든 것도 평강하라 ⁷네게 양털 깎는 자들이 있다 함을 이제 내가 들었노라 네 목자들이 우리와 함께 있었으나 우리가 그들을 해하지 아니하였고 그들이 갈멜에 있는 동안에 그들의 것을 하나도 잃지 아니하였나니 ⁸네 소년들에게 물으면 그들이 네게 말하리라 그런즉 내 소년들이 네게 은혜를 얻게 하라 우리가 좋은 날에 왔은즉 네 손에 있는 대로 네 종들과 네 아들 다윗에게 주기를 원하노라 하더라 하라 ⁹다윗의 소년들이 가서 다윗의 이름으로 이 모든 말을 나발에게 말하기를 마치매 ¹⁰나발이 다윗의 사환들에게 대답하여 이르되 다윗은 누구며 이새의 아들은 누구냐 요즈음에 각기 주인에게서 억지로 떠나는 종이 많도다 ¹¹내가 어찌 내 떡과 물과 내 양털 깎는 자를 위하여 잡은 고기를 가져다가 어디서 왔는지도 알지 못하는 자들에게 주겠느냐 한지라 ¹²이에 다윗의 소년들이 돌아서 자기 길로 행하여 돌아와 이 모든 말을 그에게 전하매 ¹³다윗이 자기 사람들에게 이르되 너희는 각기 칼을 차라 하니 각기 칼을 차매 다윗도 자기 칼을 차고 사백 명 가량은 데리고 올라가고 이백 명은 소유물 곁에 있게 하니라 ¹⁴하인들 가운데 하나가 나발의 아내 아비가일에게 말하여 이르되 다윗이 우리 주인에게 문안하러 광야에서 전령들을 보냈거늘 주인이 그들을 모욕하였나이다 ¹⁵우리가 들에 있어 그들과 상종할 동안에 그 사람들이 우리를 매우 선대하였으므로 우리가 다치거나 잃은 것이 없었으니 ¹⁶우리가 양을 지키는 동안에 그들이 우리와 함께 있어 밤낮 우리에게 담이 되었음이라 ¹⁷그런즉 이제 당신은 어떻게 할지를 알아 생각하실지니 이는 다윗이 우리 주인과 주인의 온 집을 해하기로 결정하였음이니이다 주인은 불량한 사람이라 더불어 말할 수 없나이다 하는지라

(사무엘상 25:1-17)

22

어리석은 나발

 이스라엘의 위대한 종교적 지도자인 사무엘이 죽었습니다. 이제 하나님의 역사는 다윗에게로 초점이 맞추어집니다. 이때 다윗은 의외의 인물 나발을 만나게 됩니다. 그는 성경에 어리석은 사람으로 기록되고 있습니다.

1. 사무엘의 죽음

 "사무엘이 죽으매 온 이스라엘 무리가 모여 그를 두고 슬피 울며 라마 그의 집에서 그를 장사한지라 다윗이 일어나 바란 광야로 내려가니라"(25:1)
 이스라엘의 지도자 사무엘의 죽음이 간단하게 언급됩니다. 이때 그의 나이는 약 83세로 봅니다(BC 1017). 사무엘이 사울에게 기름을 부은 때는 미스바 전투가 있은 지 5년 후인 약 50세로 보기 때문입니다(BC 1050). 그는 이스라엘의 최후의 사사이자 최초의 선지자였습니다. 그는 하나님으로부터 부르심을 받은 목적, 즉 신정왕국 건설을 준비하는 직무수행을 완료했습니다. "사무엘이 기름 뿔병을 가져다가 그의 형제 중에서 그에게 부었더니 이날 이후로 다윗이 여호와의 영에게 크게 감동되니라 사무엘이 떠나서 라마로 가니라"(16:13) 그리고 하나님의 마지막 부르심으로 세상을 하직하고 열조에게로 돌아갔습니다. 온 이스라엘이 모여 그의 죽음을 애곡했습니다.

여기서 우리에게 주는 교훈이 있습니다.

1) 믿음의 위인인 훌륭한 지도자도 죽습니다

"한 번 죽는 것은 사람에게 정해진 것이요 그 후에는 심판이 있으리니"(히 9:27)

모든 사람은 다 죽습니다.

2) 온 이스라엘이 슬퍼한 죽음이었습니다

그의 죽음은 복된 죽음입니다. 믿음의 길을 다 걸어간 그의 죽음을 온 교회가 애곡했습니다. 이것은 그가 성공적인 삶을 살았다는 증거입니다.

3) 지도자를 잃는 것은 손해입니다

사사, 제사장, 선지자, 왕의 사명을 다한 사무엘은 위대한 지도자였습니다. 그를 잃은 것은 손해입니다.

4) 우리는 사람을 의지하지 말고 영원한 왕이신 우리 주 예수 그리스도를 의지해야 합니다

오직 주 하나님만이 우리의 영원한 소망이 되십니다. 주님은 어제나 오늘이나 영원토록 변함이 없으신 분입니다.

2. 다윗이 나발에게 도움을 요구함

1) 나발은 어떤 사람입니까

"마온에 한 사람이 있는데 그의 생업이 갈멜에 있고 심히 부하여 양이 삼천 마리요 염소가 천 마리이므로 그가 갈멜에서 그의 양털을 깎고 있었으니 그 사람의 이름은 나발이요 그의 아내의 이름은 아비가일이라 그 여자는 총명하고 용모가 아름다우나 남자는 완고하고 행실이 악하며 그는 갈렙 족속이었더라"(25:2-3)

① 마온 지방에서 살았습니다.
② 그의 집에서 1.6km 떨어진 갈멜에서 양을 쳤습니다.
③ '나발'은 '시들다', '바보처럼 행동하다"라는 동사에서 파생된 것으로 '어리석은', '우매한', '괴악한' 등으로 번역되었습니다. 나발은 본래의 이름이 아니라 그의 행동이 사회의 지탄이 되는 특성에 의해 붙여진 별명으로 봅니다(Keil).

2) 아내와 대조적인 사람입니다

"그 사람의 이름은 나발이요 그의 아내의 이름은 아비가일이라 그 여자는 총명하고 용모가 아름다우나 남자는 완고하고 행실이 악하며 그는 갈렙 족속이었더라"(25:3)

'아비가일'은 '기쁘게 하는 자', '기쁨을 주는 자'란 뜻입니다. 아비가일은 총명하고 용모가 뛰어났으나 나발은 완고하고 행사가 다 악했습니다.

3) 다윗이 열 소년을 보냈습니다

"다윗이 광야에 있어서 나발이 자기 양털을 깎는다 함을 들은지라 다윗이 이에 열 소년을 보내며 그 소년들에게 이르되 너희는 갈멜로 올라가 나발에게 이르러 내 이름으로 그에게 문안하고 이같이 그 부하게 사는 자에게 이르기를 너는 평강하라 네 집도 평강하라 네 소유의 모든 것도 평강하라 네게 양털 깎는 자들이 있다 함을 이제 내가 들었노라 네 목자들이 우리와 함께 있었으나 우리가 그들을 상치 아니하였고 그들이 갈멜에 있는 동안에 그들의 것을 하나도 잃지 아니하였나니 네 소년들에게 물으면 그들이 네게 고하리라 그런즉 내 소년들로 네게 은혜를 얻게 하라 우리가 좋은 날에 왔은즉 네 손에 있는 대로 네 종들과 네 아들 다윗에게 주기를 원하노라 하더라 하라"(25:4-8)

① 양털을 깍는다는 소식을 들었습니다.

"다윗이 나발이 자기 양털을 깎는다 함을 광야에서 들은지라"(25:4)

양털을 깍는 것은 아주 큰 행사입니다. 이 날은 번영과 축제의 날로 음식이 풍부합니다. 연회를 베풀어 대접하며 나누어 먹는 날입니다. 이러한 관례를 알고 있던 다윗이 소년들을 보냈습니다.

② 예의를 갖추었습니다.

"다윗이 이에 소년 열 명을 보내며 그 소년들에게 이르되 너희는 갈멜로 올라가 나발에게 이르러 내 이름으로 그에게 문안하고"(25:5)

소년들이 다윗의 이름으로 정중히 문안했습니다. 이것은 겸손한 태도를 말해 줍니다. 다윗이 600명의 군사들에게 먹일 음식을 얻으러 보냈습니다. 열 명이라는 수는 상대방에 대한 최고의 예의와 존경심을 나타냅니다.

③ 평강을 빌었습니다.

"그 부하게 사는 자에게 이르기를 너는 평강하라 네 집도 평강하라 네 소유의 모든 것도 평강하라"(25:6)

다윗은 그 집안의 소유에 이르기까지 복을 빌었습니다. 최대한의 예의를 갖춘 것입니다.

④ 광야에서 나발의 양들을 보호해 준 것을 말했습니다.

"네게 양털 깎는 자들이 있다 함을 이제 내가 들었노라 네 목자들이 우리와 함께 있었으나 우리가 그들을 해하지 아니하였고 그들이 갈멜에 있는 동안에 그들의 것을 하나도 잃지 아니하였나니"(25:7)

다윗은 지금 음식을 얻을 자격이 있다고 말합니다. 다윗은 나발의 양들을 보호해 주고 지켜 주었기 때문에 공짜로 음식을 요구하는 것이 아닙니다.

⑤ 좋은 날에 나발의 은혜를 얻고자 왔습니다.

"네 소년들에게 물으면 그들이 네게 말하리라 그런즉 내 소년들이 네게 은혜를 얻게 하라 우리가 좋은 날에 왔은즉 네 손에 있는 대로 네 종들과 네 아들 다윗에게 주기를 원하노라 하더라 하라"(25:8)

양털을 깎는 축제의 날은 손님을 청하여 음식을 나누며 가난한 자들에게도 재물을 나누어주는 날이므로 좋은 날입니다. 다윗이 자신을 낮추어 겸손히 "네 종들과 네 아들 다윗"이라고 표현한 것은 자신을 낮추어 상대방에게 존경과 헌신을 표하는 말입니다. 이 날은 은혜를 베푸는 날이므로 나발이 불쾌하게 여기지 않으리라 생각하여 겸손히 예를 갖추어 부탁한 것입니다. 그 당시 중·근동 지방에서는 양떼를 지켜 주고 정당한 대가를 요구하는 일도 있었습니다. 다윗은 정당하게 대가를 요구할 수도 있었으나 겸손히 양털 깎는 날을 기다렸다가 최대의 예의를 갖추어 자신의 뜻을 전달한 것입니다. 우리는 다윗의 겸손과 사려 깊은 자세를 배워야 합니다.

여기서 다윗의 신앙을 발견할 수 있습니다.

a. 변함없이 진실한 신앙입니다. 다윗은 망명 중에도 진실한 신앙을 유지했습니다.

b. 재물에 욕심이 없는 깨끗한 양심을 가졌습니다. 다른 사람의 양떼에 손대지 않았습니다. 장차 왕이 될 다윗은 백성의 재산을 보호하며 지켜 주었습니다. 십계명 중 열 번 째 계명을 지킨 것입니다. "네 이웃의 집을 탐내지 말라 네 이웃의 아내나 그의 남종이나 그의 여종이나 그의 소나 그의 나귀나 무릇 네 이웃의 소유를 탐내지 말라"(출 20:17) 훌륭한 지도자의 자세를 보여줍니다.

c. 봉사하는 신앙인이었습니다. 그는 백성의 양떼를 지켜 주었습니다. 다윗은 제왕의 자격이 있습니다.

우리 주님은 우리에게 모든 것을 주셨습니다. 그렇다면 주님은 우리에게 요구하실 수 있습니다. 주님의 요구는 정당합니다. 그때 우리는 어떻게 해야 합니까? 우리는 무엇을 주께 드릴 수 있겠습니까? 믿음의 사람 욥의 고백이 우리의 고백이 되어야 합니다. "가로되 내가 모태에서 적신이 나왔사온즉 또한 적신이 그리로 돌아가올지라 주신 자도 여호와시요 취하신 자도 여호와시오니 여호와의 이름이 찬송을 받으실지니이다"(욥 1:21) 우리도 다윗과 같은 깨끗하고 진실한 신앙인이 되어야 합니다.

3. 나발의 실수

나발은 엄청난 실수를 하고 말았습니다.

1) 사람을 잘못 보았습니다

"나발이 다윗의 사환들에게 대답하여 이르되 다윗은 누구며 이새의 아들은 누구냐 요즈음에 각기 주인에게서 억지로 떠나는 종이 많도다"(25:10)

나발은 다윗을 사울에게서 도망친 종으로 보았습니다. 다윗은 하나님의 사람입니다. 사무엘로부터 기름 부음을 받은 장차 이스라엘의 왕이 될 사람입니다. 이스라엘을 전쟁으로부터 구원한 영웅이요 구원자입니다. 하나님의 은혜를 입은 자입니다. 미래의 왕입니다. 그런데 나발은 "다윗은 누구며 이새의 아들은 누구냐"며 다윗의 인격을 모독했습니다. 이것은 다윗을 완전히 무시하는 말입니다. 안하무인격입니다. 이것이 나발의 어리석은 모습입니다. 그는 지금 현 집권자 사울 왕만 바라보고 있습니다. 악신에 사로잡힌 사울은 곧 하나님의 심판을 받아 멸망 받을 자입니다. 그런데 나발은 지금의 불의한 왕 사울만 바라보고 있습니다. 그는 미래의 왕 다윗을 보지 못했습니다. 하나님의 사람 다윗을 무시한 것입니다. 이것은 그의 큰 실수였습니다.

우리도 현실만 바라보는 어리석은 자가 되면 안 됩니다. 하나님이 함께 하시는 사람을 볼 줄 알아야 합니다.

2) 물질을 잘못 사용했습니다

나발은 물질을 잘못 사용하는 실수를 범했습니다. "내가 어찌 내 떡과 물과 내 양털 깎는 자를 위하여 잡은 고기를 가져다가 어디서 왔는지도 알지 못하는 자들에게 주겠느냐"(25:11)

모든 물질을 자기의 것으로 착각한 것입니다. "아비가일이 나발에게로 돌아오니 그가 왕의 잔치와 같은 잔치를 그의 집에 배설하고 크게 취하여 마음에 기뻐하므로 아비가일이 밝는 아침까지는 아무 말도 하지 아니하다가"(25:36) 그는 쾌락주의자요 육적인 자였습니다. 물질을 가치 있게 사용할 줄을 몰랐습니다. 물질은 하나님께서 주신 것임을 알고 올바르게 사용하고 다윗을 도와주었어야 했습니다. 다윗은 하나님의 종으로 하나님의 일을 하는 사람입니다. 그는 나라를 위해 싸운 사람이요, 장차 왕이 될 사람입니다.

성경에 보면 어리석은 부자들이 나옵니다. 예수님께서 어리석은 부자에 대하여 비유로 말씀하셨습니다. "또 비유로 저희에게 일러 가라사대 한 부자가 그 밭에 소출이 풍성하매 심중에 생각하여 가로되 내가 곡식 쌓아 둘 곳이 없으니 어찌 할꼬 하고 또 가로되 내가 이렇게 하리라 내 곡간을 헐고 더 크게 짓고 내 모든 곡식과 물건을 거기 쌓아 두리라 또 내가 내 영혼에게 이르되 영혼아 여러 해 쓸 물건을 많이 쌓아 두었으니 평안히 쉬고 먹고 마시고 즐거워하자 하리라 하되 하나님은 이르시되 어리석은 자여 오늘 밤에 네 영혼을 도로 찾으리니 그러면 네 예비한 것이 뉘 것이 되겠느냐 하셨으니 자기를 위하여 재물을 쌓아 두고 하나님께 대하여 부요치 못한 자가 이와 같으니라 또 제자들에게 이르시되 그러므로 내가 너희에게 이르노니 너희 목숨을 위하여 무엇을 먹을까 몸을 위하여 무엇을 입을까 염려하지 말라 목숨이 음식보다 중하고 몸이 의복보다 중하니라 까마귀를 생각하라 심지도 아니하고 거두지도 아니하며 골방도 없고 창고도 없으되 하나님이 기르시나니 너희는 새보다 얼마나 더 귀하냐 또 너희 중에 누가 염려함으로 그 키를 한 자나 더할 수 있느냐 그런즉 지극히 작은 것이라도 능치 못하거든 어찌 그 다른 것을 염려하느냐 백합화를 생각하여 보아라 실도 만들지 않고 짜지도 아니하느니라 그러나 내가 너희에게 말하노니 솔로몬의 모든 영광으로도 입은 것이 이 꽃 하나만 같지 못하였느니라 오늘 있다가 내일 아궁이에 던지우는 들풀도 하나님이 이렇게 입히시거든 하물며 너희일까보냐 믿음이 적은 자들아 너희는 무엇을 먹을까 무엇을 마실까 하여 구하지 말며 근심하지도 말라 이 모든 것은 세상 백성들이 구하는 것이라 너희 아버지께서 이런 것이 너희에게 있어야 될 줄을 아시느니라"(눅 12:16-30)

반면 물질을 잘 사용한 사람도 나옵니다. 바로 바르실래입니다. 그는 다윗이 압살롬의 반역으로 피난갈 때 직접 찾아와 위로하며 많은 물질로 공궤한 사람입니다. "다윗이 마하나임에 이르렀을 때에 암몬 족속에게 속한 랍바 사람 나하스의 아들 소비와 로데발 사람 암미엘의 아들 마길과 로글림 길르앗 사람 바르실래가 침상과 대야와 질그릇과 밀과 보리와 밀가루와 볶은 곡식과 콩과 팥과 볶은 녹두와 꿀과 버터와 양과 치즈를 가져다가 다윗과 그 함께한 백성으로 먹게 하였으니 이는 저희 생각에 백성이 들에서 시장하고 곤하고 목마르겠다 함이더라"(삼하 17:27-29) 바르실래는 다윗이 어려울 때 물질로 위로하며 도와주었습니다. 그는 의리의 사람이요 믿음의 사람이었습니다.

물질을 바르게 사용하는 자에게 하나님은 크게 축복하십니다.

3) 은혜를 모르는 자입니다

"네게 양털 깎는 자들이 있다 함을 이제 내가 들었노라 네 목자들이 우리와 함께 있었으나 우리가 그들을 해하지 아니하였고 그들이 갈멜에 있는 동안에 그들의 것을 하나도 잃지 아니하였나니"(25:7)

나발은 다윗이 자기의 양떼를 보호해 주었지만 그 은혜를 몰랐습니다. 하나님의 은혜를 모르고 은혜 베푼 자를 모르는 사람입니다. 나발은 이기주의자요 세속주의자였습니다. 그 결과는 비참하게 되고 말았습니다. 육을 위해 심는 자는 썩을 것을 거두고 영을 위하여 심는 자는 성령의 열매를 거둡니다. 무엇을 위하여 심으며 무엇을 위하여 일하느냐가 중요합니다.

그리고 나발은 하나님을 모르는 사람이었습니다. 전능하신 하나님, 생명의 주관자이신 하나님, 모든 생활의 주관자이신 하나님을 몰랐습니다. 오직 재물을 축적하는 일에만 신경을 쓰며 쾌락에 젖어 사는 자였습니다. 그는 하나님의 존재를 무시하고 외면했습니다. 물질로 인하여 교만한 자였습니다. 한 마디로 그는 어리석은 자였습니다.

참된 부는 물질에 있지 않습니다. 그 사람의 신앙과 인격에 있습니다. 만물의 주인이신 하나님을 믿고 의지하며 사랑하고, 지식의 근본이시며 축복의 근원이신 하나님을 경외하는 것입니다. 그것은 하나님 안에 모든 보화와 축복이 다 들어 있기 때문입니다.

4. 다윗의 진노

다윗은 소년들이 돌아와서 보고하자 진노했습니다. "이에 다윗의 소년들이 돌아서 자기 길로 행하여 돌아와 이 모든 말을 그에게 전하매 다윗이 자기 사람들에게 이르되 너희는 각기 칼을 차라 하니 각기 칼을 차매 다윗도 자기 칼을 차고 사백 명 가량은 데리고 올라가고 이백 명은 소유물 곁에 있게 하니라"(25:12-13)

다윗은 나발의 배은망덕에 분노했습니다. 이것은 당연한 분노요 의분이었습니다. 죄에 대한 분노, 하나님의 역사를 방해하는 데 대한 분노는 의분입니다.

5. 충성스러운 종들

우리는 여기서 아비가일의 충성스런 종들의 모습을 볼 수 있습니다

1) 사실대로 빨리 보고했습니다

"하인들 가운데 하나가 나발의 아내 아비가일에게 말하여 이르되 다윗이 우리 주인에게 문안하러 광야에서 전령들을 보냈거늘 주인이 그들을 모욕하였나이다"(25:14)

아비가일의 종은 사실대로 보고했습니다. 과장하거나 감정을 넣어 잘못 보고하면 안 됩니다. 사실대로 보고해야 합니다. 지금은 생명이 오가는 긴박한 상황입니다. 아비가일은 어려울 때 충성스런 종의 도

움을 받았습니다.

2) 나발이 아닌 아비가일에게 보고했습니다

나발은 어리석은 자입니다. 문제의 장본인 나발과는 말이 통하지 않습니다. 반면 여주인 아비가일은 지혜로운 사람이었습니다. 어려운 문제를 잘 해결하고 훌륭하게 중재를 한 사람입니다. 종이 아비가일에게 보고한 것은 지혜로운 판단이었습니다. 종의 판단력이 뛰어났습니다.

3) 다윗을 바로 알았습니다

"우리가 들에 있어 그들과 상종할 동안에 그 사람들이 우리를 매우 선대하였으므로 우리가 다치거나 잃은 것이 없었으니 우리가 양을 지키는 동안에 그들이 우리와 함께 있어 밤낮 우리에게 담이 되었음이라"(25:15-16)

종은 다윗이 그들을 선대한 것과 보호해 주었던 것을 보고했습니다. 충성스럽고 지혜로운 종입니다. 상황을 바로 보고 바로 판단하는 종입니다. 우리도 지혜롭고 정직하고 진실하고 충성스런 종들이 되어야 합니다.

4) 해결방법을 제시했습니다

그리고 종은 해결 방법까지 제시했습니다. "그런즉 이제 당신은 어떻게 할지를 알아 생각하실지니 이는 다윗이 우리 주인과 주인의 온 집을 해하기로 결정하였음이니이다 주인은 불량한 사람이라 더불어

말할 수 없나이다"(25:17)

종은 지혜로운 아비가일이 해결해야 한다고 말했습니다. "주인은 불량한 사람이라"는 말은 '사악한 자의 아들', '아무 쓸모없는 인간', '백해무익한 인간'이란 뜻입니다. 종의 판단은 지혜로웠습니다. 결국 나발은 그의 이름대로 어리석고 우매하고 사악한 자가 되고 말았습니다.

오늘날에도 어리석은 나발이 많습니다. 우리는 결코 이 어리석은 나발을 본받으면 안 됩니다. 그는 물질에 욕심이 많은 자였습니다. 그리고 그는 쾌락에 젖어 살았습니다. 은혜를 모르는 자였으며 하나님의 역사를 바로 보지 못한 사람이었습니다. 결국 그는 하나님을 바로 알지 못하고 경외하지 못한 사람이었습니다.

우리는 항상 어리석은 나발을 경계해야 합니다. 그리고 다윗과 같이 항상 진실하고, 주님을 의지하며 순종하는 지혜로운 삶을 살아야 합니다. 아멘.

¹⁸아비가일이 급히 떡 이백 덩이와 포도주 두 가죽 부대와 잡아서 요리한 양 다섯 마리와 볶은 곡식 다섯 세아와 건포도 백 송이와 무화과 뭉치 이백 개를 가져다가 나귀들에게 싣고 ¹⁹소년들에게 이르되 나를 앞서 가라 나는 너희 뒤에 가리라 하고 그의 남편 나발에게는 말하지 아니하니라 ²⁰아비가일이 나귀를 타고 산 호젓한 곳을 따라 내려가더니 다윗과 그의 사람들이 자기에게로 마주 내려오는 것을 만나니라 ²¹다윗이 이미 말하기를 내가 이 자의 소유물을 광야에서 지켜 그 모든 것을 하나도 손실이 없게 한 것이 진실로 허사라 그가 악으로 나의 선을 갚는도다 ²²내가 그에게 속한 모든 남자 가운데 한 사람이라도 아침까지 남겨 두면 하나님은 다윗에게 벌을 내리시고 또 내리시기를 원하노라 하였더라 ²³아비가일이 다윗을 보고 급히 나귀에서 내려 다윗 앞에 엎드려 그의 얼굴을 땅에 대니라 ²⁴그가 다윗의 발에 엎드려 이르되 내 주여 원하건대 이 죄악을 나 곧 내게로 돌리시고 여종에게 주의 귀에 말하게 하시고 이 여종의 말을 들으소서 ²⁵원하옵나니 내 주는 이 불량한 사람 나발을 개의치 마옵소서 그의 이름이 그에게 적당하니 그의 이름이 나발이라 그는 미련한 자니이다 여종은 내 주께서 보내신 소년들을 보지 못하였나이다 ²⁶내 주여 여호와께서 살아 계심을 두고 맹세하노니 내 주도 살아 계시거니와 내 주의 손으로 피를 흘려 친히 보복하시는 일을 여호와께서 막으셨으니 내 주의 원수들과 내 주를 해하려 하는 자들은 나발과 같이 되기를 원하나이다 ²⁷여종이 내 주께 가져온 이 예물을 내 주를 따르는 이 소년들에게 주게 하시고 ²⁸주의 여종의 허물을 용서하여 주옵소서 여호와께서 반드시 내 주를 위하여 든든한 집을 세우시리니 이는 내 주께서 여호와의 싸움을 싸우심이요 내 주의 일생에 내 주에게서 악한 일을 찾을 수 없음이니이다 ²⁹사람이 일어나서 내 주를 쫓아 내 주의 생명을 찾을지라도 내 주의 생명은 내 주의 하나님 여호와와 함께 생명 싸개 속에 싸였을 것이요 내 주의 원수들의 생명은 물매로 던지듯 여호와께서 그것을 던지시리이다 ³⁰여호와께서 내 주에 대하여 하신 말씀대로 모든 선을 내 주에게 행하사 내 주를 이스라엘의 지도자로 세우실 때에 ³¹내 주께서 무죄한 피를 흘리셨다든지 내 주께서 친히 보복하셨다든지 함으로 말미암아 슬퍼하실 것도 없고 내 주의 마음에 걸리는 것도 없으시리니 다만 여호와께서 내 주를 후대하실 때에 원하건대 내 주의 여종을 생각하소서 하니라

(사무엘상 25:18-31)

23
지혜로운 여인 아비가일

　우리교회 다윗 전도회 부인들은 모두 현숙하고 신앙이 아름답습니다. 음식 솜씨도 아주 뛰어납니다. 금요일에 성경공부를 하는 남편들을 위해 준비한 저녁 식사를 보니 수준급이었습니다. 다윗 전도회 회원들은 좋은 부인을 만나는 축복을 받았다고 생각합니다.
　오늘 성경 본문에도 아주 훌륭한 아내가 나옵니다. 바로 아비가일입니다. 남편이 저지른 사고로 가정이 위기에 놓였을 때 이를 잘 수습하는 사람은 지혜로운 아내입니다. 남편 나발이 다윗을 모독하며 무시했습니다. 이에 진노한 다윗이 군사를 이끌고 쳐들어오자 나발의 아내 아비가일이 지혜를 발휘하여 위기를 모면하게 되었습니다. 아비가일은 지혜로운 아내였습니다. '아비가일'은 '즐거움의 아버지', '기쁨의 근원'이란 뜻을 가지고 있습니다.

1. 아비가일의 성품

　아비가일은 이름의 뜻처럼 기쁨을 주는 여성입니다. 아비가일은 그녀의 아비에게도 기쁨을 주는 딸이었고 남편과 가족 모두에게도 기쁨을 주는 여성이었습니다. 뿐만 아니라 종들에게도 즐거움을 주는 여성이었습니다. 집안에 기쁨을 주는 여성은 참으로 복 있는 여성입니다. 가정에서의 아내의 역할은 중요합니다. 성경은 완벽한 여성에 대해서는 말씀하지 않지만 하나님이 기뻐하시는 여성에 대해서는 말씀하고 있습니다. 하나님께서 기뻐하시는 여성은 부지런히 일하는 여성, 지혜롭게 일하는 여성, 그리고 충성스럽게 일하는 여성입니다. 그러면서도 가족이 필요로 하는 일에 관심을 기울이는 '균형있는 여성'입니다. 성경은 말씀합니다. "고운 것도 거짓되고 아름다운 것도 헛되나 오직 여호와를 경외하는 여자는 칭찬을 받을 것이라 그 손의 열매가 그에게로 돌아갈 것이요 그 행한 일로 말미암아 성문에서 칭찬을 받으리라"(잠 31:30-31)

가정에 즐거움을 주며 하나님을 경외하는 아내는 복 있는 여성입니다. 오늘도 하나님을 경외하며, 그리고 부지런히 지혜롭게 충성스럽게 일하며, 가족의 필요를 돌보는 여성(아내)을 기뻐하시는 하나님을 기억하고 살아가시길 바랍니다.

2. 지혜로운 여인입니다

1) 신속한 결단으로 위기를 대처해 나갔습니다

① 예물을 준비했습니다.

"아비가일이 급히 떡 이백 덩이와 포도주 두 가죽 부대와 잡아서 요리한 양 다섯 마리와 볶은 곡식 다섯 세아와 건포도 백 송이와 무화과 뭉치 이백 개를 가져다가 나귀들에게 싣고"(25:18)

아비가일은 꼭 필요한 것들을 준비했습니다. 지금 아비가일이 가지고 가는 이 예물은 이미 다윗이 나발에게 요구했던 것으로 그가 필요로 하는 것들입니다. 여러 가지 종류의 음식을 준비한 것으로 보아 정성이 깃들었음을 알 수 있습니다. 나발은 이러한 것들을 주지 않고 다윗을 욕하며 모독했기 때문에 스스로 위기를 자초하게 된 것입니다. 이 음식은 남편 나발의 잘못에 대한 속죄의 예물로 이 정성스런 예물이 분노한 다윗의 마음을 풀어 주었습니다.

야곱은 분노한 형 에서가 400명의 군사를 이끌고 올 때, 그 절박한 상황에서 예물을 준비하여 보낸 결과 형의 마음을 누그러뜨릴 수 있었습니다. 정성이 담긴 예물은 맹렬한 분노를 그치게 하는 능력이 있습니다. 이것이 아비가일의 지혜입니다.

② 소년들을 앞서 보냈습니다.

"소년들에게 이르되 나를 앞서 가라 나는 너희 뒤에 가리라 하고 그의 남편 나발에게는 말하지 아니하니라"(25:19)

여기서 그녀의 민첩성을 볼 수 있습니다. 여인들은 외출 준비를 하려면 시간이 걸립니다. 화장을 하고 옷을 골라 입는 일 등에 시간이 걸립니다. 그런데 지금은 상황이 급합니다. 그래서 발빠른 종들을 먼저 보내어 주인의 뜻을 전달했습니다. 분노한 다윗의 마음을 누그러뜨리기 위해서였습니다.

야곱도 먼저 예물부터 보내고 자기는 제일 뒤에 나타났습니다. 이것 역시 지혜로운 처신입니다. 보기 싫은 사람이 먼저 나타나면 기분이 나빠져 상황이 더 악화될 수도 있습니다. 그러나 먼저 마음을 달랜 후에 서서히 나타나면 부담을 줄일 수 있게 됩니다. 이처럼 아비가일이 소년들을 먼저 보낸 것은 다윗의 호의와 은혜를 바란다는 뜻이 담겨 있습니다.

③ 남편에게 말하지 않았습니다.

"아비가일이 나귀를 타고 산 호젓한 곳을 따라 내려가더니 다윗과 그의 사람들이 자기에게로 마주 내려오는 것을 만나니라"(25:20)

남편 나발은 의논 상대가 될 수 없었습니다. 고집이 셀뿐더러 오히려 말썽의 소지가 많은 위험한 인물이기 때문입니다. 상황파악이 안 되는 사람과는 상대하지 않는 것이 지혜롭습니다. 다윗에게 음식을 갖다 준다고 하면 말릴 것이 분명하기 때문에 의논하지 않은 것입니다.

의논할 수 있는 사람과 의논해야 합니다. 지혜로운 사람과 의논해야 합니다. 우리는 믿음이 없는 사람과는 신앙 상담을 할 수 없습니다. 현명한 자는 상황에 맞는 말을 하고 침묵해야 할 때는 침묵할 줄도 알아야 합니다. 성경은 말씀합니다. "사람은 그 입의 대답으로 말미암아 기쁨을 얻나니 때에 맞는 말이 얼마나 아름다운고"(잠 15:23), "우리가 다 실수가 많으니 만일 말에 실수가 없는 자라면 곧 온전한 사람이라 능히 온 몸도 굴레 씌우리라"(약 3:2)

우리는 모든 문제를 먼저 하나님께 가지고 나와 기도하여 응답받아야 합니다. 우리는 말을 해야 할 때 말하고 침묵이 필요할 때 침묵할 줄 아는 지혜로운 성도, 진리를 말할 수 있는 성도들이 되어야 합니다.

2) 다윗이 분노했습니다

"다윗이 이미 말하기를 내가 이 자의 소유물을 광야에서 지켜 그 모든 것을 하나도 손실이 없게 한 것이 진실로 허사라 그가 악으로 나의 선을 갚는도다 내가 그에게 속한 모든 남자 가운데 한 사람이라도 아침까지 남겨 두면 하나님은 다윗에게 벌을 내리시고 또 내리시기를 원하노라"(25:21-22)

다윗은 광야에서 나발의 재산을 보호해 준 것도 모르고 무시하는 말을 한 것에 대하여 분노하고 있습니다. 그들이 나발을 위하여 수고한 대가를 악으로 갚은 데 대한 분노입니다. 그래서 그 집안의 모든 남자를 다 죽이겠다고 표현하는 것입니다. 이런 상황에서 아비가일의 지혜로운 처사가 빛을 발합니다.

3) 남편을 대신하여 아비가일이 속죄했습니다

① 겸손한 여인입니다.

"아비가일이 다윗을 보고 급히 나귀에서 내려 다윗 앞에 엎드려 그의 얼굴을 땅에 대니라"(25:23)

아비가일은 오만불손한 남편 나발과는 대조적으로 겸손했습니다. 이 여인의 겸손함은 남편의 완고함 속에서 더욱 참을성 있고 온유한 성품으로 다듬어졌다고 볼 수 있습니다. 우리 성도들도 세상에서의 고난과 환난을 통해 겸손해집니다. 그러므로 고난도 우리에게 유익이 됩니다.

② 나발의 죄를 자신에게 돌렸습니다.

"그가 다윗의 발에 엎드려 이르되 내 주여 원하건대 이 죄악을 나 곧 내게로 돌리시고 여종에게 주의 귀에 말하게 하시고 이 여종의 말을 들으소서"(25:24)

남편의 모든 죄를 자신에게 돌렸습니다. 남편의 모든 잘못을 자신이 대신 짊어지겠다는 각오로 남편을 대신하여 사죄하고 있습니다. 남편과 가정의 모든 생명을 구하기 위하여 희생을 불사하고 다윗에게 용서를 비는 것입니다. "이 죄악을 나 곧 내게로 돌리시고"라 했습니다. 모든 허물을 자신이 담당하겠다는 것은 아주 중요합니다. 아비가일은 변명하거나 원망하지 않고 다른 사람에게 전가하지도 않았습니다. 우리는 그녀의 고귀한 성품을 본받아야 합니다. 아비가일은 남편의 모든 허물을 자신이 다 담당했습니다. 이것이 예수님의 정신입니다. 우리 예수님은 십자가를 지시고 인류의 모든 죄를 다 짊어지고 돌아가셨습니다.

③ 남편의 잘못을 지적했습니다.

"원하옵나니 내 주는 이 불량한 사람 나발을 개의치 마옵소서 그의 이름이 그에게 적당하니 그의 이름이 나발이라 그는 미련한 자니이다 여종은 내 주께서 보내신 소년들을 보지 못하였나이다"(25:25)

아비가일은 남편에 대해 '불량한 사람'이라고 했습니다. 즉 '무익한 남자,' '쓸모없는 남자', '무가치한 남자'란 말입니다. '나발'이란 말은 '어리석은', '미련한'이란 의미가 있습니다. 그는 상대할 수 없는 존재란 말입니다. 나발은 자기 아내로부터 인정받지 못하는 변변치 못한 남편이었습니다.

그리고 "여종은 내 주께서 보내신 소년들을 보지 못하였나이다"라고 고백했습니다. 이 말은 자신이 미처 다윗이 보낸 소년들을 보지 못하여 일어난 일이므로 모든 것이 자기의 불찰이라는 말입니다. 자신이 알았다면 그와 같은 남편의 모욕적인 언행이 없었을 텐데 이렇게 된 것은 자신이 몰라서 일어난 일이므로 모든 것이 자신의 잘못이라고 고백합니다. 아비가일은 지혜로운 여인입니다.

4) 아비가일의 지혜가 다윗이 직접 복수하지 않도록 했습니다

"내 주여 여호와께서 살아 계심을 두고 맹세하노니 내 주도 살아 계시거니와 내 주의 손으로 피를 흘려 친히 보복하시는 일을 여호와께서 막으셨으니 내 주의 원수들과 내 주를 해하려 하는 자들은 나발과 같이 되기를 원하나이다"(25:26)

① 다윗은 지금까지 사울에게 복수할 수 있었으나 참았습니다.

그러므로 나발에게도 복수하지 않기를 바란다는 말입니다. 원수 갚는 것을 하나님이 막아 주셨으므로 이 어리석은 나발에게도 복수하지 말 것을 당부하는 말입니다. 아주 신앙적인 말입니다.

② 사울의 원수들과 그를 해하려 하는 자들은 나발과 같이 되기를 원했습니다.

다윗의 대적들을 하나님께서 다 갚아 주실 것을 말하고 있습니다. 비록 상대가 자신의 남편이라 할지라도 하나님의 종을 해치는 자는 하나님께서 복수하실 것이므로 다윗은 친히 복수하지 말라는 말입니다. 아비가일은 신앙의 여인입니다. 하나님의 섭리를 믿었습니다. 다윗이 기름 부음을 받은 하나님의 종임을 알았습니다. 장차 다윗이 이스라엘의 왕이 될 것을 믿었습니다. 대단한 신앙의 소유자입니다. 아비가일은 영적 분별력과 지혜를 가진 여인이었습니다.

5) 예물을 드리고 사죄했습니다

"여종이 내 주께 가져온 이 예물을 내 주를 따르는 이 소년들에게 주

게 하시고"(25:27)

이것은 아비가일이 다윗이 양떼를 지켜준 은혜에 대한 감사의 마음으로 주는 것입니다. 역시 지혜로운 여인입니다. 감사를 표현하면서 드리는 예물은 정당하고 아름다운 것입니다. 이 믿음의 여인이 결국 다윗을 감동시키고 말았습니다.

6) 하나님께서 다윗을 왕으로 세우실 것을 확신했습니다

"주의 여종의 허물을 용서하여 주옵소서 여호와께서 반드시 내 주를 위하여 든든한 집을 세우시리니 이는 내 주께서 여호와의 싸움을 싸우심이요 내 주의 일생에 내 주에게서 악한 일을 찾을 수 없음이니이다"(25:28)

아비가일은 하나님께서 다윗 왕가를 든든히 세워 주실 것을 확신했습니다. 왜냐하면 다윗은 지금까지 악한 일을 행하지 않았다는 것을 알기 때문입니다. 그녀는 다윗의 결백을 믿었습니다. 다윗은 오직 주를 위해서만 싸웠다는 것을 믿었습니다. 그러므로 지금까지 악을 행하지 않았기 때문에 나발에게도 복수하지 않을 것을 믿는다는 말입니다.

7) 다윗에 의한 하나님의 절대적인 보호를 믿었습니다

"사람이 일어나서 내 주를 쫓아 내 주의 생명을 찾을지라도 내 주의 생명은 내 주의 하나님 여호와와 함께 생명 싸개 속에 싸였을 것이요 내 주의 원수들의 생명은 물매로 던지듯 여호와께서 그것을 던지시리이다"(25:29)

"내 주의 생명은 내 주의 하나님 여호와와 함께 생명 싸개 속에 싸였을 것이요"에서 '싸개'는 '주머니', '보자기'를 말합니다. 고대 중동 지방에서는 값진 보화나 귀중한 물건을 안전하게 보관하기 위하여 그것을 싸개에 잘 싸서 보관했습니다. 그러므로 아비가일의 말은 하나님께서 다윗의 생명을 안전하게 보호하시며 불꽃 같은 눈으로 항상 다윗을 지켜주실 것을 확신한다는 말입니다.

또한 "내 주의 원수들의 생명은 물매로 던지듯 여호와께서 그것을 던지시리이다"라고 했습니다. 다윗은 물맷돌을 다루는 전문가입니다. 다윗은 물맷돌로 골리앗을 물리칠 만큼 위력적인 기술을 가지고 있습니다. 이것을 잘 아는 아비가일이 다윗의 원수들은 모두 물맷돌에 맞아 멸망할 것이라고 말합니다. 그러므로 원수 갚는 것을 하나님께 맡기라는 말입니다. 나발 같이 어리석고 미련한 자의 죄악을 개의치 말고 친히 원수 갚는 일을 하지 말라는 말입니다. 얼마나 놀라운 신앙입니까? 이런 아비가일의 말에 감동을 받지 않을 수 있겠습니까?

우리는 원수 갚는 일을 내가 직접 하려고 하면 안 됩니다. 하나님께 모든 것을 맡겨야 합니다. "할 수 있거든 너희로서는 모든 사람과 더불어 화목하라 내 사랑하는 자들아 너희가 친히 원수를 갚지 말고 하나님의 진노하심에 맡기라 기록되었으되 원수 갚는 것이 내게 있으니 내가 갚으리라고 주께서 말씀하시니라 네 원수가 주리거든 먹이고 목마르거든 마시게 하라 그리함으로 네가 숯불을 그 머리에 쌓아 놓으리라 악에게 지지 말고 선으로 악을 이기라"(롬 12:18-21)

우리는 악인과 원수에 대하여 우리 스스로 복수하려고 하지 말고 하나님께 맡겨야 합니다. 그러면 하나님께서 다 갚아 주십니다. 그때 우리가 진정한 승리자가 될 수 있습니다. 다윗은 자기를 죽이려는 사울에게 복수하지 않고 모든 것을 하나님께 맡겼습니다. 그러자 하나님께서 그의 원수를 완벽하게 갚아 주셨습니다. 사울을 전쟁터에서 죽게 하시고 다윗을 왕으로 세워 주셨습니다. 우리도 다윗처럼 끝까지 여호와 하나님만을 의지하고 주께 모든 것을 의탁함으로 진정한 승리자들이 되어야 합니다.

8) 장차 다윗이 왕이 될 경우까지 생각하고 있습니다

"여호와께서 내 주에 대하여 하신 말씀대로 모든 선을 내 주에게 행하사 내 주를 이스라엘의 지도자로 세우실 때에 내 주께서 무죄한 피를 흘리셨다든지 내 주께서 친히 보복하셨다든지 함으로 말미암아 슬퍼하실 것도 없고 내 주의 마음에 걸리는 것도 없으시리니 다만 여호와께서 내 주를 후대하실 때에 원하건대 내 주의 여종을 생각하소서 하니라"(25:30-31)

아비가일은 통찰력이 뛰어난 여인이었습니다. 앞으로 다윗이 왕이 되었을 때 무죄한 자의 피를 흘렸다거나 친히 원수를 갚았다는 말을 들어서는 안 될 것이라고 말합니다. 즉 죄책 잡힐 일을 하지 말라고 조언하는 것입니다. 나발에게 복수하는 것은 장차 왕이 될 다윗에게 누가 될 것이란 말입니다. 불필요한 피를 흘리지 말라는 충고입니다. 매우 조리가 있고 논리정연하고 설득력이 있으며 확신에 찬 말입니다. 여기에서 다윗의 마음이 돌아서고 말았습니다. 아비가일은 굉장한 지혜와 총명을 가진 여인이었습니다. 뿐만 아니라 다윗이 높아졌을 때 자기를 기억해 줄 것을 부탁했습니다. 이것은 다윗이 왕이 될 것을 미리 내다 보고 하는 말입니다. 이 여인은 지금 현재의 다윗만 보지 않았습니다. 지금 다윗은 쫓겨 다니는 방랑자입니다. 군사도 몇 명 없으며 가난했습니다. 그러나 아비가일은 다윗의 장래를 내다보았습니다. 다윗이 왕이 될 것을 미리 내다보는 지혜가 있었습니다. 아비가일은 미래를 바라보는 눈이 있었습니다.

대부분의 여인들은 현실적이라 하지만 아비가일은 미래를 보는 여인이었습니다. 결국 다윗은 왕이 되었고, 다윗이 왕이 될 것을 내다보고 자신을 기억해 달라고 부탁한 아비가일은 다윗의 아내가 되었습니다. 우리는 아비가일의 지혜를 본받아야 합니다. 아비가일은 문제의 본질을 바로 알았습니다. 가정의 위기를 알고 민첩하게 대처했습니다. 결코 어리석은 자와 의논하지 않았습니다.

우리도 우리의 모든 문제를 하나님과 의논해야 합니다. 원수 갚는 것을 하나님께 맡겨야 합니다. 아비가일은 하나님께서 다윗과 함께 하시는 것과 하나님의 역사를 바라보았습니다. 다윗의 현실만 보지 않고 미래를 내다보았습니다. 우리도 하나님께 지혜를 구하여 하나님의 뜻을 바로 알고 순종함으로써 하나님의 역사에 동참하는 지혜로운 성도들이 되어야 합니다. 아멘.

³²다윗이 아비가일에게 이르되 오늘 너를 보내어 나를 영접하게 하신 이스라엘의 하나님 여호와를 찬송할지로다 ³³또 네 지혜를 칭찬할지며 또 네게 복이 있을지로다 오늘 내가 피를 흘릴 것과 친히 복수하는 것을 네가 막았느니라 ³⁴나를 막아 너를 해하지 않게 하신 이스라엘의 하나님 여호와의 살아 계심을 두고 맹세하노니 네가 급히 와서 나를 영접하지 아니 하였더면 밝는 아침에는 과연 나발에게 한 남자도 남겨 두지 아니하였으리라 하니라 ³⁵다윗이 그가 가져온 것을 그의 손에서 받고 그에게 이르되 네 집으로 평안히 올라가라 내가 네 말을 듣고 네 청을 허락하노라 ³⁶아비가일이 나발에게로 돌아오니 그가 왕의 잔치와 같은 잔치를 그의 집에 배설하고 크게 취하여 마음에 기뻐하므로 아비가일이 밝는 아침까지는 아무 말도 하지 아니하다가 ³⁷아침에 나발이 포도주에서 깬 후에 그의 아내가 그에게 이 일을 말하매 그가 낙담하여 몸이 돌과 같이 되었더니 ³⁸한 열흘 후에 여호와께서 나발을 치시매 그가 죽으니라 ³⁹나발이 죽었다 함을 다윗이 듣고 이르되 나발에게 당한 나의 모욕을 갚아 주사 종으로 악한 일을 하지 않게 하신 여호와를 찬송할지로다 여호와께서 나발의 악행을 그의 머리에 돌리셨도다 하니라 다윗이 아비가일을 자기 아내로 삼으려고 사람을 보내어 그에게 말하게 하매 ⁴⁰다윗의 전령들이 갈멜에 가서 아비가일에게 이르러 그에게 말하여 이르되 다윗이 당신을 아내로 삼고자 하여 우리를 당신께 보내더이다 하니 ⁴¹아비가일이 일어나 몸을 굽혀 얼굴을 땅에 대고 이르되 내 주의 여종은 내 주의 전령들의 발 씻길 종이니이다 하고 ⁴²아비가일이 급히 일어나서 나귀를 타고 그를 뒤따르는 처녀 다섯과 함께 다윗의 전령들을 따라가서 다윗의 아내가 되니라 ⁴³다윗이 또 이스르엘 아히노암을 아내로 맞았더니 그들 두 사람이 그의 아내가 되니라 ⁴⁴사울이 그의 딸 다윗의 아내 미갈을 갈림에 사는 라이스의 아들 발디에게 주었더라

(사무엘상 25:32-44)

24

다윗의 용서와 나발의 죽음

아비가일은 지혜로운 여인이었습니다. 분노한 다윗을 찾아와 조리

있게 설득하여 그의 분노를 잠재우고 용서를 받았습니다. 그러나 나발은 하나님의 심판을 받아 죽임을 당하고 말았습니다. 다윗의 용서와 나발의 죽음이 주는 교훈을 살펴봅시다.

1. 다윗의 용서

1) 다윗이 하나님을 찬양했습니다

"다윗이 아비가일에게 이르되 오늘 너를 보내어 나를 영접하게 하신 이스라엘의 하나님 여호와를 찬송할지로다"(25:32)

아비가일이 지혜로운 말로 자신의 격노한 마음을 깨우쳐 주었기 때문입니다.

"또 네 지혜를 칭찬할지며 또 네게 복이 있을지로다 오늘 내가 피를 흘릴 것과 친히 복수하는 것을 네가 막았느니라"(25:33) 다윗은 아비가일이 찾아와 그의 남편 나발의 생명을 구한 것이 사사로운 차원이 아닌 보다 고차원적인 하나님의 섭리와 계획으로 한 것임을 알았습니다. 그래서 다윗은 먼저 하나님께 찬양을 드렸습니다. 그리고 아비가일의 지혜를 칭찬했습니다. 아비가일에게 지혜를 주신 분은 여호와 하나님이시므로 아비가일의 지혜를 칭찬하는 것은 바로 하나님을 찬양하는 것입니다.

2) 다윗은 충고를 받아들일 줄 아는 사람이었습니다

"또 네 지혜를 칭찬할지며 또 네게 복이 있을지로다 오늘 내가 피를 흘릴 것과 친히 복수하는 것을 네가 막았느니라 나를 막아 너를 해하지 않게 하신 이스라엘의 하나님 여호와의 살아 계심을 두고 맹세하노니 네가 급히 와서 나를 영접하지 아니하였더면 밝는 아침에는 과연 나발에게 한 남자도 남겨 두지 아니하였으리라 하니라 다윗이 그가 가져온 것을 그의 손에서 받고 그에게 이르되 네 집으로 평안히 올라가라 내가 네 말을 듣고 네 청을 허락하노라"(25:33-35)

다윗은 믿음의 사람이었습니다. 그는 순간적으로 분노했지만 아비가일의 지혜로운 충고를 받아들일 줄 아는 사람이었습니다. 그 충고는 바로 하나님으로부터 온 것입니다. 다윗은 아비가일의 충고를 그대로 받아들였습니다. 만약 아비가일의 충고가 아니었더라면, 그 충고를 받아들이지 않았다면 나발의 집은 피투성이가 되었을 것입니다. 두고두고 후회스러운 기억으로 남을 뻔했습니다. 충고를 잘 듣지 않는 사람이 많습니다. 그런 사람들은 홧김에 많은 실수를 합니다. 성급한 말이나 행동으로 비참한 결과를 가져오기도 합니다.

그러나 지혜로운 충고를 들을 줄 아는 사람은 복이 있습니다. 다윗은 아비가일의 충고를 통해 자신의 감정을 억제하고, 원수 갚는 것을 하나님께 맡기고, 피 흘림을 피하게 된 것을 감사하며 찬양했습니다.

성경은 말씀합니다. "슬기로운 자의 책망은 청종하는 귀에 금 고리와 정금 장식이니라"(잠 25:12), "의인이 나를 칠지라도 은혜로 여기며 책망할지라도 머리의 기름 같이 여겨서 내 머리가 이를 거절하지 아니할지라 그들의 재난 중에도 내가 항상 기도하리로다"(시 141:5)

우리도 지혜로운 충고를 받아들일 줄 아는 지혜로운 성도들이 되어야 합니다.

2. 아비가일의 선한 접대를 받고 감사드렸습니다

"다윗이 그가 가져온 것을 그의 손에서 받고 그에게 이르되 네 집으로 평안히 올라가라 내가 네 말을 듣고 네 청을 허락하노라"(25:35)

"허락하노라"는 말은 '얼굴을 들게 해주다'라는 의미가 있습니다. 청원하는 사람은 고개를 숙여 겸손한 자세를 취하기 때문에 항상 얼굴을 들지 못했습니다. 그래서 이 말에는 이제 '너의 청원을 들어주노니 고개를 들라'는 뜻이 포함되어 있습니다. 다윗은 아비가일의 청원을 받아 주었습니다. 즉 나발의 잘못을 용서해 준 것입니다. 그래서 아비가일이 가지고 온 예물을 받고 평안히 가라고 했습니다. 그리고 다윗은 나발의 죄를 용서해 주었습니다.

우리는 여기서 아비가일이 그 집안을 구원해 낸 사실에 주목해야 합니다. 아비가일은 믿음의 여인이었습니다. 남편을 대신하여 속죄하고 가정을 구원해 냈습니다. 다윗의 진노와 심판에서 구원해 냈습니다.

한 가정에 남편의 신앙이 없으면 아내라도 신앙이 있어야 그 가정이 바로 섭니다. 남편이 신앙생활을 잘 못하면 아내라도 잘 해야 그 가정이 믿음을 유지할 수 있습니다. 남편이 봉사를 못하면 아내라도 봉사를 해야 은혜가 유지됩니다. 남편이 대접을 못하면 아내라도 대접해야 그 가정이 복을 받습니다. 남편이 기도를 제대로 못하면 아내라도 기도해야 그 가정이 삽니다. 남편이 순종하지 못하면 아내라도 순종해야 그 가정에 믿음의 역사가 나타납니다. 남편이 충성하지 못하면 아내라도 충성해야 상급을 받습니다. 남편이 지혜롭지 못하면 아내라도 지혜롭게 행동해야 합니다. 성도의 가정에 지혜로운 아비가일이 있다는 것은 복입니다. 누가 우리 가정의 아비가일이 되어야 합니까? 남편, 아내, 자녀 중 한 사람이라도 지혜로운 믿음의 사람이 있어야 그 가정이 삽니다.

우리는 지혜로운 충고를 받아들일 줄 아는 사람이 되어야 합니다. 그리고 우리 가정을 살리는 믿음과 지혜가 있어야 합니다. 우리 모두 지혜로운 아비가일이 되어 하나님의 은혜로 가정을 살려야 하겠습니다.

3. 나발의 죽음

그런데 사고를 낸 나발은 하나님의 심판으로 죽고 말았습니다. 우리는 여기서 나발의 어리석은 작태를 볼 수 있습니다. "아비가일이 나발에게로 돌아오니 그가 왕의 잔치와 같은 잔치를 그의 집에 배설하고 크게 취하여 마음에 기뻐하므로 아비가일이 밝는 아침까지는 아무 말도 하지 아니하다가"(25:36)

다윗에게 조금 주는 것에는 인색한 나발이 지금 대연을 배설했습니다. 미련한 자의 모습입니다. 크게 취하여 혼자 기뻐하고 있습니다. 지금 상황이 어떻게 돌아가는지도 모르고 혼자 먹고 마시며 즐기고 있습니다. 이런 사람은 영적 소경입니다. 죽음을 앞두고 자기도취에 빠져 있는 불쌍한 사람입니다.

아비가일은 아침까지 말하지 않았습니다. 술에 취한 사람과는 대화가 안 되므로 말을 하지 않는 것이 지혜로운 방법입니다. "아침에 나발이 포도주에서 깬 후에 그의 아내가 그에게 이 일을 말하매 그가 낙담하여 몸이 돌과 같이 되었더니"(25:37) 아침에 술이 깬 후에 자초지종을 다 말하자 나발이 낙담을 했습니다. 문자적으로는 '그의 마음이 그 사람 안에서 죽었다'는 뜻입니다. 술에 취하여 혼자 기뻐하던 마음이 이제는 죽은 마음이 되었습니다. 그리고 몸이 돌과 같이 되었습니다. 이 말은 돌이 되었다는 뜻입니다. 몸이 돌과 같이 굳어졌다는 것을 알 수 있습니다. 한 마디로 강한 충격에 심장이 멈춘 것을 말합니다. 하룻밤 일장춘몽 같은 쾌락이 비극으로 끝났습니다.

나발의 최후가 어떻게 끝났습니까? "한 열흘 후에 여호와께서 나발을 치시매 그가 죽으니라"(25:38) 나발의 죽음은 하나님의 심판이었습니다. 나발의 죽음은 그의 교만함과 어리석음 때문에 왔습니다. 다윗을 멸시하고 대접하지 않은 것이 그의 실수요 죄악이었습니다. 다윗은 충분히 대접받을 자격이 있었습니다. 다윗은 이스라엘을 적군으로부터 구한 구원자였으며 나발의 양떼와 소유를 보호해 준 은인이었습니다. 그리고 성경은 나그네를 대접하라고 말씀합니다. "고아와 과부를 위하여 정의를 행하시며 나그네를 사랑하여 그에게 떡과 옷을 주시나니 너희는 나그네를 사랑하라 전에 너희도 애굽 땅에서 나그네 되었음이니라"(신 10:18-19) 나발은 결국 자신의 감정대로 교만하게 행동하다가 하나님의 진노로 죽임을 당하고 말았습니다. 다윗은 용서했지만 하나님은 그를 심판하셨습니다.

그러므로 우리는 원수를 직접 갚으려고 하면 안 됩니다. 하나님께 모든 것을 맡겨야 합니다. 그러면 하나님께서 갚아 주십니다. 원수 갚는 것은 하나님께 있다는 사실을 우리는 기억해야 합니다.

나발의 실패는 하나님보다 물질을 더 사랑했기 때문에 온 결과입니다. 나발은 오직 물질, 돈, 술, 쾌락만을 추구하다가 결국 파멸하고 말 았습니다. 얼마나 어리석은 일입니까? 성경은 말씀합니다. "부하려 하는 자들은 시험과 올무와 여러 가지 어리석고 해로운 욕심에 떨어지나니 곧 사람으로 파멸과 멸망에 빠지게 하는 것이라 돈을 사랑함이 일만 악의 뿌리가 되나니 이것을 탐내는 자들은 미혹을 받아 믿음에서 떠나 많은 근심으로써 자기를 찔렀도다"(딤전 6:9-10)

그는 물질관이 잘못되었습니다. 물질은 내 것이 아니라 하나님의 것입니다. 하나님께서 잠시 우리에게 맡겨 주신 것입니다. 그러므로 물질을 하나님을 위해 사용해야 합니다. 그런데 나발은 혼자 먹고 마시는데 다 허비했습니다. 반면 다윗은 물질을 하나님을 위하여 사용한 사람입니다. 그는 많은 물질의 축복을 받았습니다. 그 많은 물질을 하나님의 성전을 짓는데 사용했습니다. 그렇다고 다윗이 먹지 못하고 헐벗은 것이 아닙니다. 다윗은 모든 부귀와 영화를 누렸습니다. 하나님을 위해 물질을 사용하는 자를 하나님은 축복하십니다. 그리고 우리가 하나님을 위하여 바치는 모든 물질은 다 하나님의 나라에 보화로 보관됩니다. 영원한 상급이 있습니다. "너희를 위하여 보물을 땅에 쌓아 두지 말라 거기는 좀과 동록이 해하며 도둑이 구멍을 뚫고 도둑질하느니라 오직 너희를 위하여 보물을 하늘에 쌓아 두라 거기는 좀이나 동록이 해하지 못하며 도둑이 구멍을 뚫지도 못하고 도둑질도 못하느니라 네 보물 있는 그 곳에는 네 마음도 있느니라"(마 6:19-21)

우리는 하나님께서 내게 주신 물질을 잘 사용하는 방법을 알아야 합니다. 우리 모두 하나님이 주신 물질을 잘 사용하여 이 땅에서도 복을 받고 하늘나라에도 많은 보화를 쌓는 지혜로운 성도들이 되어야 합니다.

4. 다윗과 아비가일의 결혼

1) 다윗의 찬송

"나발이 죽었다 함을 다윗이 듣고 이르되 나발에게 당한 나의 모욕을 갚아 주사 종으로 악한 일을 하지 않게 하신 여호와를 찬송할지로다 여호와께서 나발의 악행을 그의 머리에 돌리셨도다 하니라 다윗이 아비가일을 자기 아내로 삼으려고 사람을 보내어 그에게 말하게 하매"(25:39)

다윗은 나발에게 당한 치욕을 자신이 갚지 않고 하나님께 맡김으로 죄를 범치 않은 것을 인하여 찬송을 드렸습니다. 다윗의 중심은 하나님 앞에서 죄를 범치 않는 것이었습니다. 나발의 죽음은 하나님의 심판이며 하나님의 주권임을 믿었습니다.

2) 다윗의 청혼

"나발이 죽었다 함을 다윗이 듣고 이르되 나발에게 당한 나의 모욕을 갚아 주사 종으로 악한 일을 하지 않게 하신 여호와를 찬송할지로다 여호와께서 나발의 악행을 그의 머리에 돌리셨도다 하니라 다윗이 아비가일을 자기 아내로 삼으려고 사람을 보내어 그에게 말하게 하매 다윗의 전령들이 갈멜에 가서 아비가일에게 이르러 그에게 말하여 이르되 다윗이 당신을 아내로 삼고자 하여 우리를 당신께 보내더이다 하니"(25:39-40)

다윗이 아비가일을 아내로 삼으려고 한 이유는 아비가일은 지혜로운 여인이었으며 신앙의 사람이었기 때문입니다. 또한 아비가일이 하나님의 일에 도움이 될 것으로 믿었기 때문입니다. 그리고 다윗의 아내 미갈이 이미 다른 사람과 결혼을 했기 때문입니다.

원래는 일부일처입니다. 그런데 구약시대에는 다첩을 허용했습니다. 하나님께서 다첩을 묵인하셨지만 그 때문에 항상 문제가 일어났습니다. 다윗이 아내를 맞은 것은 하나님의 일을 위해서였습니다. 그래서 그에게는 믿음과 지혜가 있는 여인이 필요했던 것입니다.

3) 아비가일의 허락

"아비가일이 일어나 몸을 굽혀 얼굴을 땅에 대고 이르되 내 주의 여종은 내 주의 전령들의 발 씻길 종이니이다"(25:41)

다윗 앞에 겸손히 엎드린 것은 다윗의 요청을 받아들인다는 뜻입니다. "내 주의 여종"이라고 한 것은 이미 다윗의 사람이 될 것을 시사합니다. "발 씻길 종이니이다"는 자신에게는 과분한 것을 감사히 받겠다는 말입니다. 지극히 비천한 일, 종들의 발도 씻겠다는 겸손의 말로 허락했습니다.

"아비가일이 급히 일어나서 나귀를 타고 그를 뒤따르는 처녀 다섯과 함께 다윗의 전령들을 따라가서 다윗의 아내가 되니라"(25:42) "급히 일어나서"란 말은 단호하게, 그리고 이미 마음에 작정했음을 말해 줍니다. "처녀 다섯과 함께 다윗의 전령들을 따라가서 다윗의 아내가 되니라" 아비가일은 대부호였으므로 몸종들을 데리고 다윗에게로 가서 그의 아내가 되었습니다.

아비가일이 다윗의 아내가 된 것은 의미 있는 사건입니다. 먼저 신앙적인 목적이 있었습니다. 그리고 후일에 다윗이 유다의 왕이 될 때

헤브론에 입성을 하게 됩니다. 아비가일이 갈렙의 후예였으므로 이때 아비가일을 대동함으로써 유다지파 사람들의 호감을 얻을 수 있었습니다. 다윗과 아비가일 사이에는 길르압과 다니엘 등 최소한 두 명의 아들이 출생하였습니다. 아비가일의 입장에서 볼 때 다윗을 따르는 것은 고생길이었습니다. 그것을 알면서도 많은 재산을 버리고 방랑자 다윗을 선택한 것은 "내 주의 전령들의 발 씻길 종이니이다"에서 알 수 있듯 주의 일을 돕기 위해서였습니다. 다윗은 하나님의 나라를 위해 일하는 하나님의 사람입니다. 그러므로 다윗이 하는 일을 돕겠다는 것은 주의 종을 위해 봉사하겠다는 말입니다. 가치 있는 일입니다. 하나님은 주님을 위하여 헌신하는 여인을 축복하시어 나중에 왕비가 되게 하셨습니다.

우리는 하나님을 기쁘시게 해드리는 삶을 살아야 합니다. 영적으로 지혜로워야 하고 믿음으로 행해야 합니다. 우리에게 주신 물질을 하나님의 나라를 위하여 사용함으로써 하나님의 약속하신 은혜와 축복을 소유해야 하겠습니다. 아멘.

¹십 사람이 기브아에 와서 사울에게 말하여 이르되 다윗이 광야 앞 하길라 산에 숨지 아니하였나이까 하매 ²사울이 일어나 십 광야에서 다윗을 찾으려고 이스라엘에서 택한 사람 삼천 명과 함께 십 광야로 내려가서 ³사울이 광야 앞 하길라 산 길 가에 진 치니라 다윗이 광야에 있더니 사울이 자기를 따라 광야로 들어옴을 알고 ⁴이에 다윗이 정탐꾼을 보내어 사울이 과연 이른 줄 알고 ⁵다윗이 일어나 사울이 진 친 곳에 이르러 사울과 넬의 아들 군사령관 아브넬이 머무는 곳을 본즉 사울이 진영 가운데에 누웠고 백성은 그를 둘러 진 쳤더라 ⁶이에 다윗이 헷 사람 아히멜렉과 스루야의 아들 요압의 아우 아비새에게 물어 이르되 누가 나와 더불어 진영에 내려가서 사울에게 이르겠느냐 하니 아비새가 이르되 내가 함께 가겠나이다 ⁷다윗과 아비새가 밤에 그 백성에게 나아가 본즉 사울이 진영 가운데 누워 자고 창은 머리 곁 땅에 꽂혀 있고 아브넬과 백성들은 그를 둘러 누웠는지라 ⁸아비새가 다윗에게 이르되 하나님이 오늘 당신의 원수를 당신의 손에 넘기셨나이다 그러므로 청하오니 내가 참으로 그를 찔러서 단번에 땅에 꽂게 하소서 내가 그를 두 번 찌를 것이 없으리이다 하니 ⁹다윗이 아비새에게 이르되 죽이지 말라 누구든지 손을 들어 여호와의 기름 부음 받은 자를 치면 죄가 없겠느냐 하고 ¹⁰다윗이 또 이르되 여호와께서 살아 계심을 두고 맹세하노니 여호와께서 그를 치시리니 혹은 죽을 날이 이르거나 또는 전장에 나가서 망하리라 ¹¹내가 손을 들어 여호와의 기름 부음 받은 자를 치는 것을 여호와께서 금하시나니 너는 그의 머리 곁에 있는 창과 물병만 가지고 가자 하고 ¹²다윗이 사울의 머리 곁에서 창과 물병을 가지고 떠나가되 아무도 보거나 눈치 채지 못하고 깨어 있는 사람도 없었으니 이는 여호와께서 그들을 깊이 잠들게 하셨으므로 그들이 다 잠들어 있었기 때문이었더라

(사무엘상 26:1-12)

25

다윗의 관용 1

유대인의 경전 탈무드에 보면 모욕을 당하고도 앙갚음을 하지 않는

사람, 비난을 당하고도 응수하지 않는 사람, 그리고 사랑을 행하는 사람에게 "이들을 해처럼 힘차게 떠오르게 하소서"라고 기원하고 있습니다.

오늘 본문에 나오는 믿음의 사람 다윗은 자기를 죽이려고 모든 것을 총동원하는 사울에게 복수의 기회가 왔지만 관용을 베풀었습니다. 하나님의 백성인 우리도 관용을 베푸는 삶을 살아야 합니다. 진정한 승리자는 관용을 베푸는 사람입니다.

우리는 먼저 은혜를 잊어버린 자 사울을 생각해 봅시다.

1. 은혜를 잊어버린 사울

"십 사람이 기브아에 와서 사울에게 말하여 이르되 다윗이 광야 앞 하길라 산에 숨지 아니하였나이까 하매 사울이 일어나 십 광야에서 다윗을 찾으려고 이스라엘에서 택한 사람 삼천 명과 함께 십 광야로 내려가서 사울이 광야 앞 하길라 산 길 가에 진 치니라 다윗이 광야에 있더니 사울이 자기를 따라 광야로 들어옴을 알고"(26:1-3)

다윗은 나라를 구한 사람이요, 사울의 사위이자 죄 없는 충신입니다. 그리고 나라에 꼭 필요한 사람입니다. 그보다 하나님께서 사랑하시는 기름 부음을 받은 종입니다. 그런 다윗을 죽이려고 혈안이 되어 있는 사울이 다윗의 정보를 입수하여 군사 삼천 명을 거느리고 내려왔습니다. 반면 사울은 이전에 엔게디 황무지 동굴에 숨어 있던 다윗을 찾아 들어와 뒤를 본 적이 있습니다. 모든 부하들이 단칼에 죽이자고 할 때에도 다윗은 그의 겉옷만 베었습니다. 사울이 아무리 악한 왕이라도 하나님의 기름 부음을 받은 왕이기 때문입니다. 이 사실을 알게 된 사울이 감격하여 울며 자신의 잘못을 고백하고 다윗을 향하여 축복했습니다. 그러나 그것도 잠시 뿐이었습니다. 곧 정예병사 삼천 명을 이끌고 다시 다윗을 죽이려고 내려 왔습니다. 사울은 은혜를 잊어버린 사람입니다.

사울이 울면서 자신의 잘못을 고백하며 다윗을 향해 축복한 것은 진정한 회개가 아니었습니다. 진정한 회개는 전 인격이 변화되어야 합니다. 지·정·의가 변화되는 회개가 참 회개입니다. 자신의 잘못을 인정하고 고백하는 것만으로는 진정한 회개라 할 수 없습니다. 눈물을 흘린다고 되는 것이 아닙니다. 거기에서 돌아서는 의지적인 결단이 따라야 합니다. 부흥회나 예배, 또는 기도회에서 은혜를 받아 울면서 잘못을 깨닫지만 여전히 옛날의 습관대로 살아간다면 그것은 진정한 회개가 아닙니다. 우리는 옛 습관을 버려야 합니다. 우리는 예수 그리스도 안에서 새로운 존재가 되었습니다. 그러므로 옛날의 죄 된 모습을 버리고 진정한 회개의 열매를 맺어야 합니다. 사도 바울은 고백합니다. "그런즉 누구든지 그리스도 안에 있으면 새로운 피조물이라 이전 것은 지나갔으니 보라 새 것이 되었도다"(고후 5:17)

우리는 죄악과 죽음에서 우리를 구원해 주시고 지금까지 은혜를 베푸신 하나님의 은혜를 기억하여 늘 감사하며 참된 회개의 열매를 맺어야 합니다.

2. 다윗의 준비성

"이에 다윗이 정탐꾼을 보내어 사울이 과연 이른 줄 알고"(26:4)

다윗은 사울이 온다는 소식을 듣고 탐정을 파견했습니다. 척후병을 보내어 사울의 일거수일투족을 세밀히 관찰하는 것은 아주 지혜로운 방법입니다. 다윗은 자신의 생명을 노리는 사울로부터 자신을 보호하기 위해 철저한 준비를 했습니다. 항상 대비하는 생활은 지혜로운 자의 삶입니다.

다윗은 스스로 노력하는 자세를 가졌습니다. 다윗은 하나님을 의지하는 신앙인이나 현실을 무시하지 않았습니다. 자신이 준비할 수 있는 것은 철저히 준비했습니다. 우리도 하나님을 의지하고 믿음으로 살지만 우리가 해야 할 일은 철저히 준비해야 합니다. 직장인은 자신의 전문직종에 대한 실력과 정보를 준비해야 합니다. 공부하는 학생은 자신의 목표를 위해 철저히 준비해야 합니다. 경기를 앞둔 운동선수는 좋은 성적을 내기 위해서 최선을 다해 훈련하는 동시에 건강관리도 잘 해야 합니다.

지난번 보스턴 마라톤 경기에서 51년 만에 우승한 봉달이 이봉주 선수가 월계관을 쓴 것은 철저한 사전 준비에 의한 결과였습니다. 당일 낮 12시(현지 시각) 미국 매사추세츠주의 홉킨튼 스테이트 파크에서 1만 5천 여 명 중 제일 앞줄 한가운데에 자리잡은 이봉주(31·삼성전자)는 약간 긴장한 듯한 표정이었습니다. 좌우에는 '2000 시드니 올림픽' 금메달리스트인 게자헹 아베라(에티오피아), 2000년도 이 대회 우승자인 엘리야 라가트(케냐) 등 20여 명의 철각들이 출발신호를 기다리고 있었습니다. "몸이 좋으니까 서두르지 마. 중간에 걸려 넘어지지 않게 조심하고…." 이봉주는 오인환 코치의 당부를 마음에 새기며 달리기 시작했습니다. 충남 보령에서 굴곡이 심한 보스턴 코스에 대비한 연습을 충분히 한데다가 현지 적응도 잘 되었기기 때문에 3위권 입상은 노려볼 만하다는 자신감이 있었습니다. '30km 지점까지는 다른 우승 후보들과 함께 간다. 32km를 지나 나타나는 하트브레이크 힐(heartbreak hill·심장파열 언덕)에서 1차 승부를 건다. 다른 선수들이 따라 붙더라도 40km 이전에는 스퍼트해 달아난다.' 이봉주는 마라톤 풀코스를 스물 네 차례나 완주한 경험을 살려 오인환 코치와 함께 세운 전략을 다시 한 번 되새겼습니다. 기온은 섭씨 9도로 기분이 상쾌했습니다. 페이스메이커 세 명이 앞으로 줄달음쳐 나갔지만 후반의 난코스를 의식한 탓인지 우승 후보들은 속도를 의식적으로 조절하는 듯했습니다. 스피드에 상대적으로 약점이 있던 이봉주로서는 잘된 일이었습니다. 10여 명의 선두그룹에서 뛰었던 이봉주는 마침내 하트브레이크 힐에서 앞으로 뛰쳐 나갔습니다. 실비오 구에라(에콰도르), 조수아 첼랑가, 데이비드 키푸툼 부시에나이(케냐)가 따라 붙었습니다. 라가트, 아베라 등 우승 후보들의 모습은 보이지 않았습니다. 이봉주의 발걸음은 한결 가벼워진 듯했습니다. 40km까지는 앞서거니 뒷서거니 하는 기 싸움이 계속됐습니다. 대부분의 레이스에서 선두를 뒤쫓기만 했는데 이날은 유난히 자신이 넘치는 레이스를 했습니다. 아프리카 3인방을 상대로 당기고 늦추기를 반복하며 승부처를 기다렸습니다. 마침내 40km 지점에 이르자 이봉주가 속도를 내기 시작했습니다. 한 순간에 2위 구에라와의 거리 차가 20m 이상으로 벌어졌습니다. '이젠 됐다!' 우승을 확신한 이봉주는 질주를 계속했습니다. 결승선을 20여 m 앞두고 이봉주는 오른손을 번쩍 들어 주먹을 불끈 쥐어 보였습니다. 환하게 웃으며 골인한 이봉주는 관중들의 환호에 답하며 관중석의 오인환 코치와 팀 관계자들에게 달려갔습니다. 월계관을 쓴 이봉주는 금메달과 트로피를 받아 들고 애국가가 울려 퍼지는 동안 감개무량한 표정으로 애써 눈물을 참는 듯했습니다. 통역의 도움을 받아 즉석 인터뷰을 한 그는 마지막에 "생큐 베리 머치"라고 외쳐 세계 최고의 마라토너가 된 기쁨을 마음껏 과시했습니다.

우리도 우리가 할 일에 최선을 다해야 합니다. 우리는 영적으로 늘 마귀와 전쟁을 합니다. 이 영적 전쟁에서 이기기 위해서는 준비를 철저히 해야 합니다. 마귀와의 싸움에는 휴전이 없습니다. 늘 깨어서 대비하는 삶을 살아야 합니다. 군인들이 매일 전투 훈련을 하듯이 우리도 영적 싸움을 위해서 매일 대비해야 합니다. 기도와 말씀으로 대비하고, 교회 봉사로 준비해야 합니다. 성령 충만으로 대비해야 합니다. 그래야 전도에도 승리할 수 있습니다. 우리 모두 하나님의 전신갑주로 무장해야 합니다. 우리가 준비해야 할 하나님의 전신갑주가 무엇입니까? "끝으로 너희가 주 안에서와 그 힘의 능력으로 강건하여지고 마귀의 간계를 능히 대적하기 위하여 하나님의 전신 갑주를 입으라 우리의 씨름은 혈과 육을 상대하는 것이 아니요 통치자들과 권세들과 이 어둠의 세상 주관자들과 하늘에 있는 악의 영들을 상대함이라 그러므로 하나님의 전신 갑주를 취하라 이는 악한 날에 너희가 능히 대적하고 모든 일을 행한 후에 서기 위함이라 그런즉 서서 진리로 너희

허리띠를 띠고 의의 호심경을 붙이고 평안의 복음이 준비한 것으로 신을 신고 모든 것 위에 믿음의 방패를 가지고 이로써 능히 악한 자의 모든 불화살을 소멸하고 구원의 투구와 성령의 검 곧 하나님의 말씀을 가지라 모든 기도와 간구를 하되 항상 성령 안에서 기도하고 이를 위하여 깨어 구하기를 항상 힘쓰며 여러 성도를 위하여 구하라"(엡 6:10-18)

다윗이 사울의 공격을 사전에 잘 준비하여 대비했듯이 우리도 마귀와의 영적 전투에서 항상 승리하기 위해서는 매사에 준비하며 살아야 합니다.

3. 다윗의 관용

다윗은 정탐꾼들을 동원하여 입수한 정보를 가지고 사울이 있는 곳으로 갔더니 그들은 모두 잠들어 있었습니다. 사울을 죽일 수 있는 절호의 기회였습니다. 우리는 여기서 철저히 깨어서 준비한 다윗과 군사력만 믿고 철저히 준비하지 못한 사울과의 차이점을 발견할 수 있습니다. 두 사람의 상황이 바뀌었습니다. "다윗이 일어나 사울이 진 친 곳에 이르러 사울과 넬의 아들 군사령관 아브넬이 머무는 곳을 본즉 사울이 진영 가운데에 누웠고 백성은 그를 둘러 진 쳤더라 이에 다윗이 헷 사람 아히멜렉과 스루야의 아들 요압의 아우 아비새에게 물어 이르되 누가 나와 더불어 진영에 내려가서 사울에게 이르겠느냐 하니 아비새가 이르되 내가 함께 가겠나이다 다윗과 아비새가 밤에 그 백성에게 나아가 본즉 사울이 진영 가운데 누워 자고 창은 머리 곁 땅에 꽂혀 있고 아브넬과 백성들은 그를 둘러 누웠는지라 아비새가 다윗에게 이르되 하나님이 오늘 당신의 원수를 당신의 손에 넘기셨나이다 그러므로 청하오니 내가 창으로 그를 찔러서 단번에 땅에 꽂게 하소서 내가 그를 두 번 찌를 것이 없으리이다"(26:5-8)

철저히 준비하고 대비한 다윗과 경비도 하지 않은 채 잠을 자는 사울의 전세가 완전히 뒤바뀌고 말았습니다. 단칼에 사울의 생명을 빼앗을 수 있는 상황입니다. 우리는 언제라도 방심하면 안 됩니다. 항상 철저히 준비하고 긴장을 늦추지 말아야 합니다. 이런 절호의 기회에 다윗은 사울에게 관용을 베풀었습니다. "다윗이 아비새에게 이르되 죽이지 말라 누구든지 손을 들어 여호와의 기름 부음 받은 자를 치면 죄가 없겠느냐 하고 다윗이 또 이르되 여호와께서 살아 계심을 두고 맹세하노니 여호와께서 그를 치시리니 혹은 죽을 날이 이르거나 또는 전장에 나가서 망하리라 내가 손을 들어 여호와의 기름 부음 받은 자를 치는 것을 여호와께서 금하시나니 너는 그의 머리 곁에 있는 창과 물병만 가지고 가자 하고 다윗이 사울의 머리 곁에서 창과 물병을 가지고 떠나가되 아무도 보거나 눈치 채지 못하고 깨어 있는 사람도 없었으니 이는 여호와께서 그들을 깊이 잠들게 하셨으므로 그들이 다 잠들어 있었기 때문이었더라"(26:9-12)

다윗이 관용을 베푼 이유는

1) 사울은 기름 부음을 받은 자이기 때문입니다

사울은 하나님으로부터 기름 부음을 받아 이스라엘의 왕으로 임명

되었습니다. 이것은 하나님의 주권적인 역사입니다. 하나님의 종은 하나님께서 심판하신다는 사실을 알았기 때문에 직접 해치지 않은 것입니다.

2) 사울의 범죄에 동참하지 않기 위해서입니다

사울과 다윗은 모두 하나님으로부터 기름 부음을 받은 종입니다. 그런데 사울은 다윗을 죽이려고 했습니다. 이것은 범죄 행위입니다. 그러나 다윗은 사울을 죽이려고 하지 않았습니다. 사울과 같이 주의 종을 죽이고자 하는 일에 동참하지 않고 오히려 사울에게 은혜를 베풀었습니다. 그 이유는 그가 하나님의 기름 부음을 받은 종이기 때문입니다. 그리고 원수를 사랑하라는 말씀에 순종한 것입니다. 또한 다윗은 죄 짓는 일에 동참하지 않았습니다. 우리는 죄 짓는 일에 동참하면 안 됩니다. 죄 짓는 일을 멀리해야 합니다. 하나님께서 싫어하시는 일에 동참하면 안 됩니다. 우리는 하나님께서 기뻐하시는 일을 하도록 해야 합니다.

3) 하나님께서 복수하시길 바랐기 때문입니다

"다윗이 또 이르되 여호와께서 살아 계심을 두고 맹세하노니 여호와께서 그를 치시리니 혹은 죽을 날이 이르거나 또는 전장에 나가서 망하리라"(26:10)

다윗은 하나님의 기름 부은 자를 치는 것은 하나님의 주권을 무시하는 죄라는 것을 알았습니다. 그리고 다윗은 여호와께서 그를 치실 줄 믿었으므로 자신의 억울함을 다 하나님께 맡길 수 있었습니다. 원수 갚는 것을 다 하나님께 맡겼습니다. 하나님은 심판자이시기 때문입니다. 우리도 우리가 직접 원수를 갚으려고 하지 말고 하나님께 맡기는 지혜를 가져야 합니다.

성경은 원수에 대해 어떻게 대해야 할지를 말씀합니다. "할 수 있거든 너희로서는 모든 사람으로 더불어 화목하라 내 사랑하는 자들아 너희가 친히 원수를 갚지 말고 진노하심에 맡기라 기록되었으되 원수 갚는 것이 내게 있으니 내가 갚으리라고 주께서 말씀하시니라 네 원수가 주리거든 먹이고 목마르거든 마시우라 그리함으로 네가 숯불을 그 머리에 쌓아 놓으리라 악에게 지지 말고 선으로 악을 이기라"(롬 12:18-21) 우리 모두 원수를 사랑하고 하나님께 맡김으로 승리해야 합니다.

4) 자기의 무죄를 증거했습니다

"내가 손을 들어 여호와의 기름 부음 받은 자를 치는 것을 여호와께서 금하시나니 너는 그의 머리 곁에 있는 창과 물병만 가지고 가자 하고 다윗이 사울의 머리 곁에서 창과 물병을 가지고 떠나가되 아무도 보거나 눈치 채지 못하고 깨어 있는 사람도 없었으니 이는 여호와께서 그들을 깊이 잠들게 하셨으므로 그들이 다 잠들어 있었기 때문이었더라"(26:11-12)

다윗은 명예를 소중히 여기는 사람입니다. 자신에게 사울을 죽일 수 있는 좋은 기회가 왔지만 해치지 않은 것은 자신이 나쁜 마음으로 왕위를 노리는 것이 아니라는 것을 증명한 것입니다. 다윗은 자신의 결백을 증명해 보였습니다. 사울에게 은혜를 베풀어 주는 것으로 자신에게 죄가 없음을 증명했습니다. 그는 사울을 여러 번 용서했습니다.

성경의 교훈은 용서입니다. "너희가 사람의 잘못을 용서하면 너희 하늘 아버지께서도 너희 잘못을 용서하시려니와 너희가 사람의 잘못을 용서하지 아니하면 너희 아버지께서도 너희 잘못을 용서하지 아니하시리라"(마 6:14-15) 예수님은 우리에게 용서의 한계에 대해 가르쳐 주셨습니다. "그 때에 베드로가 나아와 이르되 주여 형제가 내게 죄를 범하면 몇 번이나 용서하여 주리이까 일곱 번까지 하오리이까 예수께서 이르시되 네게 이르노니 일곱 번뿐 아니라 일곱 번을 일흔 번까지라도 할지니라"(마 18:21-22)

영국의 웰링톤 장군의 부대에 상습적으로 탈영을 하는 병사가 있었습니다. 어쩔 수 없이 이젠 사형선고를 해야만 할 순간이 왔습니다. "이 참혹한 형벌을 내린다는 것은 참으로 가슴 아픈 일이다. 하지만 우리는 온갖 훈계와 벌로써 다스려 보았지만 모든 것이 허사였다." 그 때 그 병사의 친구가 말했습니다. "한 가지 시도하지 않은 것이 있습니다. 그것은 용서입니다." 친구의 말을 들은 장군은 그 병사를 용서했습니다. 이에 감동을 받은 병사가 자기의 잘못을 뉘우치고 변화되어 충성을 다했습니다.

예수 그리스도는 우리의 모든 죄를 용서해 주시려고 갈보리 산 십자가에 달리셨습니다. 그를 믿는 모든 자에게 모든 죄를 용서해 주셨습니다. 주님의 한없는 용서와 사랑을 받은 우리도 주님 앞에서 형제에게 관용과 용서를 베풀어야 합니다. 성경은 말씀합니다. "너희 관용을 모든 사람에게 알게 하라 주께서 가까우시니라"(빌 4:5)

진정한 승리자는 예수 그리스도이십니다. 예수 그리스도는 용서하심으로 승리하셨습니다. 우리도 관용을 베풀고 용서함으로써 진정한 승리자의 길을 걸어가야 합니다. 주님은 우리가 참된 승리자의 길인 관용과 용서의 길을 가기를 원하십니다. 아멘.

¹³이에 다윗이 건너편으로 가서 멀리 산꼭대기에 서니 거리가 멀더라 ¹⁴다윗이 백성과 넬의 아들 아브넬을 대하여 외쳐 이르되 아브넬아 너는 대답하지 아니하느냐 하니 아브넬이 대답하여 이르되 왕을 부르는 너는 누구냐 하더라 ¹⁵다윗이 아브넬에게 이르되 네가 용사가 아니냐 이스라엘 가운데에 너 같은 자가 누구냐 그러한데 네가 어찌하여 네 주 왕을 보호하지 아니하느냐 백성 가운데 한 사람이 네 주 왕을 죽이려고 들어갔었느니라 ¹⁶네가 행한 이 일이 옳지 못하도다 여호와께서 살아 계심을 두고 맹세하노니 여호와의 기름 부음 받은 너희 주를 보호하지 아니하였으니 너희는 마땅히 죽을 자이니라 이제 왕의 창과 왕의 머리 곁에 있던 물병이 어디 있나 보라 하니 ¹⁷사울이 다윗의 음성을 알아듣고 이르되 내 아들 다윗아 이것이 네 음성이냐 하는지라 다윗이 이르되 내 주 왕이여 내 음성이니이다 하고 ¹⁸또 이르되 내 주는 어찌하여 주의 종을 쫓으시나이까 내가 무엇을 하였으며 내 손에 무슨 악이 있나이까 ¹⁹원하건대 내 주 왕은 이제 종의 말을 들으소서 만일 왕을 충동시켜 나를 해하려 하는 이가 여호와시면 여호와께서는 제물을 받으시기를 원하나이다마는 만일 사람들이면 그들이 여호와 앞에 저주를 받으리니 이는 그들이 이르기를 너는 가서 다른 신들을 섬기라 하고 오늘 나를 쫓아내어 여호와의 기업에 참여하지 못하게 함이니이다 ²⁰그런즉 청하건대 여호와 앞에서 먼 이 곳에서 이제 나의 피가 땅에 흐르지 말게 하옵소서 이는 산에서 메추라기를 사냥하는 자와 같이 이스라엘 왕이 한 벼룩을 수색하러 나오셨음이니이다 ²¹사울이 이르되 내가 범죄 하였도다 내 아들 다윗아 돌아오라 네가 오늘 내 생명을 귀하게 여겼은즉 내가 다시는 너를 해하려 하지 아니하리라 내가 어리석은 일을 하였으니 대단히 잘못 되었도다 하는지라 ²²다윗이 대답하여 이르되 왕은 창을 보소서 한 소년을 보내어 가져가게 하소서 ²³여호와께서 사람에게 그의 공의와 신실을 따라 갚으시리니 이는 여호와께서 오늘 왕을 내 손에 넘기 셨으되 나는 손을 들어 여호와의 기름 부음을 받은 자 치기를 원하지 아니 하였음이니이다 ²⁴오늘 왕의 생명을 내가 중히 여긴 것 같이 내 생명을 여호와께서 중히 여기셔서 모든 환난에서 나를 구하여 내시기를 바라나이다 하니라 ²⁵사울이 다윗에게 이르되 내 아들 다윗아 네게 복이 있을지로다 네가 큰일을 행하겠고 반드시 승리를 얻으리라 하니라 다윗은 자기 길로 가고 사울은 자기 곳으로 돌아 가니라

(사무엘상 26:13-25)

26

다윗의 관용 2

다윗의 위대한 점은 관용입니다. 자기를 죽이려고 집요하게 추적하는 사울을 죽일 수 있었지만 용서하고 살려 주었습니다. 다윗이 사울에게 관용을 베푼 이유는

① 사울은 기름 부음을 받은 자이기 때문입니다.
② 사울의 범죄에 동참하지 않기 위해서입니다.
③ 하나님께서 복수하시길 바랐기 때문입니다.

"다윗이 또 이르되 여호와께서 살아 계심을 두고 맹세하노니 여호와께서 그를 치시리니 혹은 죽을 날이 이르거나 또는 전장에 나가서 망하리라"(26:10)

다윗은 모든 것을 하나님께 맡겼습니다. 여호와께서 사울을 치실 줄 믿었기 때문입니다.

④ 자기의 무죄를 증거했습니다.

다윗은 명예를 소중히 여기는 사람입니다. 자신에게 사울을 죽일 수 있는 좋은 기회가 왔지만 해치지 않은 것은 자신이 나쁜 마음으로 왕위를 노리는 것이 아니라는 것을 증명한 것입니다. 다윗은 자신의 결백을 증명해 보였습니다. 성경의 교훈은 용서입니다. "너희가 사람의 잘못을 용서하면 너희 하늘 아버지께서도 너희 잘못을 용서하시려니

와 너희가 사람의 잘못을 용서하지 아니하면 너희 아버지께서도 너희 잘못을 용서하지 아니하시리라"(마 6:14-15)

1. 아브넬의 잘못을 꾸짖었습니다

다윗은 산 하나를 사이에 둔 언덕에 올라가서 잠자는 아브넬을 깨웠습니다. "이에 다윗이 건너편으로 가서 멀리 산 꼭대기에 서니 거리가 멀더라"(26:13)

다윗이 거리를 두고 고함을 친 것은 만일의 경우 사울의 손에서 벗어나기 위해서였습니다. 다윗은 사울 왕의 경호 책임자인 아브넬의 잘못을 지적했습니다. "다윗이 아브넬에게 이르되 네가 용사가 아니냐 이스라엘 가운데에 너 같은 자가 누구냐 그러한데 네가 어찌하여 네 주 왕을 보호하지 아니하느냐 백성 가운데 한 사람이 네 주 왕을 죽이려고 들어갔었느니라 네가 행한 이 일이 옳지 못하도다 여호와께서 살아 계심을 두고 맹세하노니 여호와의 기름 부음 받은 너희 주를 보호하지 아니하였으니 너희는 마땅히 죽을 자이니라 이제 왕의 창과 왕의 머리 곁에 있던 물병이 어디 있나 보라 하니"(26:15-16) 그들은 다윗 일행이 왕의 옆에 까지 왔는데도 모르고 잠을 자고 있었습니다. 다윗이 나쁜 마음을 먹었다면 사울은 이미 죽은 목숨입니다. 여기에서 다윗은 사울 왕을 해칠 뜻이 전혀 없다는 것을 보여줌으로써 자신의 무죄를 입증하고 있습니다. 왕의 경호는 아주 중요합니다. 그런데 경호 책임자와 경호원들이 다 잠들어 있었다는 것은 그 만큼 정신적으로 해이해졌음을 증명하는 것입니다.

　대통령 경호에 대하여 생각해 봅시다. 대통령은 헌법상 국가를 보위하고 국가의 독립과 영토의 보전과 국가의 영속성과 헌법을 수호하는 책임을 지며, 외국에 대하여는 국가를 대표합니다. 따라서 대통령은 평상시는 물론 국가의 안전보장이 중대한 위협을 받아 국가가 위태로워지고 국가의 근본이 흔들릴 때에는 헌법에 따라 국가보위의 책임을 다하여야 합니다. 그러므로 대통령은 국가보위의 책임자로서 안보적 차원에서 절대적인 보호 대상입니다. 대통령 경호원은 국가보위 차원에서 제정된 대통령 경호실법에 의거 국가보위의 책임자인 대통령에 대한 위험 요인을 정보·보안·안전활동을 통해 사전에 제거·제압하고, 근접경호를 통해 직접적·우발적으로 발생되는 위해로부터 대통령을 보호하는 역할을 수행하고 있습니다.

　요즈음은 사설 경호업체가 많이 활동하고 있습니다. 모든 경호원들이 무술 유단자이거나 특수부대 출신으로 힘든 하드트레이닝과 위기 상황에 따른 대처능력이 우수한 요원들입니다. 자체 실무교육과 새로운 경호기법의 개발에 대한 연구로 항상 고객을 먼저 생각하고 있습니다.

　① 경호 대상자는 정치, 경제, 사회, 문화적으로 큰 영향력을 행사하는 사람들이 주 고객이었으나 요즘은 사회적 불안감의 증대로 인하여 일반인들도 자신을 지키기 위하여 경호원을 찾고 있는 추세입니다. 또한 대인뿐만이 아니라 가치 있는 대물에 대해서도 경호를 필요로 하고 있습니다. 정치인이나 경제인 등 주요 요인 및 VIP, 전문직 종사자(의사, 변호사 등), 금융 관련 종사자, 증인 보호, 자녀들의 학원폭력

으로부터의 보호, 스토커 및 폭력 피해, 행사장 경호, 기타(현금, 귀중품 등) 등입니다.

② 경호 유형

a. 일반 신변경호: 일반인 누구나 티알아이(TRI) 경호를 요청하면 받을 수 있습니다. 각종 분쟁, 스토킹, 협박, 자녀 보호 등의 위해 요소로부터 보호받을 수 있는 신변경호 서비스입니다. 법원 수행경호, 스토커나 테러로부터의 경호, 자녀 등·하교길 경호, 채권 및 채무관계에 따른 위해로부터의 경호 등입니다.

b. VIP 의전경호: VIP의 격에 맞는 의전과 이미지 제고에 도움이 되는 경호 서비스로 전문 경호요원들의 수행을 받을 수 있습니다. 정치인, 경제인, 연예인, 금융인, 전문직 종사자 등 주요 요인 및 VIP 귀빈으로 최고의 대우를 합니다. 경호원의 의전에 따른 이미지 제고, 대외신임도 향상, 위해 요소로부터의 신변 보호 및 안전 보장 등입니다.

c. 외국인 경호: 내한 외국인의 통역 및 경호 가이드로 외국인으로서 느껴야 하는 불편이나 불안 등을 해소하고 안전을 보장하는 전문 경호 서비스입니다. 외국인의 방문, 유명 외국 연예인 경호, 기업 바이어 방문, 현지인과의 분쟁 방지, 외국인 대상 범죄로부터의 보호, 이탈 방지, 경호 운전, 통역 경호 가이드 등입니다.

d. 경호수행 과정: 의뢰 → 기획회의 → 사전답사 → 정보검색 및 신뢰도 분석 → 경호계획 수립 → 실시 → 결과(분석, 평가, 사후 처리)

특히 왕이나 국가 원수는 옛날이나 지금이나 변함없이 중요하므로 24시간 철저히 경호해야 합니다. 그런데 왕의 생명을 위협할 수 있는 적군이 가까이 있는데도 그 책임자인 아브넬과 부하들은 잠들어 있었으니 이것은 아주 큰 잘못을 범한 것입니다. 다윗은 아브넬에게 이 사실을 지적하고 책망했습니다. 한 마디로 직무유기였습니다. 하나님이 세우신 왕을 바로 경호하지 못하고 잠을 잔 것은 큰 실수입니다.

우리는 하나님의 청지기들입니다. 우리도 각자에게 맡겨주신 직분을 잘 감당해야 합니다. 우리는 우리의 자리를 잘 지켜야 합니다. 영적인 잠에 빠져 있으면 안 됩니다. 깨어서 경성해야 합니다.

2. 다윗이 자신의 결백을 말했습니다

이제 다윗은 자신의 결백을 증거하고 있습니다. 다윗의 음성을 들은 사울이 말합니다. "내 아들 다윗아 이것이 네 음성이냐"(26:17)

여기서도 사울의 감성적인 면을 볼 수 있습니다. 사울이 자기가 다윗을 죽이려고 찾아 왔다가 잠이 든 사이에 다윗이 자기를 보고서도 죽이지 않고 살렸다는 말을 듣게 되었습니다. 그래서 본심으로 돌아와 다윗을 향하여 "내 아들 다윗아" 하고 부르는 것입니다. 다윗은 이어서 자신의 결백을 말합니다. "내 주는 어찌하여 주의 종을 쫓으시나이까 내가 무엇을 하였으며 내 손에 무슨 악이 있나이까"(26:18) 이미 사울은 다윗과 화해를 했었습니다(24:16-22). 그런데 또 다시 자기를 추격하는 사울을 이해할 수 없었습니다. 다윗은 사울을 해치려고 악한 일을 하지 않았다고 자신의 결백을 주장하면서 아주 중요한 말을 합니다. "원하건대 내 주 왕은 이제 종의 말을 들으소서 만일 왕을 충동시켜 나를 해하려 하는 이가 여호와시면 여호와께서는 제물을 받으시기를 원하나이다마는 만일 사람들이면 그들이 여호와 앞에 저주를 받으리니 이는 그들이 이르기를 너는 가서 다른 신들을 섬기라 하고 오늘 나를 쫓아내어 여호와의 기업에 참여하지 못하게 함이니이다" (26:19) "여호와께서는 제물을 받으시기를 원하나이다"란 말은 다윗을 해하려는 것이 하나님의 뜻이라면 달게 죽겠다는 각오를 의미합니다. 동시에 사울을 자극하여 자기를 죽이려고 중상 모략하는 사람들은 하나님의 저주를 받을 것이라고 덧붙입니다. 사울의 주위에도 중상 모리배들이 있어 악신에 들린 사울을 부추겼습니다. 다윗은 하나님께서 이들을 저주하시고 심판하실 것이라고 말합니다.

악한 자들은 결국 하나님의 심판을 받게 됩니다. 악한 왕 사울도 하나님의 심판을 받아 죽었습니다. 그를 부추기던 간신들도 함께 심판을 받았습니다. 충신은 왕의 잘못을 바로 잡기 위해 죽음을 무릅쓰고 직언과 충언을 합니다. 아니면 악한 무리들로부터 조용히 떠납니다.

조광조는 왕에게 소인배들의 말을 듣지 말고 개혁하여 올바른 정치를 하라고 직언했다가 결국 모함을 받아 귀양을 가서 사약을 받았습니다. 악한 왕 궁예가 죽을 때에는 그의 측근들 주위의 인물들도 다함께 죽었습니다. 하나님의 뜻은 다윗에게 기름을 부어 주의 종으로 세우려는 것입니다. 그런 다윗을 죽이려고 혈안이 된 사울과 그를 부추겼던 종들은 하나님의 뜻을 거역하는 자들입니다. 결국 그들은 하나님으로부터 심판을 받고 말았습니다.

우리는 항상 영적 분별력을 가져야 합니다. 하나님 편에 서야 합니다. 악한 자의 길에 서면 안 됩니다. 성경은 말씀합니다. "복 있는 사람은 악인들의 꾀를 따르지 아니하며 죄인들의 길에 서지 아니하며 오만한 자들의 자리에 앉지 아니하고 오직 여호와의 율법을 즐거워하여 그의 율법을 주야로 묵상하는도다 그는 시냇가에 심은 나무가 철을 따라 열매를 맺으며 그 잎사귀가 마르지 아니함 같으니 그가 하는 모든 일이 다 형통하리로다"(시 1:1-3) 우리는 모두 의로운 길에 서고, 하나님의 편에 서야 합니다.

다윗은 이어서 말했습니다. "그런즉 청하건대 여호와 앞에서 먼 이 곳에서 이제 나의 피가 땅에 흐르지 말게 하옵소서 이는 산에서 메추라기를 사냥하는 자와 같이 이스라엘 왕이 한 벼룩을 수색하러 나오셨음이니이다"(26:20) 다윗은 자신이 타국 땅으로 쫓겨 가서 이방 땅에서 객사하는 일이 없도록 해 달라고 사울에게 간청을 하고 있습니다. "여호와 앞에서"란 말은 하나님의 임재를 상징하는 성막이 있고, 하나님께 제사 드리고 예배드릴 수 있는 장소 이스라엘을 말합니다. 성전에서 예배드리지 못하는 곳으로 쫓아내지 말라는 말입니다. 다윗은 하나님의 전에서 예배드리며 경배드리기를 원했습니다. 그러나 다윗은 결국 사울의 추격이 계속되자 이방인의 땅 블레셋으로 도망가야만 했습니다.

다윗은 예배를 사모하는 자였습니다. 여호와 앞에서 살며 예배드리기를 사모했습니다. "만군의 여호와여 주의 장막이 어찌 그리 사랑스러운지요 내 영혼이 여호와의 궁정을 사모하여 쇠약함이여 내 마음과 육체가 살아 계시는 하나님께 부르짖나이다 나의 왕 나의 하나님 만군의 여호와여 주의 제단에서 참새도 제 집을 얻고 제비도 새끼 둘 보금자리를 얻었나이다 주의 집에 사는 자들은 복이 있나니 그들이 항상 주를 찬송하리이다 주께 힘을 얻고 그 마음에 시온의 대로가 있는 자는 복이 있나이다"(시 84:1-5), "주의 궁정에서의 한 날이 다른 곳에서의 천 날보다 나은즉 악인의 장막에 사는 것보다 내 하나님의 성전 문지기로 있는 것이 좋사오니"(시 84:10) 우리도 다윗의 신앙을 본받아 예배를 사모하며 하나님께 경배드리기를 사모해야 합니다.

다윗은 겸손하게 사울의 잘못을 지적했습니다. "산에서 메추라기를 사냥하는 자와 같이 이스라엘 왕이 한 벼룩을 수색하러 나오셨음이니이다"(26:20) 메추라기는 광야에 많습니다. 메추라기를 잡으려면 광야로 가야 하는데 산으로 간다면 어리석은 짓입니다. 사울이 지금 그런 일을 하고 있습니다. 이 말은 산에 숨어 있는 한 마리의 메추라기 같은 다윗을 잡으려고 하는 사울의 어리석음을 지적한 말입니다. 그러면서도 다윗은 겸손하게 말했습니다. 자신을 한 마리의 메추라기와 벼룩으로 비유했습니다. 이스라엘의 왕이 벼룩을 잡으려고 많은 군사를 동원해서 온 것은 분명 어리석은 짓입니다. 여기서도 다윗의 겸손함을 볼 수 있습니다. 다윗은 이처럼 지혜롭게 충고를 합니다. 우리는 다윗의 겸손과 지혜를 배워야 합니다. 다윗의 이 말에 사울이 감동을 받아 사과했습니다.

3. 사울이 자신의 잘못을 사과했습니다

"사울이 이르되 내가 범죄하였도다 내 아들 다윗아 돌아오라 네가 오늘 내 생명을 귀하게 여겼은즉 내가 다시는 너를 해하려 하지 아니하리라 내가 어리석은 일을 하였으니 대단히 잘못 되었도다 하는지라 다윗이 대답하여 이르되 왕은 창을 보소서 한 소년을 보내어 가져가게 하소서 여호와께서 사람에게 그의 공의와 신실을 따라 갚으시리니 이는 여호와께서 오늘 왕을 내 손에 넘기셨으되 나는 손을 들어 여호와의 기름 부음을 받은 자 치기를 원하지 아니 하였음이니이다 오늘 왕의 생명을 내가 중히 여긴 것 같이 내 생명을 여호와께서 중히 여기셔서 모든 환난에서 나를 구하여 내시기를 바라나이다 하니라 사울이 다윗에게 이르되 내 아들 다윗아 네게 복이 있을지로다 네가 큰 일을 행하겠고 반드시 승리를 얻으리라 하니라 다윗은 자기 길로 가고 사울은 자기 곳으로 돌아 가니라"(26:21-25)

사울이 자신의 잘못을 인정했습니다. 그리고 다윗의 결백을 인정했지만 이것은 감정적이며 일시적인 것이었습니다. 그는 감정의 기복이 심한 사람입니다. 그는 24장에서도 잘못을 인정했지만 곧 다윗을 죽이려고 했습니다. 지도자로서의 그의 결정적인 약점이 바로 감정의 변화였습니다. 그는 이성적인 차원이 아니라 감정적인 차원에서 행동했습니다. 감동을 받은 후에 쉽게 잊었습니다. 행동이 따르지 않은 것입니다. 사울은 균형이 잡히지 못한 인격자였습니다. 결국 그는 실패하고 말았습니다. 그러나 관용을 베푼 다윗은 승리했습니다. 우리는 다윗의 관용을 배워야 합니다. 관용은 최상의 선입니다.

아들 셋을 둔 부자 아버지가 가장 선한 일을 한 아들에게 가보를 주겠다고 약속했습니다. 첫째가 자신이 행한 선을 보고했습니다. "물에 빠진 어린이를 구해 주었습니다." "음, 참 좋은 일을 했구나!" 둘째가 보고했습니다. "모닥불 속으로 기어 들어가는 아이를 살렸습니다." "너도 좋은 일을 했다." 셋째도 보고했습니다. "낭떠러지에 매달린 원수를 구해 주었습니다." 그러자 아버지는 "원수를 사랑하는 것이 가장 큰 선이다." 하시며 가보를 셋째에게 주었습니다.

성경은 말씀합니다. "주 안에서 항상 기뻐하라 내가 다시 말하노니 기뻐하라 너희 관용을 모든 사람에게 알게 하라 주께서 가까우시니라"(빌 4:4-5) 아멘.

¹다윗이 그 마음에 생각하기를 내가 후일에는 사울의 손에 붙잡히리니 블레셋 사람들의 땅으로 피하여 들어가는 것이 좋으리로다 사울이 이스라엘 온 영토 내에서 다시 나를 찾다가 단념하리니 내가 그의 손에서 벗어나리라 하고 ²다윗이 일어나 함께 있는 사람 육백 명과 더불어 가드 왕 마옥의 아들 아기스에게로 건너가니라 ³다윗과 그의 사람들이 저마다 가족을 거느리고 가드에서 아기스와 동거하였는데 다윗이 그의 두 아내 이스르엘 여자 아히노암과 나발의 아내였던 갈멜 여자 아비가일과 함께 하였더니 ⁴다윗이 가드에 도망한 것을 어떤 사람이 사울에게 전하매 사울이 다시는 그를 수색하지 아니 하니라 ⁵다윗이 아기스에게 이르되 바라건대 내가 당신께 은혜를 입었다면 지방 성읍 가운데 한 곳을 내게 주어 내가 살게 하소서 당신의 종이 어찌 당신과 함께 왕도에 살리이까 하니 ⁶아기스가 그 날에 시글락을 그에게 주었으므로 시글락이 오늘까지 유다 왕에게 속하니라 ⁷다윗이 블레셋 사람들의 지방에 산 날 수는 일년 사개월이었더라 ⁸다윗과 그의 사람들이 올라가서 그술 사람과 기르스 사람과 아말렉 사람을 침노하였으니 그들은 옛 적부터 술과 애굽 땅으로 지나가는 지방의 주민이라 ⁹다윗이 그 땅을 쳐서 남녀를 살려두지 아니하고 양과 소와 나귀와 낙타와 의복을 빼앗아 가지고 돌아와 아기스에게 이르매 ¹⁰아기스가 이르되 너희가 오늘은 누구를 침노하였느냐 하니 다윗이 이르되 유다 네겝과 여라무엘 사람의 네겝과 겐 사람의 네겝이니이다 하였더라 ¹¹다윗이 그 남녀를 살려서 가드로 데려가지 아니한 것은 그의 생각에 그들이 우리에게 대하여 이르기를 다윗이 행한 일이 이러하니라 하여 블레셋 사람들의 지방에 거주하는 동안에 이같이 행하는 습관이 있었다 할까 두려워함이었더라 ¹²아기스가 다윗을 믿고 말하기를 다윗이 자기 백성 이스라엘에게 심히 미움을 받게 되었으니 그는 영원히 내 부하가 되리라고 생각하니라

(사무엘상 27:1-12)

27

블레셋 땅에서의 다윗

다윗은 사울의 추격을 피하여 다시 블레셋으로 들어갔습니다. 이전

에도 다윗은 사울을 피하여 기브아를 떠나 놉을 거쳐서 블레셋으로 들어간 적이 있습니다(21:10-15). 아기스 왕의 신하들이 다윗을 죽이려 했습니다. 아기스의 신하들이 "이는 그 땅의 왕 다윗이 아니니이까 무리가 춤추며 이 사람의 일을 노래하여 이르되 사울이 죽인 자는 천천이요 다윗은 만만이로다 하지 아니하였나이까"(21:11) 하고 아기스 왕에게 말할 때 다윗은 죽음에서 살아남기 위하여 미친 사람의 흉내를 냈습니다. "다윗이 이 말을 그의 마음에 두고 가드 왕 아기스를 심히 두려워하여 그들 앞에서 그의 행동을 변하여 미친 체하고 대문짝에 그적거리며 침을 수염에 흘리매 아기스가 그의 신하에게 이르되 너희도 보거니와 이 사람이 미치광이로다 어찌하여 그를 내게로 데려왔느냐 내게 미치광이가 부족하여서 너희가 이 자를 데려다가 내 앞에서 미친 짓을 하게 하느냐 이 자가 어찌 내 집에 들어오겠느냐 하니라"(21:12-15) 큰일 날 뻔했습니다. 다윗이 블레셋으로 들어간 것은 큰 실수였습니다.

지난번에도 선지가 갓이 이스라엘을 떠나지 말라고 말한 적이 있습니다. "선지자 갓이 다윗에게 이르되 너는 이 요새에 있지 말고 떠나 유다 땅으로 들어가라 다윗이 떠나 헤렛 수풀에 이르니라"(22:5) 조국을 떠나 이방 나라에 가는 것은 옳지 않다는 말입니다. 앞으로 이스라엘의 왕이 될 사람이 어렵고 힘들다 해서 조국을 지키지 않고 다른 나라로 도망가는 것은 옳지 않다는 말입니다. 그러나 하나님은 바람직하지는 않지만 다윗의 망명을 허락하셨습니다. 그리고 다윗이 블레셋에서 잠시 머무는 동안에도 여전히 보호해 주셨습니다.

1. 블레셋 땅으로의 도피

다윗이 도피한 이유는 사울 왕의 추격에서 벗어나기 위해서였습니다. "다윗이 그 마음에 생각하기를 내가 후일에는 사울의 손에 붙잡히리니 블레셋 사람들의 땅으로 피하여 들어가는 것이 좋으리로다 사울이 이스라엘 온 영토 내에서 다시 나를 찾다가 단념하리니 내가 그의 손에서 벗어나리라 하고 다윗이 일어나 함께 있는 사람 육백 명과 더불어 가드 왕 마옥의 아들 아기스에게로 건너가니라"(27:1-2)

다윗은 블레셋에서 1년 4개월 동안 나그네 생활을 하게 되었습니다. 아기스 왕은 다윗 일행에게 시글락을 주어 살게 했습니다. "다윗이 아기스에게 이르되 바라건대 내가 당신께 은혜를 입었다면 지방 성읍 가운데 한 곳을 내게 주어 내가 살게 하소서 당신의 종이 어찌 당신과 함께 왕도에 살리이까 하니 아기스가 그 날에 시글락을 그에게 주었으므로 시글락이 오늘까지 유다 왕에게 속하니라 다윗이 블레셋 사람들의 지방에 산 날 수는 일년 사개월이었더라"(27:5-7)

1) 아기스 왕이 다윗을 받아준 이유

아기스 왕이 다윗을 두려워한 것은 다윗은 용사이기 때문에 결정적인 순간에 자기를 배반하고 자신을 죽일지도 모른다는 불안감 때문이었습니다. 그러나 지금은 상황이 다릅니다. 그것은 사울 왕이 집요하게 다윗을 죽이려고 하므로 더 이상 도망갈 곳이 없는 다윗은 이제 사울과 원수가 되었다는 것을 알았기 때문입니다. 또한 블레셋의 군사력이 많이 약화되었기 때문에 용맹한 다윗과 그의 군사들을 기꺼이 용병으로 받아들임으로써 전력을 강화하고자 함이었습니다. 서로가 서로를 필요로 한 것입니다. 이로써 아기스 왕은 다윗을 용병으로 맞이함으로써 군사력을 확보할 수 있었고, 다윗은 유다에서 구하기 어려웠던 식량 문제를 해결할 수 있었습니다.

2) 시글락을 선택한 이유

다윗은 아기스의 수도 가드를 사양하고 조그만 시골인 시글락을 선택했습니다. 그 이유는

① 신앙적인 문제 때문이었습니다.

수도인 가드는 우상의 도시였습니다. "블레셋 사람들이 하나님의 궤를 빼앗아 가지고 에벤에셀에서부터 아스돗에 이르니라 블레셋 사람들이 하나님의 궤를 가지고 다곤의 신전에 들어가서 다곤 곁에 두었더니 아스돗 사람들이 이튿날 일찍이 일어나 본즉 다곤이 여호와의 궤 앞에서 엎드러져 그 얼굴이 땅에 닿았는지라 그들이 다곤을 일으켜 다시 그 자리에 세웠더니 그 이튿날 아침에 그들이 일찍이 일어나 본즉 다곤이 여호와의 궤 앞에서 또다시 엎드러져 얼굴이 땅에 닿았고 그 머리와 두 손목은 끊어져 문지방에 있고 다곤의 몸뚱이만 남았더라 그러므로 다곤의 제사장들이나 다곤의 신전에 들어가는 자는 오늘까지 아스돗에 있는 다곤의 문지방을 밟지 아니하더라 여호와의 손이 아스돗 사람에게 엄중히 더하사 독한 종기의 재앙으로 아스돗과 그 지역을 쳐서 망하게 하니 아스돗 사람들이 이를 보고 이르되 이스라엘 신의 궤를 우리와 함께 있지 못하게 할지라 그의 손이 우리와 우리 신 다곤을 친다 하고 이에 사람을 보내어 블레셋 사람들의 모든 방

백을 모으고 이르되 우리가 이스라엘 신의 궤를 어찌하랴 하니 그들이 대답하되 이스라엘 신의 궤를 가드로 옮겨 가라 하므로 이스라엘 신의 궤를 옮겨 갔더니 그것을 옮겨 간 후에 여호와의 손이 심히 큰 환난을 그 성읍에 더하사 성읍 사람들의 작은 자와 큰 자를 다 쳐서 독한 종기가 나게 하신지라"(5:1-9)

다윗은 하나님의 선택받은 나라 이스라엘 사람이요, 장차 그 나라의 왕이 될 사람입니다. 하나님으로부터 기름 부음을 받은 종입니다. 그래서 우상의 도시에 머무는 것이 부담스러웠습니다. 하나님의 백성은 우상을 가까이 할 필요가 없습니다. 우리는 항상 하나님을 더 잘 섬길 수 있는 환경으로 거처를 옮겨야 합니다. 우리는 어디로 가더라도 최우선적으로 하나님을 잘 섬길 수 있는지를 점검해 봐야 합니다. 항상 하나님을 잘 섬기며 신앙생활을 잘 할 수 있는 조건을 최우선으로 삼아야 합니다. 사정상 그렇지 못한 환경이라면 열심히 기도하고 준비해서 마음껏 신앙생활을 할 수 있고 주님을 잘 섬길 수 있는 환경으로 옮겨야 합니다.

② 정치적인 문제 때문이었습니다.

다윗이 가드에 머물게 되면 아기스의 신하들과 접촉하게 되어 결국 그들로부터 시기와 질투의 대상이 될 가능성이 많았습니다. 다윗은 총명하고 능력이 있으므로 왕의 총애를 받으며 귀하게 사용되면, 이미 그의 신하들이 배타심을 가지고 시기하게 되어 불편한 사이가 되고 말 것입니다. 그렇게 되면 신경이 쓰이고 행동의 제약도 받을 수밖에 없을 것입니다. 이런 이유 때문에 아기스 왕이 다윗의 요청을 허락한 것입니다. 아기스 왕이 이것을 쉽게 허락한 것은 바로 다윗의 군대를 이용해서 남부지방을 방어할 수 있다는 계산 때문이었습니다.

우리는 여기서 유심히 살펴보아야 합니다. 다윗이 처음에는 모든 일이 순조롭게 잘 진행되는 것 같으나 나중에는 결국 어려움을 당하게 됩니다. 다윗은 하나님의 종인 반면 아기스는 세상 사람입니다. 경건한 자와 경건치 못한 자가 결합하는 것은 불편한 관계를 만들어 갈 수밖에 없습니다. 처음에는 형통하게 되는 것 같지만 나중에는 손해를 보게 됩니다. 이 일로 인하여 후에 다윗은 동족 이스라엘과 싸워야 하는 동족상잔의 위기에 빠지게 됩니다. "그 때에 블레셋 사람들이 이스라엘과 싸우려고 군대를 모집한지라 아기스가 다윗에게 이르되 너는 밝히 알라 너와 네 사람들이 나와 함께 나가서 군대에 참가할 것이니라 다윗이 아기스에게 이르되 그러면 당신의 종이 행할 바를 아시리이다 하니 아기스가 다윗에게 이르되 그러면 내가 너를 영원히 내 머리 지키는 자를 삼으리라 하니라"(28:1-2)

조국과 싸워야 한다는 것이 얼마나 난처한 일입니까? 장차 이스라엘의 왕이 될 사람이 이스라엘과 싸운다는 것은 말이 안 되는 일입니다. 이것은 결국 그가 이방 땅에 와서 경건치 못한 자와 함께 있은 결과입니다. 뿐만 아니라 다윗이 싸우러 나간 후에 다윗의 거주지인 시글락이 아말렉의 침입으로 약탈을 당하는 사건이 발생했습니다. "다윗과 그의 사람들이 사흘 만에 시글락에 이른 때에 아말렉 사람들이 이미 네겝과 시글락을 침노하였는데 그들이 시글락을 쳐서 불사르고 거기에 있는 젊거나 늙은 여인들은 한 사람도 죽이지 아니하고 다 사로잡아 끌고 자기 길을 갔더라 다윗과 그의 사람들이 성읍에 이르러 본즉 성읍이 불탔고 자기들의 아내와 자녀들이 사로잡혔는지라 다윗과 그와 함께 한 백성이 울 기력이 없도록 소리를 높여 울었더라(다윗의 두 아내 이스르엘 여인 아히노암과 갈멜 사람 나발의 아내였던 아비가일도 사로잡혔더라) 백성들이 자녀들 때문에 마음이 슬퍼서 다윗을 돌로 치자 하니 다윗이 크게 다급하였으나 그의 하나님 여호와를 힘입고 용기를 얻었더라"(30:1-6)

우리가 여기서 깨달아야 할 것은 하나님의 백성은 항상 영적인 일을 우선순위에 두어야 한다는 사실입니다. 영적인 것보다 육신의 안일을 먼저 구하면 지금은 잘 되는 것 같으나 나중에는 곤란한 일을 당하게 되고 손해를 본다는 사실입니다. 또한 하나님의 거룩한 뜻을 이루기 위하여 부름 받은 성도는 승리의 그 날까지 영적 긴장을 풀면 안 됩니다. "근신하라 깨어라 너희 대적 마귀가 우는 사자 같이 두루 다니며 삼킬 자를 찾나니"(벧전 5:8)

우리는 항상 하나님께서 기뻐하시는 일이 무엇이며, 다른 무엇보다 우선적으로 할 일이 무엇인가를 생각해야 합니다. 우리는 영적인 일을 우선해야 합니다. 그러기 위해서 늘 깨어 기도해야 합니다.

2. 블레셋 땅에서의 활약

1) 그술, 기르스, 아말렉을 노략했습니다

"다윗과 그의 사람들이 올라가서 그술 사람과 기르스 사람과 아말렉 사람을 침노하였으니 그들은 옛적부터 술과 애굽 땅으로 지나가는 지방의 주민이라 다윗이 그 땅을 쳐서 남녀를 살려두지 아니하고 양

과 소와 나귀와 낙타와 의복을 빼앗아 가지고 돌아와 아기스에게 이르매"(27:8-9)

이것은 다윗이 블레셋에 있는 동안 식량문제를 겪은 것으로 볼 수 있습니다. 아기스 왕이 다윗에게 식량을 제공하지 않았기 때문에 스스로 식솔들의 양식을 해결하려고 침략을 감행하게 된 것입니다. 다윗이 침략한 지방은 전부 이스라엘과 원수 관계에 있는 족속들입니다. 그러므로 단순한 약탈이 아니라 이스라엘을 위하여 그들을 응징한 것입니다.

2) 다윗이 아기스를 기만했습니다

"아기스가 이르되 너희가 오늘은 누구를 침노하였느냐 하니 다윗이 이르되 유다 네겝과 여라무엘 사람의 네겝과 겐 사람의 네겝이니이다 하였더라 다윗이 그 남녀를 살려서 가드로 데려가지 아니한 것은 그의 생각에 그들이 우리에게 대하여 이르기를 다윗이 행한 일이 이러하니라 하여 블레셋 사람들의 지방에 거주하는 동안에 이같이 행하는 습관이 있었다 할까 두려워함이었더라"(27:10-11)

다윗은 자기가 이스라엘의 남방 나라를 쳐서 노략물을 가져왔다고 함으로써 아기스 왕의 환심을 사려고 했습니다. 이것을 보면 다윗의 시글락에서의 생활이 매우 불안했음을 알 수 있습니다. 계속적으로 왕의 눈치를 보며 좋은 관계를 유지해야만 했던 것입니다. 그래서 다윗은 거짓말도 해야 했습니다.

이런 상황들을 미루어 보아 이때는 다윗의 신앙상태가 아주 약해졌다는 것을 알 수 있습니다. 그래서 그는 인간적인 기지를 발휘하여 거짓말로 아기스 왕의 신임을 얻고자 힘을 썼습니다. 그러나 이것은 하나님 앞에서 선한 일이 아닙니다. 이 1년 4개월 동안 다윗은 시편을 하나도 기록하지 못했습니다. 이것은 그의 영혼이 메말라 있었다는 것을 말해 줍니다. 그 당시에는 그에게 찬양과 기도가 없었습니다. 우리는 신앙의 환경이 얼마나 중요한지를 알 수 있습니다.

선교사들은 스스로 신앙 환경을 만들어가야 합니다. 반드시 자기와의 싸움에서 이겨야 합니다. 힘있게 선교사역을 감당하면서 자신의 신앙을 지키기 위해서는 스스로 말씀 묵상, 성경 연구, 기도생활, 봉사 등이 동반되어야 합니다. 또한 기도의 후원도 아주 중요합니다.

우리도 신앙의 환경, 영적 환경을 만들어야 합니다. 열심히 기도하고 찬양하고 말씀을 배워야 합니다. 전도와 교회 봉사에도 열심히 참여해야 신앙이 자랍니다. 이런 신앙 환경에 젖어 있지 않으면 영혼이 메마르게 됩니다.

우리는 항상 주님을 가까이 하는 생활을 통해 기도와 찬양이 끊어지지 않도록 해야 합니다.

3) 아기스가 다윗을 더욱 더 신임하게 되었습니다

"아기스가 다윗을 믿고 말하기를 다윗이 자기 백성 이스라엘에게 심히 미움을 받게 되었으니 그는 영원히 내 부하가 되리라고 생각하니라"(27:12)

다윗은 이 사건으로 확실히 아기스 왕의 신임을 받게 되었습니다. 그러나 나중에 블레셋 군대에 합류할 것을 요구받고 이스라엘과 피 흘리는 전투를 해야만 하는 곤경에 빠지게 됩니다. 그러나 하나님은 그런 위기에서도 이스라엘과의 전투를 피할 수 있게 하셨습니다. 다윗은 비록 연약한 상태에 있었지만 하나님은 그를 위기에서 구출해 주셨습니다. 그를 향한 보호와 섭리는 그치지 않았습니다. 이런 어려운 일을 통해서 하나님은 다윗을 연단시키셨고, 결국 다윗은 이 망명 생활을 통해서 많은 훈련을 받게 되었습니다.

우리는 여기에서 얻는 교훈이 있습니다. 먼저 우리는 항상 모든 일을 하나님과의 바른 관계에서 시작해야 한다는 사실입니다. 먼저 신앙적인 면을 생각해야 합니다. 하나님께서 기뻐하시는 일을 우선적으로 해야 합니다. 다윗이 자신의 잘못된 선택으로 인하여 일시적으로 어려움을 당하게 된 것은 뿌린 것에 대한 결과입니다. "스스로 속이지 말라 하나님은 업신여김을 받지 아니하시나니 사람이 무엇으로 심든지 그대로 거두리라 자기의 육체를 위하여 심는 자는 육체로부터 썩어질 것을 거두고 성령을 위하여 심는 자는 성령으로부터 영생을 거두리라"(갈 6:7-8) 그러나 우리 하나님은 모든 것을 합력하여 유용하게 하십니다. 결국 하나님은 다윗을 유익하게 해 주셨습니다.

역사의 각본은 다 쓰여 있습니다. 그것은 역사가가 쓴 것도 아니고 심리학자나 사회학자가 쓴 것도 아닙니다. 경제학자나 군사·정치 평론가가 쓴 것도 아닙니다. 인간 역사의 비밀의 열쇠는 하나님이 가지고 계십니다. 그분이 세상과 인간을 창조하셨고 지금도 통치하고 계십니다. 그분이 역사의 열쇠와 핸들을 가지고 계십니다. 우리 개인의 운명도 그분에게 달려 있습니다. 우리는 그분의 것입니다. 그분이 창조하셨고 그분 안에서 우리가 살고 있습니다. 아무것도 그분의 허락 없이는 존재하지 않습니다. 그분은 시간과 공간을 초월하여 계십니다. 이 역사는 잠정질서 속에서 움직이고 있습니다. 국가의 역사와 개인의 역사가 하나님의 각본대로 움직이고 있습니다. 사람은 역사 속에서 자유롭게 사는 것 같지만 하나님의 섭리와 하나님의 모략 속에서 움직이고 있습니다. 하나님은 역사의 창조자이시며 역사의 주관자이십니다. 인간의 운명을 주관하십니다. "우리가 알거니와 하나님을 사랑하는 자 곧 그의 뜻대로 부르심을 입은 자들에게는 모든 것이 합력하여 선을 이루느니라"(롬 8:28)

우리는 주님이 기뻐하시는 일을 우선적으로 해야 합니다. 그 일은 하나님을 영화롭게 하는 일입니다. 그 일은 복음 전파요 선교입니다. 하나님을 우선순위로 살아가는 것이며, 영적인 일이며, 신앙 환경을 만드는 일입니다. 우리 모두 끝까지 주님의 섭리를 의지하며 주의 뜻을 이루어 가야 합니다. 아멘.

¹그 때에 블레셋 사람들이 이스라엘과 싸우려고 군대를 모집한지라 아기스가 다윗에게 이르되 너는 밝히 알라 너와 네 사람들이 나와 함께 나가서 군대에 참가할 것이니라 ²다윗이 아기스에게 이르되 그러면 당신의 종이 행할 바를 아시리이다 하니 아기스가 다윗에게 이르되 그러면 내가 너를 영원히 내 머리 지키는 자를 삼으리라 하니라 ³사무엘이 죽었으므로 온 이스라엘이 그를 두고 슬피 울며 그의 고향 라마에 장사하였고 사울은 신접한 자와 박수를 그 땅에서 쫓아내었더라 ⁴블레셋 사람들이 모여 수넴에 이르러 진 치매 사울이 온 이스라엘을 모아 길보아에 진 쳤더니 ⁵사울이 블레셋 사람들의 군대를 보고 두려워서 그의 마음이 크게 떨린지라 ⁶사울이 여호와께 묻자오되 여호와께서 꿈으로도 우림으로도 선지자로도 그에게 대답하지 아니하시므로 ⁷사울이 그의 신하들에게 이르되 나를 위하여 신접한 여인을 찾으라 내가 그리로 가서 그에게 물으리라 하니 그의 신하들이 그에게 이르되 보소서 엔돌에 신접한 여인이 있나이다 ⁸사울이 다른 옷을 입어 변장하고 두 사람과 함께 갈 새 그들이 밤에 그 여인에게 이르러서는 사울이 이르되 청하노니 나를 위하여 신접한 술법으로 내가 네게 말하는 사람을 불러올리라 하니 ⁹여인이 그에게 이르되 네가 사울이 행한 일 곧 그가 신접한 자와 박수를 이 땅에서 멸절시켰음을 아나니 네가 어찌하여 내 생명에 올무를 놓아 나를 죽게 하려느냐 하는지라 ¹⁰사울이 여호와의 이름으로 그에게 맹세하여 이르되 여호와께서 살아 계심을 두고 맹세하노니 네가 이 일로는 벌을 당하지 아니하리라 하니 ¹¹여인이 이르되 내가 누구를 네게로 불러올리랴 하니 사울이 이르되 사무엘을 불러올리라 하는지라 ¹²여인이 사무엘을 보고 큰 소리로 외치며 사울에게 말하여 이르되 당신이 어찌하여 나를 속이셨나이까 당신이 사울이시니이다 ¹³왕이 그에게 이르되 두려워하지 말라 네가 무엇을 보았느냐 하니 여인이 사울에게 이르되 내가 영이 땅에서 올라오는 것을 보았나이다 하는지라 ¹⁴사울이 그에게 이르되 그의 모양이 어떠하냐 하니 그가 이르되 한 노인이 올라오는데 그가 겉옷을 입었나이다 하더라 사울이 그가 사무엘인 줄 알고 그의 얼굴을 땅에 대고 절하니라 ¹⁵사무엘이 사울에게 이르되 네가 어찌하여 나를 불러 올려서 나를 성가시게 하느냐 하니 사울이 대답하되 나는 심히 다급하니이다 블레셋 사람들은 나를 향하여 군대를 일으켰고 하나님은 나를 떠나서 다시는 선지자로도 꿈으로도 내게 대답하지 아니하시기로 내가 행할 일을 알아보려고 당신을 불러 올렸나이다 하더라 ¹⁶사무엘이 이르되 여호와께서 너를 떠나 네 대적이 되셨거늘 네가 어찌하여 내게 묻느냐 ¹⁷여호와께서 나를 통하여 말씀하신 대로 네게 행하사 나라를

네 손에서 떼어 네 이웃 다윗에게 주셨느니라 ¹⁸네가 여호와의 목소리를 순종하지 아니하고 그의 진노를 아말렉에게 쏟지 아니하였으므로 여호와께서 오늘 이 일을 네게 행하셨고 ¹⁹여호와께서 이스라엘을 너와 함께 블레셋 사람들의 손에 넘기시리니 내일 너와 네 아들들이 나와 함께 있으리라 여호와께서 또 이스라엘 군대를 블레셋 사람들의 손에 넘기시리라 하는지라 ²⁰사울이 갑자기 땅에 완전히 엎드러지니 이는 사무엘의 말로 말미암아 심히 두려워함이요 또 그의 기력이 다하였으니 이는 그가 하루 밤낮을 음식을 먹지 못하였음이니라 ²¹그 여인이 사울에게 이르러 그가 심히 고통당함을 보고 그에게 이르되 여종이 왕의 말씀을 듣고 내 생명을 아끼지 아니하고 왕이 내게 이르신 말씀을 순종하였사오니 ²²그런즉 청하건대 이제 당신도 여종의 말을 들으사 내가 왕 앞에 한 조각 떡을 드리게 하시고 왕은 잡수시고 길 가실 때에 기력을 얻으소서 하니 ²³사울이 거절하여 이르되 내가 먹지 아니하겠노라 하니라 그의 신하들과 여인이 강권하매 그들의 말을 듣고 땅에서 일어나 침상에 앉으니라 ²⁴여인의 집에 살진 송아지가 있으므로 그것을 급히 잡고 가루를 가져다가 뭉쳐 무교병을 만들고 구워서 ²⁵사울 앞과 그의 신하들 앞에 내놓으니 그들이 먹고 일어나서 그 밤에 가니라

(사무엘상 28:1-25)

28

신접한 여인을 찾은 사울

사람이 급하고 어려운 일이 생기면 당황하게 되어 판단력이 흐려질 수 있습니다. 이스라엘의 마지막 왕 사울은 인생의 마지막이 다가올

때 밤중에 신접한 여인을 찾아 갔습니다. 이스라엘의 왕이 무당을 찾은 것입니다. 그가 왜 이렇게까지 되었습니까?

1. 곤경에 처한 다윗

"그 때에 블레셋 사람들이 이스라엘과 싸우려고 군대를 모집한지라 아기스가 다윗에게 이르되 너는 밝히 알라 너와 네 사람들이 나와 함께 나가서 군대에 참가할 것이니라 다윗이 아기스에게 이르되 그러면 당신의 종이 행할 바를 아시리이다 하니 아기스가 다윗에게 이르되 그러면 내가 너를 영원히 내 머리 지키는 자를 삼으리라 하니라" (28:1-2)

다윗이 사울을 피하여 블레셋에 피신해 있는 동안에 블레셋이 이스라엘을 침략하기 위해서 군대를 소집했습니다. 이때 왕이 다윗에게 이스라엘과의 전투에 출전하라고 하자 다윗 역시 아기스 왕에게 충성을 서약했습니다. 이제 다윗은 동족을 향해서 칼날을 겨누어야 하는 곤경에 빠지게 되었습니다. 이것은 결국 다윗의 잘못된 선택의 결과입니다. 이스라엘의 왕이 될 사람이 이스라엘의 원수의 나라에 와서 살고 있으니 이런 난처한 곤경에 빠질 수밖에 없는 것입니다. 우리도 어려운 일을 만나게 될 때 어떤 방법으로든지 일단 위기를 피하고 보자는 식으로 처리하면 안 됩니다. 그러다 보니 여우를 피하려다가 호랑이를 만나는 꼴이 되고 말았습니다.

한국인들과는 달리 미국인들은 차 범퍼에 자신이 좋아하는 글이나 국회의원을 지지하는 글귀를 붙이고 다닙니다. 어떤 미국인은 "우리 아이는 우등생이다"라는 문구를 써붙여 자녀와 그 학교를 자랑하는 것을 보았습니다. 예수를 믿는 분들은 자신이 좋아하는 성경구절들을 써붙이기도 합니다. 하루는 차를 타고 가다가 앞차 범퍼에 쓰인 글을 보았습니다. "Misery is an option."(불행은 선택이다) "인간의 불행이 자신의 선택이라면 행복도 자신이 선택한 것인가"라는 질문을 했습니다.

선택은 중요합니다. 하나님은 모든 사람을 사랑하십니다. 그래서 모두가 구원을 받아 모두가 하나님의 자녀가 되길 바라십니다. 자녀를 사랑하시는 아버지입니다. 하지만 인간은 사랑의 아버지를 거부할 때가 많습니다. 자신의 욕심, 이기심, 교만, 죄로 살아갑니다. 이것은 멸망을 위한 선택입니다. 천국이 아닌 지옥을 선택한 것입니다. 불행과 행복, 천국과 지옥은 자신이 주님을 받아들이느냐 받아들이지 않느냐에 달려 있습니다.

미국에서 성장하는 100대 기업의 인사 담당자들에게 종업원을 해고시키는 가장 큰 이유를 물었습니다. 그 첫 번째가 30%로 무능력이었습니다. 그리고 17%가 동료와 협력하지 않음, 12%가 부정직하거나 거짓말, 10%가 부정적인 태도, 7%가 의욕부족, 7%가 지시 사항에 대한 불이행 또는 거부, 8%는 기타 다른 이유 때문이라고 했습니다. 무능력이 첫 번째인 것은 능력이 부족한 것은 사실이지만 해고의 이유가 그것만은 아니란 말입니다. 문제는 우리가 어떠한 자세로 살아가느냐가 중요합니다. 능력이나 실무경험이 없으면 배우면 되지만 태도는 잘 변하지 않습니다. 이것을 다르게 말하면 불행과 행복은 능력에만 있는 것이 아니라 삶을 어떻게 살아갈 것인가 하는 선택에 달려 있다는 말입니다.

사람에게 여러 가지의 일들이 일어날 수 있습니다. 신앙생활을 하면서도 여러 가지 난관을 만날 수 있습니다. 그런데 어려운 문제를 만났다고 해서 모두가 불행한 것은 아닙니다. 어떤 심리학자는 이렇게 평가했습니다. 인생의 일에서 10%는 나에게(To me) 발생한 일들이지만, 90%는 내가 그 일에 대해서 어떻게 반응하고 어떠한 선택을 하느냐에 달렸다는 것입니다. 내 안의(In me) 태도에 의해서 결정된다는 사실입니다. 각 사람의 태도에 따라서 그 문제가 행복이 될 수도 있고 불행이 될 수 있다는 말입니다.

하나님을 믿는 성도들의 삶은 순례자의 삶입니다. 천국으로 가는 삶이기 때문입니다. 이 세상에서 좀 더 가치 있고 의미 있는 삶을 살아가려고 추구합니다. 하나님의 말씀을 기준으로 살아가려고 합니다. 세상에서 살아가려면 참으로 어렵고 힘들 때가 많습니다. 인생에서 많은 문제를 만나게 됩니다. 성경에 위대한 인물들이 많이 나옵니다. 아브라함, 이삭, 야곱, 모세, 다윗 등 많은 인물들 중에서 아무런 어려움이나 고난 없이 지나간 사람은 없었습니다. 중요한 것은 단지 그 문제를 어떻게 대처하면서 살아가느냐 하는 것입니다. 인간의 뜻에서 살펴본 것이 아니라 하나님의 말씀에 비추어 살아간 사람들입니다.

우리는 어려운 일을 당할 때 신앙적으로 해결하도록 기도하며 찾아야 합니다. 하나님의 인도하심을 구하고 그 인도하심을 따라야 합니다. 신앙적인 선택을 해야 합니다.

2. 사울이 신접한 여인을 찾아 나섰습니다

블레셋 군대는 그 당시에 다섯 부족으로 구성되었는데 이들이 모두 전쟁에 참여했습니다. 블레셋이 막강한 전투력을 보유하게 되어 이스라엘을 압박하기 시작하자 사울은 두려웠습니다. "사울이 블레셋 사람들의 군대를 보고 두려워서 그의 마음이 크게 떨린지라"(28:5)

그래서 그는 하나님을 찾았습니다. "사울이 여호와께 묻자오되 여호와께서 꿈으로도 우림으로도 선지자로도 그에게 대답하지 아니하시므로"(28:6) 그러나 하나님은 이미 불순종한 사울에게서 떠나셨습니다. 이것은 그가 범죄한 결과로 그가 자초한 일입니다.

사울이 초창기에는 하나님의 제사장을 항상 옆에 두고 하나님의 뜻을 물었습니다. 에봇을 가져와 하나님의 뜻을 구하기도 했습니다. 그러나 그가 점점 강성해지고 군사가 많아지자 교만해져 하나님의 뜻을 묻는 일을 중단해 버렸습니다. 그리고 그는 하나님의 종인 제사장들을 집단적으로 살해하는 만행을 저지르기까지 했습니다. 사울의 주변에는 하나님의 제사장이나 선지자가 없었으므로 답답하고 두려웠습니다. 그런데다 많은 군사들이 쳐들어와도 하나님으로부터 응답이 없자 신접한 여인을 찾게 된 것입니다. "사울이 그의 신하들에게 이르되 나를 위하여 신접한 여인을 찾으라 내가 그리로 가서 그에게 물으리라 하니 그의 신하들이 그에게 이르되 보소서 엔돌에 신접한 여인이 있나이다"(28:7) "신접한 여인"은 '죽은 사람의 영혼을 불러내는 여자'라는 뜻입니다. 그리고 "박수"는 점이나 마술 등의 방법으로 미래에 관한 지식을 알려주는 자, 곧 점쟁이나 마술사를 가리킵니다. 블레셋 군대의 공격으로 다급해진 사울은 무엇이라도 붙잡아야만 했습니다. 그래서 신접한 여자를 찾게 된 것입니다. 이것이 벌써 그가 모순된 행동을 하고 있다는 증거입니다. 사울은 불과 얼마 전에 직접 신접한 여인과 박수를 그 땅에서 쫓아내었습니다. "사무엘이 죽었으므로 온 이스라엘이 그를 두고 슬피 울며 그의 고향 라마에 장사하였고 사울은 신접한 자와 박수를 그 땅에서 쫓아내었더라"(28:3) 그런 그가 신접한 여인을 찾아 나선 것입니다. 이것은 이미 그의 영이 비정상적이란 말입니다. 그런데 그 여인을 찾아 간 목적이 다름 아닌 하나님의 뜻을 묻기 위해서였습니다.

우리는 여기서 교훈을 발견할 수 있습니다. 사울은 한 때 중·근동 지역에서 자신의 위세를 유감없이 과시했던 용사였습니다. 그때는 하나님께서 그와 함께 하셨기 때문입니다. 그의 능력이 탁월해서가 아니라 하나님께서 함께 해 주심으로 가능한 일이었습니다. 그러나 하나님께서 그에게 베풀어 주셨던 모든 것을 거두어 가시자 그는 아무런 능력이 없는 필부의 신분으로 전락하고 말았습니다. 변장을 하면서까지 신접한 여인을 찾아 자기의 앞날을 물어보는 처량한 사람이 되고 말았습니다.

우리 주위에도 공부를 많이 했다거나, 소위 일류대학 출신이라거나 특별히 뛰어난 어떤 것이 없는데도 사업을 잘 운영하는 사람이 있습니다. 또는 직장에서 일을 아주 잘 처리하는 사람들도 있고, 승진이 잘 된다거나 사람들에게 존경과 사랑을 받는 사람들도 있습니다. 이것은 전적으로 하나님의 은혜로 된 것입니다. 하나님께서 그들에게 모든 것을 베풀어 주셨기 때문이라는 것을 바로 알고 감사해야 합니다. 우리가 항상 하나님의 은혜를 기억하고 겸손히 더욱 더 주를 의지해야 하는 것은 만일 하나님의 은혜가 떠나버리면 하루아침에 사울처럼 전락할 수밖에 없기 때문입니다.

하나님은 하나님의 은혜를 잊어버리고 교만해져 하나님께 불순종한 사울을 내치셨습니다. 그는 하나님께서 음성도 들려주시지 않고 만나 주시지도 않자 점쟁이까지 찾아갈 정도로 타락하고 말았습니다.

그런데 사울이 접신녀를 찾아온 이 장면은 해석상 아주 논란을 일으키는 내용입니다.

1) 사울은 접신녀에게 사무엘의 영혼을 불러내라고 명령했습니다

"사울이 다른 옷을 입어 변장하고 두 사람과 함께 갈새 그들이 밤에 그 여인에게 이르러서는 사울이 이르되 청하노니 나를 위하여 신접한 술법으로 내가 네게 말하는 사람을 불러올리라 하니 여인이 그에게 이르되 네가 사울이 행한 일 곧 그가 신접한 자와 박수를 이 땅에서 멸절시켰음을 아나니 네가 어찌하여 내 생명에 올무를 놓아 나를 죽게 하려느냐 하는지라 사울이 여호와의 이름으로 그에게 맹세하여 이르되 여호와께서 살아 계심을 두고 맹세하노니 네가 이 일로는 벌을 당하지 아니하리라 하니 여인이 이르되 내가 누구를 네게로 불러올리랴 하니 사울이 이르되 사무엘을 불러올리라 하는지라"(28:8-11)

2) 접신녀가 사무엘을 불러올렸습니다

"여인이 사무엘을 보고 큰 소리로 외치며 사울에게 말하여 이르되 당신이 어찌하여 나를 속이셨나이까 당신이 사울이시니이다 왕이 그에게 이르되 두려워하지 말라 네가 무엇을 보았느냐 하니 여인이 사울에게 이르되 내가 영이 땅에서 올라오는 것을 보았나이다 하는지라 사울이 그에게 이르되 그의 모양이 어떠하냐 하니 그가 이르되 한 노인이 올라오는데 그가 겉옷을 입었나이다 하더라 사울이 그가 사무엘인 줄 알고 그의 얼굴을 땅에 대고 절하니라"(28:12-14)

3) 사무엘로 나타난 악령이 사울의 멸망을 예언했습니다

"사무엘이 사울에게 이르되 네가 어찌하여 나를 불러 올려서 나를 성가시게 하느냐 하니 사울이 대답하되 나는 심히 다급하니이다 블레셋 사람들은 나를 향하여 군대를 일으켰고 하나님은 나를 떠나서 다시는 선지자로도 꿈으로도 내게 대답하지 아니하시기로 내가 행할 일을 알아보려고 당신을 불러 올렸나이다 하더라 사무엘이 이르되 여호와께서 너를 떠나 네 대적이 되셨거늘 네가 어찌하여 내게 묻느냐 여호와께서 나를 통하여 말씀하신 대로 네게 행하사 나라를 네 손에서 떼어 네 이웃 다윗에게 주셨느니라 네가 여호와의 목소리를 순종하지 아니하고 그의 진노를 아말렉에게 쏟지 아니하였으므로 여호와께서 오늘 이 일을 네게 행하셨고 여호와께서 이스라엘을 너와 함께 블레셋 사람들의 손에 넘기시리니 내일 너와 네 아들들이 나와 함께 있으리라 여호와께서 또 이스라엘 군대를 블레셋 사람들의 손에 넘기시리라"(28:15-19)

여기서 신접한 여인이 이미 죽은 사무엘의 영혼을 불러올릴 수 있느냐 하는 문제가 생깁니다. 사람이 죽으면 그 영혼은 천국이나 음부에 내려가 다시는 올라올 수 없습니다. 사무엘은 하나님의 신실한 종으로서의 사명을 다하고 하나님의 부름을 받았으므로 당연히 그의 영혼은 천국에서 안식을 누리고 있습니다. 그런데 어떻게 신들린 여인이 천국에 있는 사무엘의 영혼을 불러올 수 있느냐 하는 것입니다. 그렇다면 지금도 신접한 여인들이 천국이나 지옥에 있는 영혼들을 마음대로 불러올릴 수 있다는 문제가 발생합니다. 만약 그것이 가능하다면 굉장한 혼란이 발생합니다. 그러므로 신접한 여인이 사무엘의 영혼을 불러올린 것은 잘못된 일입니다.

그러면 정확한 해석은 무엇입니까? 한 마디로 악령의 장난입니다. 마귀는 능력이 있으므로 광명한 천사의 모습으로 가장하여 나타날 수도 있습니다. "이것은 이상한 일이 아니니라 사탄도 자기를 광명의 천사로 가장하나니"(고후 11:14) 여기서도 사단이 사무엘의 모습으로 가장하여 나타난 것입니다. 그리고 사울의 장래를 예언했습니다. 이것은 귀신들도 사단의 지시와 조종을 받기 때문에 사울의 장래를 예상할 수 있었다는 것을 알 수 있습니다. 그의 장래는 멸망과 죽음뿐이었습니다.

하나님은 초혼술, 즉 죽은 자의 영혼을 불러올리는 행위를 지극히 싫어하시므로 금하셨습니다. 왜냐하면 실제 죽은 자의 영혼은 불러낼 수가 없기 때문에 사단이 그 영혼을 대신하여 마귀를 불러올리는 것이므로 더 큰 혼란이 일어날 것이기 때문입니다. 마귀는 죽은 자의 영혼을 가장하여 사람들을 미혹하고 자기를 경배하게 만듭니다. 그러므로 우리는 전적으로 하나님만을 의지해야 합니다.

우리의 미래는 천지의 주인 되시는 주님의 손에 달려 있습니다. 그러므로 결코 점쟁이나 신접한 자를 찾아다니면서까지 장래의 일을 물어가며 문제를 해결해 보려는 짓을 하면 안 됩니다. 이것은 전부 마귀에게 놀아나는 것이고 결국은 마귀에게 당하게 됩니다.

"족집게 총각도사 대구에 오다, 기독교인 불교인 천주교인 환영!" 시내버스에서 볼 수 있는 광고문구입니다. IMF한파가 몰아닥친 이후 불황 중에서도 호황을 누리는 곳은 점술집 뿐이라는 모 일간지의 기사도 있었습니다. 그런가 하면 김일성 사망 일자를 맞추었던 심진송이라는 무당이 쓴 '신이 선택한 여자' 가 출판된 이후로 소위 영험이 있다는 무당들이 쓴 책들의 인기도 전국 각 서점에서 좀처럼 수그러들 줄을 모릅니다. 최근에 나온 스물 네 살짜리 자칭 '신세대 무당 우덕현' 이 쓴 '세상을 열어주는 여자' 라는 책도 조만간 베스트셀러가 될 것으로 전망하기도 했습니다.

대중문화를 주도하는 전자매체들도 이런 분위기를 놓칠 리 없습니다. 무당이 상한가를 기록할 즈음이면 방송국들은 너나 할 것 없이 앞다투어 그들을 출연시키곤 합니다. 어느 방송에 출연했던 무당은 "중은 인도 무당, 목사는 미국 무당, 자기는 한국 무당"이라는 망발을 늘어놓아 뜻있는 기독교인들의 거센 항의를 받기도 했습니다. 기껏 혹세무민(惑世誣民)하는 무당의 세계를 추적한답시고 만든 프로그램들조차 시류를 거슬리기에는 역부족인 듯 오히려 그들의 세계를 미화시키는 일도 흔합니다. 우리나라 사람이 점술과 관련된 곳에 갖다 바치는 돈은 연간 1조원이 넘습니다. 그리고 국민의 1/3 이상이 1년에 한 번 이상 점술집을 찾는다는 통계도 있습니다.

우리 그리스도인들은 이러한 풍조에서 예외이겠습니까? 다소 그렇지 못한 점이 유감입니다. 통계수치만 보아도 알 수 있습니다. 기독교인의 수는 4명 중 1명꼴이지만 점쟁이를 찾는 인구는 3명 중 1명꼴입니다. 또 유명한 무당이 쓴 책들을 쭉 훑어보면 기독교인이 자기를 찾아 왔다는 그들의 자랑스러운 간증(?)을 쉽게 찾아 볼 수 있습니다. '기독교인들도 환영한다' 는 버스 좌석에 부착된 광고문구가 심상찮아 보이는 것도 이 때문일 것입니다.

개척교회보다도 더 많이 늘어나는 점술집에서 연초에는 신수점을 보기 위해, 그리고 선거철이나 입시철만 되면 역술인과 무속인들 앞에 고개를 조아리고 앉아 있는 그리스도인의 모습을 상상해 보십시오. 신문만 들면 오늘의 운세부터 살피는 모습은 또 어떻습니까? 세상에 나가서는 족집게를 찾고, 주일에는 주의 은총을 기다리는 따로국밥 같은 신앙은 아닙니까? 이 이중적인 그리스도인의 삶의 모습이 교회 문화 속에서 뿌리 뽑히지 않는 한 기독교는 있지만 기독교 문화가 없다는 자조 섞인 탄식은 사라지기 어려울 것입니다.

우리는 전적으로 우리를 향하신 주님의 계획을 믿고 우리의 미래를 하나님께 맡겨야 합니다. 우리를 사랑하시고 축복하시는 주님을 전적으로 의지하고 주님만을 바라보며 하루하루 열심히 살아가야 합니다. 사도 바울은 구원받은 우리가 살아갈 방법을 말씀합니다. "그러므로 형제들아 내가 하나님의 모든 자비하심으로 너희를 권하노니 너희 몸을 하나님이 기뻐하시는 거룩한 산 제물로 드리라 이는 너희가 드릴 영적 예배니라 너희는 이 세대를 본받지 말고 오직 마음을 새롭게 함으로 변화를 받아 하나님의 선하시고 기뻐하시고 온전하신 뜻이 무엇인지 분별하도록 하라"(롬 12:1-2)

3. 낙담에 빠진 사울의 영혼

하나님께 불순종한 결과 마귀를 찾은 사울의 운명은 심판과 멸망만 있을 뿐입니다. 이 사실을 안 사울은 낙심에 빠지게 되었습니다. "사울이 갑자기 땅에 완전히 엎드러지니 이는 사무엘의 말로 말미암아 심히 두려워함이요 또 그의 기력이 다하였으니 이는 그가 하루 밤낮을 음식을 먹지 못하였음이니라"(28:20)

그날 밤 기진한 사울은 신접한 여인이 주는 빵과 송아지 요리를 들고 다시 전쟁터로 돌아갔습니다. 사울이 얼마나 처절한 형편에 놓여 있었는지를 알 수 있습니다. 그도 나름대로 금식도 해 보았으나 그것은 전혀 습관적이며 형식적인 행위에 불과했습니다. 주님은 하나님을 향한 믿음과 사랑, 그리고 순종이 없는 습관적이고 의식적인 행위는 받지 않으십니다. 그러므로 우리는 진심으로 금식해야 하고 우리의 심령이 담긴 기도와 예배를 드려야 합니다. 우리는 내적인 변화가 없는 기도, 심령의 변화가 없는 경건은 절대 용납되지 않는다는 사실을 알아야 합니다. 그러므로 하나님과의 관계회복이 무엇보다 중요합니다. 성경은 말씀합니다. "경건의 모양은 있으나 경건의 능력은 부인하니 이같은 자들에게서 네가 돌아서라"(딤후 3:5)

하나님을 떠난 영혼은 갈 곳이 없습니다. 오직 낙담뿐입니다. 낙담은 마귀가 주는 것입니다. 그러나 우리 그리스도인들은 소망이 있습니다. 낙심 중에도 주님을 의지하고 바라보는 믿음과 소망이 있습니다. 이것이 세상에서 가장 소중한 보배요 축복입니다. 성경은 말씀합니다. "믿음의 주요 또 온전하게 하시는 이인 예수를 바라보자"(히

12:2)

　우리는 어떠한 곤경에 처하더라도 하나님을 먼저 찾아 신앙적인 선택을 해야 합니다. 결코 낙심하지 말고 주님을 의지해야 합니다. 그러면 주님은 우리를 만나주시고 우리의 모든 문제를 선하게 해결해 주실 것입니다. 아멘.

¹블레셋 사람들은 그들의 모든 군대를 아벡에 모았고 이스라엘 사람들은 이스르엘에 있는 샘 곁에 진 쳤더라 ²블레셋 사람들의 수령들은 수백 명씩 수천 명씩 인솔하여 나아가고 다윗과 그의 사람들은 아기스와 함께 그 뒤에서 나아가더니 ³블레셋 사람들의 방백들이 이르되 이 히브리 사람들이 무엇을 하려느냐 하니 아기스가 블레셋 사람들의 방백들에게 이르되 이는 이스라엘 왕 사울의 신하 다윗이 아니냐 그가 나와 함께 있은 지 여러 날 여러 해로되 그가 망명하여 온 날부터 오늘까지 내가 그의 허물을 보지 못하였노라 ⁴블레셋 사람의 방백들이 그에게 노한지라 블레셋 방백들이 그에게 이르되 이 사람을 돌려보내어 왕이 그에게 정하신 그 처소로 가게 하소서 그는 우리와 함께 싸움에 내려가지 못하리니 그가 전장에서 우리의 대적이 될까 하나이다 그가 무엇으로 그 주와 다시 화합하리이까 이 사람들의 머리로 하지 아니 하겠나이까 ⁵그들이 춤추며 노래하여 이르되 사울이 죽인 자는 천천이요 다윗은 만만이로다 하던 그 다윗이 아니니이까 하니 ⁶아기스가 다윗을 불러 그에게 이르되 여호와께서 살아 계심을 두고 맹세하노니 네가 정직하여 내게 온 날부터 오늘까지 네게 악이 있음을 보지 못하였으니 나와 함께 진중에 출입하는 것이 내 생각에는 좋으나 수령들이 너를 좋아하지 아니하니 ⁷그러므로 이제 너는 평안히 돌아가서 블레셋 사람들의 수령들에게 거슬러 보이게 하지 말라 하니라 ⁸다윗이 아기스에게 이르되 내가 무엇을 하였나이까 내가 당신 앞에 오늘까지 있는 동안에 당신이 종에게서 무엇을 보셨기에 내가 가서 내 주 왕의 원수와 싸우지 못하게 하시나이까 하니 ⁹아기스가 다윗에게 대답하여 이르되 네가 내 목전에 하나님의 전령 같이 선한 것을 내가 아나 블레셋 사람들의 방백들은 말하기를 그가 우리와 함께 전장에 올라가지 못하리라 하니 ¹⁰그런즉 너는 너와 함께 온 네 주의 신하들과 더불어 새벽에 일어나라 너희는 새벽에 일어나서 밝거든 곧 떠나라 하니라 ¹¹이에 다윗이 자기 사람들과 더불어 아침에 일찍이 일어나서 떠나 블레셋 사람들의 땅으로 돌아가고 블레셋 사람들은 이스르엘로 올라가니라

(사무엘상 29:1-11)

29

위기에서도 은혜를 베푸시는 하나님

우리가 이 세상을 살아가는 동안에 위기를 당할 때가 종종 있습니다. 그때도 하나님은 위기에 처한 그의 백성들에게 은혜를 베푸십니다.

오늘 본문에서 하나님의 사랑하는 종 다윗이 위기를 만나 힘들어 합니다. 그러나 하나님은 이러한 때에도 다윗이 위기에서 벗어날 수 있도록 은혜를 베풀어 주셨습니다.

1. 위기에 처한 다윗

사울의 추적을 피해서 블레셋으로 피난 간 다윗에게 위기가 왔습니다. 그것은 바로 자기가 의지하고 있는 아기스 왕이 다윗의 종족인 이스라엘과 전쟁을 하게 된 것입니다. 다윗도 군사를 이끌고 이 전쟁에 참여하게 되었습니다. "블레셋 사람들은 그들의 모든 군대를 아벡에 모았고 이스라엘 사람들은 이스르엘에 있는 샘 곁에 진 쳤더라 블레셋 사람들의 수령들은 수백 명씩 수천 명씩 인솔하여 나아가고 다윗과 그의 사람들은 아기스와 함께 그 뒤에서 나아가더니"(29:1-2)

블레셋 왕 아기스가 자기 부하로 들어온 다윗을 전쟁에 참전시키려고 하는 것은 지극히 당연한 일입니다. 아기스 왕은 다윗을 신뢰했습니다. 그 이유는 다윗이 아기스가 자신을 믿도록 최대의 충성을 다하는 것처럼 기만했기 때문입니다. 그 배경이 사무엘상 27장에 나옵니다. "아기스가 이르되 너희가 오늘은 누구를 침노하였느냐 하니 다윗이 이르되 유다 네겝과 여라무엘 사람의 네겝과 겐 사람의 네겝이니이다 하였더라"(27:10), "아기스가 다윗을 믿고 말하기를 다윗이 자기 백성 이스라엘에게 심히 미움을 받게 되었으니 그는 영원히 내 부하가 되리라고 생각하니라"(27:12) 그리고 아기스 왕은 이스라엘에게 늘 당하기만 했는데 이제 복수할 기회가 왔다고 판단했습니다. 사울의 군사들의 전력이 많이 약화되었기 때문입니다. 그래서 총공세를 가하여 전쟁에서 승리하려고 했습니다. 그러므로 군사를 이끌고 망명해 온 다윗을 신뢰해야만 했습니다. 그리고 다윗도 전쟁에 참여시켜 이스라엘을 공격하려고 했습니다.

그런데 문제는 다윗에게 있었습니다. 만약 이스라엘과의 전쟁에서 다윗이 동족을 공격하여 사람들을 죽이게 된다면 문제가 아주 심각해집니다. 엄청난 정치적 손실을 보게 됩니다. 이스라엘의 왕이 될 사람이 조국을 공격한다는 것은 있을 수 없는 일입니다. 지난 번 대선 때 모 정당 후보의 아들이 공익근무를 했다고 해서 엄청난 타격을 받은 적이 있습니다. 그런데 장차 왕이 될 사람이 적군의 편에서 조국의 군사들을 죽였다고 한다면 이것은 정치적으로 매장되고 말 것입니다. 그렇다고 도움을 주고 있는 왕이 전쟁을 하라고 하는데 거부할 수도 없는 노릇입니다. 다윗은 이제 진퇴양난에 빠지고 말았습니다. 다윗 자신의 힘으로는 도저히 이 어려움에서 빠져나갈 능력이 없습니다.

하나님께서 은혜를 베풀어 주셔야만 했습니다. 만약 다윗이 이스라엘을 공격하여 이스라엘로부터 배척을 받아 왕이 되지 못한다면 다윗을 통하여 하나님의 나라를 확장하려는 하나님의 계획이 좌절되고 말 것입니다. 그런데 하나님은 다윗이 블레셋 군사들과 함께 이스라엘과 싸우기를 원치 않으셨습니다. 다윗을 기름 부어 이스라엘의 왕으로 삼으려고 하시는 하나님은 위기에 빠진 다윗을 그대로 둘 수가 없으셨습니다.

우리가 이 세상을 살아가는 동안에 위기를 맞을 때가 옵니다. 여러 가지 경우에서 어려움을 당할 수 있습니다. 그런데 우리 힘으로는 해결할 수 없을 때가 많습니다. 그때 우리는 하나님의 도우심을 받아야 합니다. 우리 하나님은 어려움에 빠진 주의 백성들을 능히 구원해 주십니다. 다윗은 이 어려움을 통해서 연단을 받아 오히려 그의 신앙이 성장하는 계기가 되었습니다. 우리는 어려움을 통해서 신앙이 성장하게 됩니다.

아프리카 국제회의에서 어느 분이 강의 중에 자신은 아프리카 사람들이 출세하지 못하도록 기도한다고 했습니다. 그 이유는 영국이 아프리카를 점령하여 예수를 잘 믿는 사람들을 선택해서 캠브리지나 옥스포드에 보내거나 중·고·대학교까지 교육시켜 아프리카로 되돌려 보내면 총장이나 장관, 또는 대통령도 되고 부자도 되는데 그 중에서 95-99%가 배신하여 불신자들처럼 되어 버리기 때문이라고 합니다. 이것은 예수님의 말씀 중에도 나타나듯 통계적인 진리입니다. 바로 부자가 천국에 들어가기가 약대가 바늘구멍으로 들어가는 것보다 힘들다고 하신 말씀입니다.

하나님은 우리를 연단하실 때 역경과 시련을 주십니다. 그럴 때 우리는 높은 질의 감사를 드려야 합니다. 성경은 말씀합니다. "믿음이 없어 하나님의 약속을 의심하지 않고 믿음으로 견고하여져서 하나님께 영광을 돌리며 약속하신 그것을 또한 능히 이루실 줄을 확신하였으니"(롬 4:20-21), "다만 이뿐 아니라 우리가 환난 중에도 즐거워하나니 이는 환난은 인내를 인내는 연단을 연단은 소망을 이루는 줄 앎이로다"(롬 5:3-4)

우리 하나님은 우리가 위기를 맞았을 때도 은혜를 베풀어 주시는 하나님이십니다.

2. 위기를 모면케 하시는 하나님

1) 먼저 블레셋 방백들을 통해서 다윗을 위기에서 탈출하게 해 주셨습니다

"블레셋 사람들의 방백들이 이르되 이 히브리 사람들이 무엇을 하려느냐 하니 아기스가 블레셋 사람들의 방백들에게 이르되 이는 이스라엘 왕 사울의 신하 다윗이 아니냐 그가 나와 함께 있은 지 여러 날 여러 해로되 그가 망명하여 온 날부터 오늘까지 내가 그의 허물을 보지 못하였노라 블레셋 사람의 방백들이 그에게 노한지라 블레셋 방백들이 그에게 이르되 이 사람을 돌려보내어 왕이 그에게 정하신 그 처소로 가게 하소서 그는 우리와 함께 싸움에 내려가지 못하리니 그가 전장에서 우리의 대적이 될까 하나이다 그가 무엇으로 그 주와 다시 화합하리이까 이 사람들의 머리로 하지 아니 하겠나이까 그들이 춤추며 노래하여 이르되 사울이 죽인 자는 천천이요 다윗은 만만이로다 하던 그 다윗이 아니니이까 하니"(29:3-5)

블레셋 방백들이 다윗이 전쟁에 출전하는 것을 반대한 이유가 있습니다. ①다윗은 히브리 사람입니다. '우리 민족이 아니라 우리가 싸우려는 적국의 백성'이라는 말입니다. ②전쟁 중에 다윗이 블레셋을 배반하여 대적이 될 위험이 있습니다. ③ '사울은 천천이요 다윗은 만만'이라는 말과 같이 다윗이 사울 왕보다 더 용감한 장수이므로 그를 신뢰할 수 없다는 말입니다.

블레셋 방백들의 말은 일리가 있고 설득력이 있습니다. 다윗은 원수의 나라 사람이며, 전쟁에서 조국을 위하여 돌아설 가능성이 충분히 있습니다. 그렇게 되면 그들 나라의 영웅 골리앗까지 죽인 이 용장을 통해서 큰 해를 입을 수가 있기 때문입니다. 결국 블레셋 방백들을 통해서 다윗은 동족상잔의 피를 흘리는 전쟁에 출전할 위기에서 벗어나게 되었습니다. 하나님은 블레셋 방백들을 동원하시어 다윗을 위기에서 벗어나게 하셨습니다. 이것은 전적으로 하나님의 은혜입니다. 하나님께서 생각지도 못한 일을 만들어 주셨습니다. 만약 다윗이 출전하지 못하겠다고 하면 아기스 왕으로부터 충성심을 의심받을 수 있습니다. 그런데 블레셋 방백들이 반대를 함으로써 그는 떳떳하게 전쟁에 참여하지 않아도 되었습니다.

우리 하나님은 위기에 빠진 다윗을 생각하시고 그를 구해 주셨습니다. "여호와여 사람이 무엇이기에 주께서 그를 알아주시며 인생이 무엇이기에 그를 생각하시나이까"(시 144:3)

2) 아기스 왕이 종용했습니다

뜻밖의 사태에 직면한 아기스 왕은 다윗에게 회군하도록 권할 수밖에 없었습니다. 그 당시 블레셋 나라에는 5명의 방백이 연방 체제를 이루고 있었는데 그 중에 한 명이 연방 체제를 대표하여 왕이 되었습니다. 그러므로 이 왕은 절대적인 왕권이 없었으므로 방백회의에서 결정되는 대로 따라야 했습니다. 그래서 다윗에게 돌아가도록 권면한 것입니다. "아기스가 다윗을 불러 그에게 이르되 여호와께서 살아 계심을 두고 맹세하노니 네가 정직하여 내게 온 날부터 오늘까지 네게 악이 있음을 보지 못하였으니 나와 함께 진중에 출입하는 것이 내 생각에는 좋으나 수령들이 너를 좋아하지 아니하니 그러므로 이제 너는 평안히 돌아가서 블레셋 사람들의 수령들에게 거슬러 보이게 하지 말라 하니라"(29:6-7)

이렇게 되자 다윗은 내심 기뻐했지만 표면적으로는 항의를 했습니다. "다윗이 아기스에게 이르되 내가 무엇을 하였나이까 내가 당신 앞에 오늘까지 있는 동안에 당신이 종에게서 무엇을 보셨기에 내가 가서 내 주 왕의 원수와 싸우지 못하게 하시나이까 하니"(29:8) 그러자 다시 아기스 왕이 다윗의 충성을 인정하면서 돌아가기를 권했습니다. "아기스가 다윗에게 대답하여 이르되 네가 내 목전에 하나님의 전령 같이 선한 것을 내가 아나 블레셋 사람들의 방백들은 말하기를 그가 우리와 함께 전장에 올라가지 못하리라 하니 그런즉 너는 너와 함께 온 네 주의 신하들과 더불어 새벽에 일어나라 너희는 새벽에 일어나서 밝거든 곧 떠나라 하니라"(29:9-10)

우리 하나님은 다윗의 체면을 세워주시면서 위기에서 빠져 나오게 하셨습니다. 왕의 신임도 변함이 없고 이스라엘과의 전쟁도 피하게 되는 이것이 바로 은혜입니다. 하나님은 사랑하는 종에게 생각지도 못한 방법으로 은혜를 베풀어 주셨습니다.

그래서 다윗은 시글락으로 돌아가게 되었습니다. "이에 다윗이 자기 사람들과 더불어 아침에 일찍이 일어나서 떠나 블레셋 사람들의 땅으로 돌아가고 블레셋 사람들은 이스르엘로 올라가니라"(29:11) 다윗이 시글락으로 돌아간 것은 하나님의 섭리였습니다. 돌아와 보니 다윗의 부재중에 아말렉이 침공하여 다윗과 그의 식솔들의 가족을 모두 포로로 끌고 가버렸습니다. 만약 다윗이 전쟁에 나갔더라면 가족들이 당한 이 어려움을 알 수도 없고 구원할 수도 없었을 것입니다. 그런데 하나님께서 다윗을 회군케 하심으로 그의 가족을 구출하는 추격전을 벌일 수 있게 하셨습니다. 이 사건에서 하나님은 다윗을 이스라엘과의 전투를 막으심으로 다윗의 정치적인 입지를 보호해 주셨습니다. 또 블레셋 방백들이 반대함으로써 아기스 왕의 신임도 받고 자기 가족들을 위기에서 속히 구출해 낼 수도 있었습니다. 하나님은 다윗을 위기에서 구원하여 주셨습니다. 자신의 힘으로는 아무것도 할 수 없는 다윗을 주님의 방법으로 구해주시어 사용하셨습니다.

우리 하나님은 택하신 그의 백성들을 향한 계획을 가지고 그 사람에게 합당한 은혜를 부어주시면서 사용하십니다. 그리고 위기 때에도 은혜를 베풀어 주십니다.

소설 '빙점'의 작가 고 미우라 아야코는 절망의 늪에 빠진 사람들에게 희망의 메시지를 전해준 영혼의 작가였습니다. 많은 사람들에게 희망을 심어준 77년 일생의 대부분은 질병과의 싸움으로 점철됐습니다. 24세부터 결혼하기 전 37세까지 13년 동안, 여성에겐 청춘의 전부라고 할 수 있는 시기를 꼼짝 못하고 침대 위에서 지냈습니다. 삶의 의욕을 잃어버린 그녀가 희망의 날을 살게 된 것은 기독교 신앙을 갖게 되면서 부터였습니다. 1952년 7월 5일, 병상에서 세례를 받은 후 성경을 읽지 않은 날이 거의 없었습니다. 그녀는 세례 받은 날을 경계선으로 마음에 받은 빛이 커져 참을 수 없는 그 기쁨을 다른 사람에게 알리고 싶어 했습니다. 특히 하나님 앞에 노출된 인간의 죄에 주목하면서 글을 쓰기 시작했습니다. 성경에 나타난 스캔들과 인간 속에 흐르고 있는 죄성을 그렸습니다. 병상의 습작은 그녀가 등단할 수 있는 밑거름이 되었습니다. 그녀의 대부분의 작품 주제는 원죄였습니다. "인간의 비극은 실존의 오해에 기인한다"는 까뮈의 말처럼, "누구나 자신은 억울하다고 믿지만 그와 같은 오인이 바로 인간이 비참해지는 원인"이라고 밝히고 있습니다. 그는 인간의 내부에 이런 '빙점'(氷點)이 존재한다고 보았습니다. 미우라는 64년 아사히신문에 소설 '빙점'이 당선되기 전까지는 전혀 알려지지 않은 무명의 작가였습니다. 그 때까지는 잡화점을 운영하면서 관청에 근무하는 남편의 뒷바라지를 하던 42세의 주부였습니다. 그러나 작가의 소나기 같은 목소리는 절망의 늪에 빠진 사람들의 가슴을 적셔주었습니다. 그녀는 '빙점'을 통해 인간은 누구나 죄인이지만 자신의 죄를 진심으로 깨닫고 회개하면 구원 받을 수 있다며, 어떤 비참한 경우라도 끝까지 희망을 버리지 말 것을 당부했습니다. 미우라는 요양생활을 마치면서 기독교 잡지 '무화과'를 통해 알게 된 미우라 미쓰요와 1959년에 결혼했습니다. 결혼 후에도 결핵 척추카리에스, 대상포진, 직장암, 파킨슨씨병 등의 난치병과 싸워 왔습니다. 생전에 미우라는 "하나님의 은혜와 기도 덕택으로 70여 년 간 병마와 잘 싸웠다고 생각한다"고 말했습니다. 그녀는 오랜 세월 많은 난치병과 어렵게 싸워 왔지만 질병으로 잃은 것은 건강뿐이며 오히려 소중한 믿음을 갖게 되었다고 감사했습니다. '빙점'의 무대가 되었던 홋카이도 아사히가와시 가미라구 견본림 속에 지어진 '미우라 아야코 기념문학관'에도 겸손히 주를 섬긴 그녀의 숨결이 살아 있을 것입니다.

우리 하나님은 위기에 빠진 그의 백성을 구해 주십니다. 그것은 전적으로 주님의 은혜입니다. 아멘.

¹다윗과 그의 사람들이 사흘 만에 시글락에 이른 때에 아말렉 사람들이 이미 네겝과 시글락을 침노하였는데 그들이 시글락을 쳐서 불사르고 ²거기에 있는 젊거나 늙은 여인들은 한 사람도 죽이지 아니하고 다 사로잡아 끌고 자기 길을 갔더라 ³다윗과 그의 사람들이 성읍에 이르러 본즉 성읍이 불탔고 자기들의 아내와 자녀들이 사로잡혔는지라 ⁴다윗과 그와 함께 한 백성이 울 기력이 없도록 소리를 높여 울었더라 ⁵(다윗의 두 아내 이스르엘 여인 아히노암과 갈멜 사람 나발의 아내였던 아비가일도 사로잡혔더라) ⁶백성들이 자녀들 때문에 마음이 슬퍼서 다윗을 돌로 치자 하니 다윗이 크게 다급하였으나 그의 하나님 여호와를 힘입고 용기를 얻었더라 ⁷다윗이 아히멜렉의 아들 제사장 아비아달에게 이르되 원하건대 에봇을 내게로 가져오라 아비아달이 에봇을 다윗에게로 가져가매 ⁸다윗이 여호와께 묻자와 이르되 내가 이 군대를 추격하면 따라 잡겠나이까 하니 여호와께서 그에게 대답하시되 그를 쫓아가라 네가 반드시 따라잡고 도로 찾으리라 ⁹이에 다윗과 또 그와 함께 한 육백 명이 가서 브솔 시내에 이르러 뒤떨어진 자를 거기 머물게 했으되 ¹⁰곧 피곤하여 브솔 시내를 건너지 못하는 이백 명을 머물게 했고 다윗은 사백 명을 거느리고 쫓아가니라 ¹¹무리가 들에서 애굽 사람 하나를 만나 그를 다윗에게로 데려다가 떡을 주어 먹게 하며 물을 마시게 하고 ¹²그에게 무화과 뭉치에서 뗀 덩이 하나와 건포도 두 송이를 주었으니 그가 밤낮 사흘 동안 떡도 먹지 못하였고 물도 마시지 못하였음이니라 그가 먹고 정신을 차리매 ¹³다윗이 그에게 이르되 너는 누구에게 속하였으며 어디에서 왔느냐 하니 그가 이르되 나는 애굽 소년이요 아말렉 사람의 종이더니 사흘 전에 병이 들매 주인이 나를 버렸나이다 ¹⁴우리가 그렛 사람의 남방과 유다에 속한 지방과 갈렙 남방을 침노하고 시글락을 불살랐나이다 ¹⁵다윗이 그에게 이르되 네가 나를 그 군대로 인도하겠느냐 하니 그가 이르되 당신이 나를 죽이지도 아니하고 내 주인의 수중에 넘기지도 아니하겠다고 하나님의 이름으로 내게 맹세하소서 그리하면 내가 당신을 그 군대로 인도하리이다 하니라 ¹⁶그가 다윗을 인도하여 내려가니 그들이 온 땅에 편만하여 블레셋 사람들의 땅과 유다 땅에서 크게 약탈하였음으로 말미암아 먹고 마시며 춤추는지라 ¹⁷다윗이 새벽부터 이튿날 저물 때까지 그들을 치매 낙타를 타고 도망한 소년 사백 명 외에는 피한 사람이 없었더라 ¹⁸다윗이 아말렉 사람들이 빼앗아 갔던 모든 것을 도로 찾고 그의 두 아내를 구원하였고 ¹⁹그들이 약탈하였던 것 곧 무리의 자녀들이나 빼앗겼던 것은 크고 작은 것을 막론하고 아무것도 잃은 것이 없이 모두 다윗이 도로 찾아왔고 ²⁰다윗이 또 양떼와 소떼를 다 되찾았더니 무리가 그 가축들을 앞에 몰고 가며 이르되 이는 다윗의 전리품이라 하였더라 ²¹다윗이 전에 피곤하여 능히 자기를 따르지 못하므로 브솔 시내에 머물게 한 이백 명에게 오매 그들이 다윗과 그와 함께 한 백성을 영접하러

나오는지라 다윗이 그 백성에게 이르러 문안하매 ²²다윗과 함께 갔던 자들 가운데 악한 자와 불량배들이 다 이르되 그들이 우리와 함께 가지 아니하였은즉 우리가 도로 찾은 물건은 무엇이든지 그들에게 주지 말고 각자의 처자만 데리고 떠나가게 하라 하는지라 ²³다윗이 이르되 나의 형제들아 여호와께서 우리를 보호하시고 우리를 치러 온 그 군대를 우리 손에 넘기셨은즉 그가 우리에게 주신 것을 너희가 이같이 못하리라 ²⁴이 일에 누가 너희에게 듣겠느냐 전장에 내려갔던 자의 분깃이나 소유물 곁에 머물렀던 자의 분깃이 동일할지니 같이 분배할 것이니라 하고 ²⁵그 날부터 다윗이 이것으로 이스라엘의 율례와 규례를 삼았더니 오늘까지 이르니라 ²⁶다윗이 시글락에 이르러 전리품을 그의 친구 유다 장로들에게 보내어 이르되 보라 여호와의 원수에게서 탈취한 것을 너희에게 선사하노라 하고 ²⁷벧엘에 있는 자와 남방 라못에 있는 자와 얏딜에 있는 자와 ²⁸아로엘에 있는 자와 십못에 있는 자와 에스드모아에 있는 자와 ²⁹라갈에 있는 자와 여라므엘 사람의 성읍들에 있는 자와 겐 사람의 성읍들에 있는 자와 ³⁰홀마에 있는 자와 고라산에 있는 자와 아닥에 있는 자와 ³¹헤브론에 있는 자에게와 다윗과 그의 사람들이 왕래하던 모든 곳에 보내었더라

(사무엘상 30:1-31)

30

포로가 된 가족을 구원한 다윗

다윗이 한 고비를 넘기자 또 다른 어려움이 기다리고 있었습니다. 그러나 어떤 경우에도 믿음의 사람은 믿음으로 헤쳐 나가야 합니다. 다윗은 한 고비를 넘긴 다음에 곧장 또 다른 어려움을 맞게 되

었으나 하나님을 의지하는 믿음으로 더 큰 은혜와 축복을 받게 되었습니다.

1. 아말렉족에게 노략당한 시글락

다윗이 자기가 살던 시글락으로 돌아와 보니 아말렉이 침공하여 가족들을 포로로 끌고 가버렸습니다. "다윗과 그의 사람들이 사흘 만에 시글락에 이른 때에 아말렉 사람들이 이미 네겝과 시글락을 침노하였는데 그들이 시글락을 쳐서 불사르고 거기에 있는 젊거나 늙은 여인들은 한 사람도 죽이지 아니하고 다 사로잡아 끌고 자기 길을 갔더라 다윗과 그의 사람들이 성읍에 이르러 본즉 성읍이 불탔고 자기들의 아내와 자녀들이 사로잡혔는지라"(삼상 30:1-3)

이 사실에 모두가 낙심하였습니다. "다윗과 그와 함께 한 백성이 울 기력이 없도록 소리를 높여 울었더라(다윗의 두 아내 이스르엘 여인 아히노암과 갈멜 사람 나발의 아내였던 아비가일도 사로잡혔더라)"(삼상 30:4-5) 이렇게 되자 감정이 격해진 백성들이 다윗을 향해 돌로 치려고 하였습니다. "백성들이 자녀들 때문에 마음이 슬퍼서 다윗을 돌로 치자 하니"(삼상 30:6) 또 다시 다윗에게 위기가 찾아온 것입니다. 겨우 동족끼리의 싸움을 피하고 돌아와보니 집안에 사건이 발생한 것입니다. 모두 감정이 격하다보니 오직 자기네 가족들만 생각했습니다. 모든 원인은 지도자에게로 돌아갔습니다. 다윗 때문에 집을 비워 두었다가 이런 일을 당했다는 것입니다. 지도자로서 보호해 주지 못했다는 원망입니다.

　이때 우리는 어떻게 처신해야 합니까? 진실한 신앙 인격자라면 감정적으로 행동하지 않고 마음을 가다듬고 냉정하고 신중하게 처신해야 할 것입니다. 다윗의 가족들도 잡혀 갔습니다. 지금까지 앞장서서 홀로 모든 것을 감당해 왔는데 이제 어려움을 당하게 되자 돌을 던지며 죽이려고 합니다. 이것이 인간의 간사한 마음입니다. 어려움을 당하게 되면 서로 격려하며, 기도하며, 하나님의 뜻을 물으며, 용기를 내어 해결하고자 힘을 모아야 합니다. 우리는 이런 일을 당하게 된다면 어느 편에 서야 하겠습니까?

　이때 다윗의 신앙이 드러났습니다. 어려움이 올수록 믿음의 사람은 빛이 납니다. 믿음의 사람은 눈이 어두운 사람들을 이끌어 주고 감정에 사로잡힌 사람들을 올바르게 지도해 주어야 합니다. 함께 감정적으로 대하면 다 망하고 맙니다. 참고 인내하면서 문제의 핵심을 바라보아야 합니다. 이것이 지도자의 자세요, 참 신앙인의 모습입니다.

　"다윗이 크게 다급하였으나 그의 하나님 여호와를 힘입고 용기를 얻었더라"(삼상 30:6) "다급하다"는 말은 '답답하다, 곤란하다'는 말로 다윗이 아주 난감한 상황에 처했다는 말입니다. 이때 다윗은 하나님을 의지했습니다. 하나님 안에서 용기를 얻었습니다. "용기를 얻었더라"는 말은 '힘을 내다', '견고히 하다'는 말입니다. 다윗은 여호와 하나님을 인하여 힘을 얻었습니다. 자기를 원망하는 부하들과 백성들을 보지 않고 여호와 하나님을 바라보았습니다. 이것이 신앙인의 모습입니다. 우리가 어려움을 당할 때에 환경을 바라보거나 사람을 바라보면 안 됩니다. 오직 주님만을 바라보아야 합니다. 해결자는 사람이 아니라 하나님이시기 때문입니다.

앨라배마 주의 한 도시에서 목회하던 어느 목사님이 어느 날 오후 설교를 준비하는 중에 "어느 가게로 가서 젊은이 한 사람을 그리스도께로 인도하라"는 깊은 성령의 감동을 받았습니다. 그 목사님은 즉시 가게로 가서 한 젊은이와 대화를 시작했지만 그 젊은이는 냉담하기 그지없었습니다. 그러나 포기하지 않고 계속 대화하는 중에 그 젊은이의 마음에 기쁨이 차오르는 것을 느낄 수 있었습니다. 대화는 저녁 시간이 다 되어 끝이 났습니다. 그 젊은이가 집에 들어섰을 때 그의 아버지는 혼자 거실에 있었습니다. 그는 아버지께 자신이 어떤 목사님을 만나 이야기를 나누다가 예수 그리스도를 구세주로 영접하게 됐다는 사실을 말씀드렸습니다. 아버지는 눈물을 터뜨리며 말했습니다. "아들아, 내가 너의 구원을 생각할 때 너무 마음이 무거워 사흘 전부터 금식기도를 했단다. 네가 구원을 받기까지는 음식이나 물을 입에 대지 않겠다고 하나님께 약속했단다." 기도는 때로 식음을 전폐하면서 응답을 받을 때까지 구하고 찾고 두드리는 것입니다.

주님을 바라보고 기도할 때 응답을 받습니다. "그러므로 너희가 이제 여러 가지 시험으로 말미암아 잠깐 근심하게 되지 않을 수 없으나 오히려 크게 기뻐하는도다 너희 믿음의 확실함은 불로 연단하여도 없어질 금보다 더 귀하여 예수 그리스도께서 나타나실 때에 칭찬과 영광과 존귀를 얻게 할 것이니라"(벧전 1:6-7)

2. 아말렉을 공략한 다윗

다윗은 일어섰습니다. 낙담하며 앉아만 있지 않았습니다. 다윗은 먼저 하나님의 뜻을 물었습니다. "다윗이 아히멜렉의 아들 제사장 아비아달에게 이르되 원하건대 에봇을 내게로 가져오라 아비아달이 에봇을 다윗에게로 가져가매 다윗이 여호와께 묻자와 이르되 내가 이 군대를 추격하면 따라 잡겠나이까 하니 여호와께서 그에게 대답하시되 그를 쫓아가라 네가 반드시 따라잡고 도로 찾으리라"(삼상 30:7-8)

제사장이 입는 에봇에 부착된 우림과 둠밈은 하나님의 뜻을 묻는데 사용되었습니다. 다윗은 하나님과의 대화와 교제를 중요시 했습니다. 그는 행동에 옮기기 전에 먼저 주의 뜻을 물었습니다. 이것이 신앙인의 자세입니다. 하나님은 다윗의 기도에 응답해 주셨습니다. 다윗은 하나님의 말씀대로 바로 추적하기 시작했습니다. 이때부터 하나님은 다윗을 돕기 시작하셨습니다. 다윗이 아말렉을 공격하는 도중에 아말렉 사람의 종을 만나 그를 인도자로 사용하게 되었습니다. 이 종은 하나님께서 보내신 사람입니다. 어디로 가야 할지 모르는 그들에게 하나님은 이 소년을 보내시어 그들의 인도자로 사용하게 하셨습니다. 넓은 광야에서 막무가내로 추적하다 보면 습격을 받거나 엉뚱한 방향으로 갈 수도 있습니다. 그런데 하나님께서 인도자를 붙여 주신 것입니다. 다윗은 먼저 하나님께 묻고 하나님의 명령에 따라 행동했습니다. 그때부터 하나님은 다윗을 돕기 시작하셨습니다.

우리도 다윗의 신앙을 본받아야 합니다. 먼저 하나님의 뜻을 물어야 합니다. 내가 먼저 행동한 다음에 주님의 뜻을 묻지 말고 행동하기 전에 물어야 합니다. 주님이 하라고 하시면 하고, 가라고 하시면 가야 합니다. 하지 말라고 하시면 하지 말아야 합니다. 오늘날은 성경 말씀을 통해 이미 우리에게 다 말씀해 주셨습니다. 우리는 성경대로만 하면 됩니다. 성경은 완벽한 하나님의 뜻이며 말씀입니다.

우리는 하나님과의 교제를 계속해야 합니다. 다윗은 하나님과의 영적 교제를 계속했기 때문에 하나님의 뜻을 구하고 주님의 인도하심을 받을 수 있었습니다. 반면 사울 왕은 하나님과의 교제를 단절한 결과 악신의 지배를 받아 악을 행하게 되었습니다. 그리고 우리는 하나님의 도움을 받아야 합니다. 그러기 위해 항상 하나님과 영적 교제를 해야 합니다.

기도생활이 중요합니다. 새벽기도, 개인기도, 금요밤 기도 등 규칙적인 기도가 필요합니다. 말씀생활이 중요합니다. 말씀을 배워야 합니다. 봉사생활 역시 중요합니다. 주를 위해 봉사하고 주의 교회를 위해 섬기는 가운데 주님과 교제해야 합니다. 그리고 우리는 늘 하나님과 동행함으로 주의 인도하심을 받아야 합니다. 주님은 우리를 인도하시고 도와주실 것입니다.

3. 승리를 주신 하나님

"그가 다윗을 인도하여 내려가니 그들이 온 땅에 편만하여 블레셋 사람들의 땅과 유다 땅에서 크게 약탈하였음으로 말미암아 먹고 마시며 춤추는지라 다윗이 새벽부터 이튿날 저물 때까지 그들을 치매 낙타를 타고 도망한 소년 사백 명 외에는 피한 사람이 없었더라 다윗이 아말렉 사람들이 빼앗아 갔던 모든 것을 도로 찾고 그의 두 아내를 구원하였고 그들이 약탈하였던 것 곧 무리의 자녀들이나 빼앗겼던 것은 크고 작은 것을 막론하고 아무것도 잃은 것이 없이 모두 다윗이 도로 찾아왔고 다윗이 또 양떼와 소떼를 다 되찾았더니 무리가 그 가축들을 앞에 몰고 가며 이르되 이는 다윗의 전리품이라 하였더라"(삼상 30:16-20)

다윗의 군사들은 방심하여 춤추며 놀고 있는 적군을 공격했습니다. 이미 정신적인 면에서 승패가 판가름 났습니다. 방탕한 군사들과 하나님께서 함께 하시는 다윗의 군대와는 수가 문제되지 않았습니다. 이 전쟁은 다윗의 일방적인 승리였습니다. 철저하게 쳐부수었습니다. 그리고 모든 가족들을 찾았을 뿐 아니라 노략물도 엄청나게 얻었습니다. 대승리였습니다. 이것은 다윗의 승리였고 하나님의 승리였습니다. 하나님이 다윗에게 주신 승리였습니다. 하나님께서 함께 하시면 수와 무관하게 승리할 수밖에 없습니다.

기드온 300명의 용사가 미디안의 수만 명을 물리쳤습니다. 이것은 기적이 아닐 수 없습니다. 아브라함은 롯의 가족이 모두 포로로 끌려간 것을 알고 그돌라오멜 연합군과 싸우러 갈 때 318명의 군사를 이끌고 갔습니다. 하나님을 의지하고 밤에 쳐들어가서 엄청난 전리품을 가지고 돌아 왔습니다.

이 전쟁은 하나님의 도우심으로 승리한 것입니다. 다윗의 믿음의 승리였습니다.

4. 전리품 분배 문제

전쟁에서 승리하자 이제 전리품 배분에 문제가 발생했습니다. 군사 600명 중 200명이 피곤하여 동참하지 못했습니다. 그런데 이 엄청난 전리품을 이들에게도 주느냐 마느냐 하는 문제가 발생한 것입니다. 당연히 전쟁에서 생명을 걸고 싸운 군인들은 줄 수 없다고 주장했습니다. 그러나 이것은 탐심입니다. 재물에 욕심이 생긴 것입니다. "다윗과 함께 갔던 자들 가운데 악한 자와 불량배들이 다 이르되 그들이 우리와 함께 가지 아니하였은즉 우리가 도로 찾은 물건은 무엇이든지 그들에게 주지 말고 각자의 처자만 데리고 떠나가게 하라 하는지라"(삼상 30:22)

과연 전방에서 싸운 군인들과 후방에 있는 군인들을 동등하게 대우해야 하느냐가 문제였습니다. 이때 다윗이 공정한 판단을 내렸습니다. "다윗이 이르되 나의 형제들아 여호와께서 우리를 보호하시고 우리를 치러 온 그 군대를 우리 손에 넘기셨은즉 그가 우리에게 주신 것을 너희가 이같이 못하리라 이 일에 누가 너희에게 듣겠느냐 전장에 내려갔던 자의 분깃이나 소유물 곁에 머물렀던 자의 분깃이 동일할지니 같이 분배할 것이니라 하고 그 날부터 다윗이 이것으로 이스라엘의 율례와 규례를 삼았더니 오늘까지 이르니라"(삼상 30:23-25) 다윗은 아말렉 전쟁에서의 승리는 자신들에 의한 승리가 아니라 하나님의 승리라는 것을 알았습니다. 그래서 다윗은 후방에 남아서 집을 지켰던 군인들도 전쟁에 동참한 것이 되므로 모두에게 나눠주어야 한다고 판단했습니다. 이런 원리는 이미 모세시대에도 적용되었습니다. "그

얻은 물건을 반분하여 그 절반은 전쟁에 나갔던 군인들에게 주고 절반은 회중에게 주고"(민 31:27)

다윗은 하나님의 마음에 합당하게 행동했습니다. 하나님의 뜻에 따라 결정하고 행동했습니다. 그 당시 사람들의 감정과 뜻과 비위에 맞추어 행동하지 않았습니다. 이것이 신앙인의 행동입니다. 뿐만 아니라 다윗은 유다의 백성들에게도 전리품을 나누어 주었습니다. "다윗이 시글락에 이르러 전리품을 그의 친구 유다 장로들에게 보내어 이르되 보라 여호와의 원수에게서 탈취한 것을 너희에게 선사하노라 하고 벧엘에 있는 자와 남방 라못에 있는 자와 얏딜에 있는 자와 아로엘에 있는 자와 십못에 있는 자와 에스드모아에 있는 자와 라갈에 있는 자와 여라므엘 사람의 성읍들에 있는 자와 겐 사람의 성읍들에 있는 자와 홀마에 있는 자와 고라산에 있는 자와 아닥에 있는 자와 헤브론에 있는 자에게와 다윗과 그의 사람들이 왕래하던 모든 곳에 보내었더라"(삼상 30:26-31) 이것을 정치적인 목적으로만 보면 안 됩니다. 이 행동은 비록 블레셋에 망명해 있지만 동족 이스라엘을 향한 다윗의 사랑을 보여주는 행동입니다. 사울에게 쫓기는 자신을 도와준 일에 대한 고마움을 표한 것입니다. 여기서 다윗의 후덕한 성품을 볼 수 있습니다. 나누어 주고 베풀어 주는 성품입니다. 나누어 주고 베푸는 이런 복된 마음은 반드시 하나님께서 보상해 주십니다. 당대뿐만 아니라 자손들도 복을 받습니다.

오늘 우리는 비록 어려움을 당했지만 결과적으로는 유익하게 하시는 하나님의 뜻을 발견하게 됩니다. 다윗은 어려움 속에서도 하나님을 의지했습니다. 그리고 모든 이에게 사랑을 나누어 주었습니다. 다윗은 항상 하나님과 영적인 교제를 했습니다. 먼저 주의 뜻을 물은 다음에 하나님의 명령대로 행동했습니다. 우리도 다윗의 신앙을 본받아야 합니다. 그럴 때 주의 은혜와 도우심을 받게 됩니다. 아멘.

¹블레셋 사람들이 이스라엘을 치매 이스라엘 사람들이 블레셋 사람들 앞에서 도망하여 길보아 산에서 엎드러져 죽으니라 ²블레셋 사람들이 사울과 그의 아들들을 추격하여 사울의 아들 요나단과 아비나답과 말기수아를 죽이니라 ³사울이 패전하매 활 쏘는 자가 따라잡으니 사울이 그 활 쏘는 자에게 중상을 입은지라 ⁴그가 무기를 든 자에게 이르되 네 칼을 빼어 그것으로 나를 찌르라 할례 받지 않은 자들이 와서 나를 찌르고 모욕할까 두려워하노라 하나 무기를 든 자가 심히 두려워하여 감히 행하지 아니하는지라 이에 사울이 자기의 칼을 뽑아서 그 위에 엎드러지매 ⁵무기를 든 자가 사울이 죽음을 보고 자기도 자기 칼 위에 엎드러져 그와 함께 죽으니라 ⁶사울과 그의 세 아들과 무기를 든 자와 그의 모든 사람이 다 그 날에 함께 죽었더라 ⁷골짜기 저쪽에 있는 이스라엘 사람과 요단 건너 쪽에 있는 자들이 이스라엘 사람들이 도망한 것과 사울과 그의 아들들이 죽었음을 보고 성읍들을 버리고 도망하매 블레셋 사람들이 이르러 거기에서 사니라 ⁸그 이튿날 블레셋 사람들이 죽은 자를 벗기러 왔다가 사울과 그의 세 아들이 길보아 산에서 죽은 것을 보고 ⁹사울의 머리를 베고 그의 갑옷을 벗기고 자기들의 신당과 백성에게 알리기 위하여 그것을 블레셋 사람들의 땅 사방에 보내고 ¹⁰그의 갑옷은 아스다롯의 집에 두고 그의 시체는 벧산 성벽에 못 박으매 ¹¹길르앗 야베스 주민들이 블레셋 사람들이 사울에게 행한 일을 듣고 ¹²모든 장사들이 일어나 밤새도록 달려가서 사울의 시체와 그의 아들들의 시체를 벧산 성벽에서 내려 가지고 야베스에 돌아가서 거기서 불사르고 ¹³그의 뼈를 가져다가 야베스 에셀나무 아래에 장사하고 칠 일 동안 금식하였더라

(사무엘상 31:1-13)

31

사울의 최후

사무엘상의 대미를 장식하는 사건이 바로 사울의 최후 장면입니다.

하나님께 불순종함으로 버림 받은 왕 사울은 하나님의 종 다윗을 죽이려고 끝까지 힘을 소모하며 추격하다가 적국 블레셋과의 전투에서 비참하게 죽고 맙니다. 그와 그의 아들들이 함께 죽고 결국 그의 왕국도 멸망을 초래하고 말았습니다.

이제 사울의 최후를 통해서 우리에게 주시는 하나님의 메시지를 찾고자 합니다.

1. 사울과 그 아들의 전사

비극적인 사울 왕가의 몰락을 보여줍니다. "블레셋 사람들이 이스라엘을 치매 이스라엘 사람들이 블레셋 사람들 앞에서 도망하여 길보아 산에서 엎드러져 죽으니라 블레셋 사람들이 사울과 그의 아들들을 추격하여 사울의 아들 요나단과 아비나답과 말기수아를 죽이니라 사울이 패전하매 활 쏘는 자가 따라잡으니 사울이 그 활 쏘는 자에게 중상을 입은지라 그가 무기를 든 자에게 이르되 네 칼을 빼어 그것으로 나를 찌르라 할례 받지 않은 자들이 와서 나를 찌르고 모욕할까 두려워하노라 하나 무기를 든 자가 심히 두려워하여 감히 행하지 아니하는지라 이에 사울이 자기의 칼을 뽑아서 그 위에 엎드러지매 무기를 든 자가 사울이 죽음을 보고 자기도 자기 칼 위에 엎드러져 그와 함께 죽으니라 사울과 그의 세 아들과 무기를 든 자와 그의 모든 사람이 다 그 날에 함께 죽었더라"(31:1-6)

사울의 군대는 길보아 전투에서 크게 패하고 말았습니다. "블레셋 사람들이 이스라엘을 치매 이스라엘 사람들이 블레셋 사람들 앞에서 도망하여 길보아 산에서 엎드러져 죽으니라"(31:1) 그리고 사울의 세 아들도 전사했습니다. "블레셋 사람들이 사울과 그의 아들들을 추격하여 사울의 아들 요나단과 아비나답과 말기수아를 죽이니라"(31:2)

사울이 중상을 입게 되자 결국 자결하고 맙니다. "사울이 패전하매 활 쏘는 자가 따라잡으니 사울이 그 활 쏘는 자에게 중상을 입은지라 그가 무기를 든 자에게 이르되 네 칼을 빼어 그것으로 나를 찌르라 할례 받지 않은 자들이 와서 나를 찌르고 모욕할까 두려워하노라 하나 무기를 든 자가 심히 두려워하여 감히 행하지 아니하는지라 이에 사울이 자기의 칼을 뽑아서 그 위에 엎드러지매 무기를 든 자가 사울이 죽음을 보고 자기도 자기 칼 위에 엎드러져 그와 함께 죽으니라 사울과 그의 세 아들과 무기를 든 자와 그의 모든 사람이 다 그 날에 함께 죽었더라"(31:3-6) 아주 비극적인 장면입니다.

사울의 군대가 전쟁에서 패한 원인을 여러 가지로 볼 수 있습니다. ①블레셋 군대의 선제공격입니다. ②사울의 군사력이 약했습니다. ③북부 이스라엘 지파의 도움이 전혀 없었습니다. ④그러나 가장 중요한 원인은 하나님께서 그들을 떠나셨기 때문입니다. 이 패배는 이미 예고되었습니다. "여호와께서 이스라엘을 너와 함께 블레셋 사람의 손에 붙이시리니 내일 너와 네 아들들이 나와 함께 있으리라 여호와께서 또 이스라엘 군대를 블레셋 사람의 손에 붙이시리라"(28:19)

여기서 우리에게 주는 교훈이 있습니다.

1) 사울의 실패, 즉 인간의 실패는 하나님께 대한 불순종에 있습니다

사울의 실패는 하나님께 대한 불순종에서 왔습니다. 우리 인간의 실패 역시 하나님께 대한 불순종에서 옵니다. 복의 근원이신 하나님께 불순종하는 것은 바로 실패의 보증수표입니다.

2) 인본주의적 성공은 순간이며 결국 망하고 맙니다

세상적으로 성공했다는 표준이 무엇입니까? 누가 진정한 성공자입니까? 정치가나 거부들입니까? 유명 배우들이나 학자들이 과연 진정한 성공자입니까? 현대 산업의 고 정주영 전 명예회장은 1915년에 가난한 농부의 아들로 태어났습니다. 그는 불굴의 개척정신으로 현대건설에서 자동차·조선·전자산업에 이르기까지 국가기간산업을 일으키고 성장시킨 한국 산업계의 대부(代父)였습니다. 그는 지난 67년도에는 소양강댐을 흙과 자갈을 이용한 사력(砂礫)댐으로 건설해 일본을 놀라게 했으며, 70년대 초에는 조선소 건설계획서 하나만으로 외국 차관을 끌어들여 조선소 건설과 선박 건조를 동시에 성사시키는 신화를 남겼습니다. 또 76년도에는 국산 자동차 1호인 포니를 탄생시켜 한국을 자동차 생산국으로 변모시켰으며, 80년대 초에는 폐유조선을 이용한 정주영식 물막이공법으로 서산 간척지를 일궈내기도 했습니다. 특히 지난 98년도에는 팔순을 넘긴 나이에도 소떼 500마리를 몰고 판문점을 거쳐 북한으로 들어가 금강산 관광을 비롯한 대북사업을 추진함으로써 남북화해와 교류시대를 여는 데 크게 기여한 바 있습니다. 고 정 전 명예회장은 '88 서울올림픽' 유치를 성공시켰으며, 대한체

육회장을 맡는 등 체육인으로서도 큰 족적을 남겼습니다. 92년도에는 국민당을 창당하면서 정계에 진출해 대통령선거에 출마하기도 했습니다.

성공의 표준은 하나님께서 판단하실 것입니다. 하나님의 심판대 앞에서 모든 것이 밝혀질 것입니다. 성공과 실패는 하나님의 표준에 따라 정해질 것입니다. 주님은 말씀하셨습니다. "그런즉 너희는 먼저 그의 나라와 그의 의를 구하라 그리하면 이 모든 것을 너희에게 더하시리라"(마 6:33) 하나님 나라와 그의 의를 구해야 합니다. "그런즉 너희가 먹든지 마시든지 무엇을 하든지 다 하나님의 영광을 위하여 하라"(고전 10:31)

하나님의 영광을 위해서 일하는 것이 성공입니다. 성도의 생활 목표는 주님을 자랑하며 전 생애에 있어 하나님께 영광을 돌리는데 있으며, 순간마다 예수님을 닮아 가는데 있습니다.

3) 모든 인생은 역사의 주관자이신 하나님을 인정하지 않으면 실패하게 됩니다

성경에 나오는 성공자들은 모두 하나님을 역사의 주관자로 인정하며 순종했습니다. 노아, 아브라함, 야곱, 요셉이 그러했습니다. 어떤 사람이 진정한 성공자입니까? 대기업의 임원이거나 고급 승용차를 가지고 있거나 많은 돈 가지고 있으면 성공한 사람입니까? 그것은 한 부분은 될지언정 진정한 성공의 기준은 될 수 없습니다.

그러면 진정한 성공이란 어떤 것입니까? 특히 믿는 자에게 있어 진정한 성공은 어떤 것입니까? 성경의 '요셉'이란 인물을 통해 진정한 성공이 어떤 것인지를 함께 생각해 보고자 합니다. 요셉은 '범사에 형통한 삶을 살았다'고 성경은 말씀합니다. 다시 말해 이 말씀은 요셉이 범사에 성공적인 삶을 살았다는 말입니다.

그렇다면 도대체 요셉의 삶이 어떠했기에 성경은 그가 '범사에 형통한 삶을 살았다'고 말씀하는 것입니까? 요셉은 30세의 아주 젊은 나이에 애굽의 총리가 되었습니다. 요셉이 30세에 총리가 되었으니 성공한 사람이라고 생각할 수도 있습니다. 그러나 성경은 요셉이 30세라는 젊은 나이에 애굽의 총리가 되었기 때문에 형통한 삶을 살았다고 말씀하지 않습니다. 오히려 성경은 요셉이 '범사에 형통한 삶을 살았다'고 말씀합니다. 여기서 '범사에 형통한 삶을 살았다'는 것은 요셉이 형들에 의해 종으로 팔리고, 보디발의 집에서 종노릇하다가 감옥에 갇히는 등 그의 모든 일생과 삶 가운데서 형통한 삶, 다시 말해 성공적인 삶을 살았다는 말씀입니다.

먼저 요셉의 기본적인 삶의 모습에 대해 살펴보고자 합니다. 요셉은 야곱이 라헬에게서 낳은 아들로 야곱이 가장 사랑하는 아들이었습니다. 그러나 야곱이 요셉을 너무 편애한 탓에 시기와 질투를 느낀 형들에 의해 애굽에 종으로 팔려가게 되었습니다. 그는 애굽의 시위대장인 보디발이란 사람의 집에서 종노릇을 했습니다. 그리고 열심히 충성한 결과 보디발의 집 가정 총무가 되지만 그것도 잠깐이었습니다. 요셉은 그를 유혹하던 보디발의 아내의 모함으로 결국 감옥에 갇히고 말았습니다. 요셉은 17세의 나이에 종으로 팔려 와서 10년 동안 종살이를 하고, 약 3년 동안은 감옥에 갇혀 있었습니다. 세상의 기준으로 볼 때 요셉의 삶은 참으로 기구한 삶이었습니다. 범사에 형통한 삶, 즉 범사에 성공한 삶을 살았다고 한다면 세상적으로 번드레한 삶이어야 할 것입니다. 그런데 요셉의 삶은 전혀 그렇지 못했습니다. 여기에서 우리는 고민하게 됩니다. 우리가 보기에 요셉의 삶은 전혀 형통한 삶이었다고 말할 수 없습니다. 그런데도 성경은 요셉이 범사에 형통한 삶을 살았다고 말씀합니다.

그러면 성경이 말씀하는 '범사에 형통한 삶'이란 도대체 어떤 삶인지 살펴보고자 합니다. 이에 대해 성경은 여호와께서 함께 해 주시는 것이 바로 형통한 삶이라고 말씀합니다. "하나님께 가까이 함이 내게 복이라 내가 주 여호와를 나의 피난처로 삼아 주의 모든 행적을 전파하리이다"(시 73:28), "여호와는 나의 목자시니 내게 부족함이 없으리로다 그가 나를 푸른 풀밭에 누이시며 쉴 만한 물 가로 인도하시는도다"(시 23:1-2) 시편 23편은 형통한 삶 그 자체를 말씀하고 있습니다. 하나님께서 함께 하시는 그 자체가 우리에게는 놀라운 복입니다.

하나님께서 함께 하신다면 종살이를 하거나 모함을 받아 감옥에 갇혀 있어도 우리는 범사에 형통할 수 있습니다. 그래서 다윗은 도피생활을 하면서도 하나님이 함께 하심을 깨달았기 때문에 찬송할 수 있었고, 요나는 물고기 뱃속에서도 하나님께 영광을 돌렸으며, 사도 바울과 실라는 많은 매를 맞고 감옥에 갇힌 가운데서도 찬송할 수 있었습니다.

우리도 오직 하나님을 온전히 의지해야 합니다. 우주 만물이 하나님(예수 그리스도)으로 말미암아 생겨났습니다. 인간도 그의 피조물입니다. 하나님은 지금도 사역하시며, 우주를 다스리시고, 우리의 삶에 개입하시고, 마지막 날에 심판(審判)의 주로 오실 것입니다. 인간을 만드시고 주장하시는 주님께 우리 자신을 내놓읍시다. 우리의 모든 문제와 형편을 잘 아시는 주님께서 간섭하시고 섭리하실 것입니다. 우리는 역사의 주재이신 하나님께 전적으로 순종해야 합니다.

2. 사울의 장사

1) 사울의 시체가 능욕을 당했습니다

"골짜기 저 쪽에 있는 이스라엘 사람과 요단 건너 쪽에 있는 자들이 이스라엘 사람들이 도망한 것과 사울과 그의 아들들이 죽었음을 보고 성읍들을 버리고 도망하매 블레셋 사람들이 이르러 거기에서 사니라 그 이튿날 블레셋 사람들이 죽은 자를 벗기러 왔다가 사울과 그의 세 아들이 길보아 산에서 죽은 것을 보고 사울의 머리를 베고 그의 갑옷을 벗기고 자기들의 신당과 백성에게 알리기 위하여 그것을 블레셋 사람들의 땅 사방에 보내고 그의 갑옷은 아스다롯의 집에 두고 그의 시체는 벧산 성벽에 못 박으매"(31:7-10)

사울의 죽음이 참으로 비참합니다. 그의 시신이 블레셋에 의하여 능욕을 당했습니다. 죽어서도 수모를 당한 것입니다. 죽어서도 적군들에 의하여 옷이 벗겨지고 목이 베이는 능욕을 받았습니다. 블레셋 사람들이 사울의 시체를 성벽에 매달아 놓은 것은 그 당시 중동지방의 관습입니다. 상대방 백성들에게 큰 수치심을 안겨주고 자신들의 승리를 공적으로 선언하기 위해서입니다. 일국의 왕의 시신이 성벽에 걸렸다면 오고가는 사람들이 멸시하며 저주할 것입니다. 이것은 심한 모멸감과 완전한 패배를 안겨주는 행위이기도 합니다. 이스라엘의 심정은 이루 헤아릴 수 없을 것입니다.

옛날에 부관참시(副官斬屍)가 있었는데, 이것은 사후에 큰 죄가 드러났을 경우 죄인의 관을 쪼개어 시체의 목을 베던 형벌입니다. 사울의 목을 매어 다는 이런 사건을 성경에 기록한 것은 하나님께 대하여 끝까지 반역한 자의 최후가 어떠한지를 보여주기 위해서입니다. 블레셋의 손을 빌어서 악인을 징계하시는 하나님의 공의의 심판입니다. 하나님께 불복종한 자의 최후를 보여주는 것입니다.

이전에 국민일보에 게재된 세계 최악의 지도자들입니다. 히틀러 1,853명(75%), 김일성 1,470명(59%), 스탈린 1,281명(52%), 사담 후세인 1,121명(45%), 무솔리니 892명(36%), 카스트로 604명(24%), 연산군 593명(24%), 차우세스쿠 588명(24%), 밀로셰비치 502명(20%), 수하르토 465명(19%), 서태후 437명(18%), 호메이니 403명(16%), 박정희 380명(15%), 피노체트 330명(13%) 크롬웰 186명(8%)

독재자 무솔리니의 최후는 어떠합니까? 무솔리니에게 아홉 발의 총을 쏘았습니다. 네 발은 독재자의 대동맥에 맞았고, 나머지는 각각 허벅지, 쇄골, 목, 갑상선, 오른팔에 꽂혔습니다. 무솔리니는 그 자리에서 쓰러져 죽었습니다. 1945년 4월 29일이었습니다. 라테의 흰 블라우스 위에 놓인 그의 머리에 위패를 놓았습니다. 그러나 곧 이어 유례가 없는 야만적인 광경이 벌어졌습니다. 한 남자가 무솔리니의 머리를 사납게 걷어차고 발로 짓이기듯 밟았습니다. 한 무리가 매달려 있는 시체 주변을 돌면서 춤을 추었습니다. 한 여자가 독재자 무솔리니의 시체에 다섯 발의 총을 쏘았습니다. 무솔리니와 전쟁을 치르는 동안에 두 아들을 잃은 어머니였습니다. 또 다른 남자가 무솔리니의 셔츠를 헤치고 총을 쏘았습니다. 몇 명의 여자들은 치마로 몸을 가리고 거꾸로 매달린 무솔리니의 얼굴에 용변을 봤습니다. 두 사람의 시체는 토막이 났습니다. 수년 동안 쌓인 증오로 한이 맺힌 사람들은 시체를 짓밟아 뭉개버렸습니다. 이것이 독재자의 비참한 말로입니다. 사울의 비참한 죽음은 그의 불신앙의 대가였습니다.

2) 야베스 사람들이 장사했습니다

"길르앗 야베스 주민들이 블레셋 사람들이 사울에게 행한 일을 듣고 모든 장사들이 일어나 밤새도록 달려가서 사울의 시체와 그의 아들들의 시체를 벧산 성벽에서 내려 가지고 야베스에 돌아가서 거기서 불사르고 그의 뼈를 가져다가 야베스 에셀나무 아래에 장사하고 칠일 동안 금식하였더라"(31:11-13)

길르앗 야베스 주민들은 생명의 위험을 무릅쓰고 밤중에 벧산 성벽으로 올라가서 사울의 시신을 거두어 장사를 지냈습니다. 벧산까지는 약 21Km 거리입니다. 그것은 그들이 사울로부터 은혜를 입었기 때문입니다. 사무엘상 11장에 보면, 암몬 사람 나하스가 올라와서 길르앗 야베스를 공격할 때 사울의 군대가 출동하여 적군을 물리쳐 준데 대한 감사의 마음을 표현한 것입니다. 은혜에 대한 보답의 차원에서 한 행동입니다. 용기 있는 행동이며 아름다운 자세입니다. 은혜에 감사할 줄 아는 행동은 배워야 합니다. 우리는 은혜를 베풀어 준 사람에게 보답하려는 마음을 가져야 합니다.

사울의 최후를 통해서 우리에게 주는 교훈은 악인은 결국 멸망한다는 것입니다. 하나님께 불순종한 자는 반드시 심판을 받습니다. 그러나 하나님께 순종한 다윗은 하나님으로부터 은혜를 받습니다. 불순종하여 죽임을 당한 사울의 왕위를 순종의 사람 다윗이 이어 받았습니다. 그리고 다윗은 계속 순종함으로 자손들까지 대대로 복을 받았습니다. 결론은 오직 순종입니다. 첫째도 순종이요, 둘째도 순종이요, 셋째도 순종입니다. 그 결과는 주님의 은혜와 축복이 따릅니다. 아멘.

사무엘상 강해설교 3

위기에서도
은혜를 베푸시는 하나님

■
초판 1쇄 인쇄 / 2011년 12월 1일
초판 1쇄 발행 / 2011년 12월 5일

■
지은이 / 배 굉 호
펴낸이 / 김 수 관
펴낸곳 / 도서출판 영문
122-070 서울시 은평구 역촌동 10-82
☏ (02) 357-8585
FAX • (02) 382-4411
E-mail • kskym49@yahoo.co.kr

■
출판등록번호 / 제 03-01016호
출판등록일 / 1997. 7. 24

파본은 교환해 드립니다.
본 출판물은 저작권법으로 보호 받는
저작물이므로 출판사나 저자의 허락없이
무단 전재나 무단 복제를 할 수 없습니다.

정가 13,500원
ISBN 978-89-8487-284-4 03230
Printed in Korea